F. CH. BAUR

APOLLONIUS VON TYANA UND CHRISTUS

F. CH. BAUR

APOLLONIUS VON TYANA UND CHRISTUS

Ein Beitrag zur Religionsgeschichte der ersten Jahrhunderte nach Christus

WIPF & STOCK · Eugene, Oregon

Wipf and Stock Publishers
199 W 8th Ave, Suite 3
Eugene, OR 97401

Apollonius von Tyana und Christus
By Baur, Ferdinand C.
ISBN 13: 978-1-60608-511-0
Publication date 2/17/2009

Aus „Drei Abhandlungen zur Geschichte der alten Philosophie und ihres Verhältnisses zum Christentum" von F. Ch. Baur, neu herausgegeben von Eduard Zeller

Inhaltsverzeichniss.

In der Reihe der Argumente, mit welchen in den ersten Jahrhunderten der christlichen Kirche die heidnischen Gegner des Christenthums die Ansprüche desselben auf Wahrheit und Göttlichkeit bestritten, nimmt die zwischen Christus und Apollonius von Tyana gezogene Parallele durch ihre auffallende Eigenthümlichkeit eine besonders beachtenswerthe Stelle ein. Hierokles, der Statthalter von Bithynien, welcher, um durch Wort und That seinen Hass gegen das Christenthum an den Tag zu legen, sowohl an der diocletianischen Christenverfolgung thätigen Antheil nahm, als auch in einer eigenen Schrift als Gegner gegen die Christen auftrat, und nach dem Vorgange des Celsus, des Verfassers des *ἀληθὴς λόγος*, einen *φιλαλήθης λόγος*, Worte der Wahrheitsliebe, an die Christen richtete, war es zuerst, der diese Vergleichung wagte. So wenig sonst die Schrift des Hierokles etwas enthielt, was nicht schon die früheren Gegner des Christenthums wiederholt vorgebracht hatten, so neu und eigenthümlich war der in der genannten Beziehung gemachte Angriff, und Eusebius, der von dem übrigen Inhalt der Schrift das Urtheil fällt, es sei nicht der Mühe werth, desswegen aufs neue in die Schranken zu treten, da alles diess nicht dem Hierokles selbst angehöre, sondern nur ein von ihm an andern sowohl in Ansehung der Gedanken als der Worte und Silben auf eine ganz schamlose Weise begangener Raub sei, wurde nur durch jene Parallele zu der bekannten Schrift gegen Hierokles*) veranlasst, in welcher er für alles andere auf die acht Bücher des Origenes gegen den Celsus verweisend sich nur das, was sich auf den Apollonius bezog, zu seinem Gegenstand nahm, *ἐπεὶ καὶ μόνῳ περὶ τοὺς πώποτε καθ᾽ ἡμῶν γεγραφότας ἐξαίρετος νῦν τούτῳ γέγονεν ἡ τοῦδε πρὸς τὸν ἡμέτερον σωτῆρα παράθεσίς τε καὶ ξύγκρισις*. K. 1.

Hierokles, sagt Eusebius K. 2, spricht mit grosser Bewunderung von den ausserordentlichen Thaten, die Apollonius nicht durch Zauberkünste, sondern durch eine geheimnissvolle göttliche Weisheit verrichtet habe. Dass es sich mit denselben wirklich so verhielt, leidet nach seiner Versicherung keinen Zweifel. Die eigenen Worte des Hierokles sind: „Die Christen thun sich auf ihren Jesus ungemein viel zu gut, indem sie von ihm rühmen, dass er einige Blinde wieder sehend gemacht, und einige andere Wunder dieser Art verrichtet habe. — Es verdient aber bemerkt zu werden, dass wir über alle dergleichen Dinge eine weit richtigere und verständigere Ansicht haben, und wie wir von ausserordentlichen Menschen denken.“ Nachdem er nun den Proconnesier Aristeas und den Pythagoras und einige noch ältere kurz erwähnt hat, fährt er fort: „Zur Zeit unserer Voreltern, unter der Regierung Nero's, trat Apollonius von Tyana auf, der von früher Jugend an und seitdem er sich in Aegä in Cilicien dem menschenfreundlichen Asklepios geweiht hatte, viele Wunderthaten gethan hat, deren ich, mit Uebergehung der meisten, Erwähnung thun will.“ Hierokles zählte nun, wie Eusebius meldet, diese Wunder der Reihe nach auf, und sagte zum Schlusse Folgendes: „Doch wozu erwähne ich diess? Nur in der Absicht, um unser genaues und bei jedem einzelnen Falle wohlbegründetes Urtheil mit der Leichtfertigkeit der Christen zusammenzustellen. Wir nämlich halten einen solchen Wunder-

*) *Εὐσεβίου τοῦ Παμφίλου πρὸς τὰ ὑπὸ Φιλοστράτου εἰς Ἀπολλώνιον τὸν Τυανέα διὰ τὴν Ἱεροκλεῖ παραληφθεῖσαν αὐτοῦ τε καὶ τοῦ Χριστοῦ σύγκρισιν*. Auch in die Ausgabe der Werke des Philostratus von Gottfr. Olearius, Leipz. 1709, aufgenommen. Vol. I. S. 428 f.

thäter nicht für einen Gott, sondern nur für einen von den Göttern geliebten Menschen, jene aber erklären ihren Jesus wegen einiger unbedeutender Wunderzeichen für einen Gott. — Auch diess verdient in Erwägung gezogen zu werden, dass die Thaten Jesu von Petrus und Paulus und einigen andern diesen ähnlichen lügenhaften, eingebildeten, mit Zauberei sich abgebenden Menschen auf jede Weise ausgeschmückt worden sind, die Thaten des Apollonius aber sind von Maximus aus Aegä, von dem Philosophen Damis, dem Begleiter des Apollonius und von dem Athener Philostratus beschrieben worden, von Männern, die auf der höchsten Stufe der Bildung standen, und die Wahrheit zu würdigen wussten, und aus Menschenliebe die Thaten eines edlen, von den Göttern geliebten, Mannes nicht unbekannt sein lassen wollten."

Bei der Widerlegung des Inhalts dieser Fragmente, und der nachtheiligen Folgerungen, die in Beziehung auf das Christenthum aus demselben gezogen wurden, stellt sich Eusebius auf einen doppelten Standpunkt. Auf der einen Seite setzt er die factische Realität der dem Apollonius zugeschriebenen Wunder voraus, auf der andern nimmt er die Glaubwürdigkeit des Geschichtschreibers in Anspruch. In der ersten Beziehung wird immer wieder dem Verdacht Raum gegeben, Apollonius sei ein Zauberer gewesen, und habe durch dämonische Kräfte seine Wunder verrichtet. Man dürfe bei der ganzen Untersuchung nicht vergessen, bemerkt Eusebius K. 35, dass, wenn man auch dem Schriftsteller die Wahrheit der von ihm erzählten wundervollen Begebenheiten zugebe, doch in jedem einzelnen Falle sich leicht zeigen lasse, dass das Wunder durch Mitwirkung eines Dämon geschehen sei. Dass er die Pest voraus wusste, (IV. 4) scheine vielleicht keiner magischen Kunst zuzuschreiben zu sein, wenn, wie er selbst behauptete, die Ursache davon in der einfachen, reinen Lebensweise lag*), vielleicht aber verdankte er auch diese Vor-

---

*) Die Worte des Eusebius a. a. O. sind: *τό τε γὰρ τοῦ λοιμοῦ προαισθέσθαι, ἴσως μὲν οὐκ ἀπερίεργον δόξειεν, εἰ, καθὼς αὐτὸς, ἀπὸ λεπτοτάτης καὶ καθαρᾶς διαίτης κατείληπτο, ὡς αὐτὸς ἔφησεν· ἴσως δὲ*

kenntniss einem Dämon, mit welchem er in Verbindung stand. Denn auch mit dem Uebrigen, was er der Darstellung zufolge voraus wusste und voraus sagte, verhält es sich ebenso: lassen sich auch dafür aus der Schrift des Philostratus selbst noch so viele Beweise anführen, so kann er doch, wenn die Wahrheit auch hiervon zugegeben werden soll, nur durch magische Kunst, durch einen ihm zur Seite stehenden Dämon, wenn auch nicht alles, doch manches von den zukünftigen Dingen voraus erkannt haben. Ein deutlicher Beweis davon ist, dass er nicht durchaus und in allen Fällen eine Kenntniss des Zukünftigen hatte, dass er in vielen Fällen ungewiss war, und aus Unwissenheit fragte, was ihm nicht begegnet sein würde, wenn er wirklich im Besitz einer göttlichen Kraft gewesen wäre. Als er der Pestscene ein Ende machte, war das Ganze eine dämonische Erscheinung, und sonst nichts weiter (IV. 10). Aus welchem Grunde hätte die Seele Achill's den Aufenthalt auf den Inseln der Seligen verlassen, und an seinem Grabe verweilen sollen (IV. 16), wenn nicht auch diess die Erscheinung eines Dämon war? Den Dämon, der den ausschweifenden Jüngling besass, und die Empuse oder Lamie, die mit Menippus ihr Spiel trieb, vertrieb er ohne Zweifel durch einen mächtigern Dämon (VI. 25). Auf dieselbe Weise heilte er wohl den Jüngling, der durch den Biss eines wüthenden Hundes von Sinnen gekommen war, und den Hund selbst (VI. 43). Hieraus ist zu sehen,

---

καὶ αὐτὸ ἐξ ὁμιλίας δαίμονος αὐτῷ προμεμήνυτο. Es muss in dieser Stelle ohne Zweifel statt *οὐκ ἀπερίεργον* gelesen werden *οὖν ἀπερίεργόν.* Eusebius setzt zwei Fälle: vielleicht wusste er die Seuche auf natürliche Weise voraus, vermöge seiner reinen Lebensweise, aber eben so möglich bleibt doch immer, dass er sie in Folge einer dämonischen Einwirkung voraus wusste. Das Dämonische ist eben das Zauberische, ist nun der Gegensatz gegen dieses das Natürliche, wenn er nämlich *ἀπὸ λεπτοτ. — κατειλ.*, so kann dieses selbst nicht ebenfalls als *οὐκ ἀπερ.* d. h. als etwas nicht ohne Zauberei geschehenes bezeichnet werden (*περίεργος* wird von der Magie gebraucht, wie z. B. auch Ap. Gesch. 19, 19). Liest man *οὖν*, so bezeichnet es passend die specielle Anwendung des vorangehenden allgemeinen Satzes.

dass alle seine Wunderthaten durch dämonische Dienstleistungen vollbracht worden sind. Vgl. K. 39.*) Was das zweite betrifft, die Zweifel, die Eusebius in die Glaubwürdigkeit des Geschichtschreibers selbst setzt, so gehört hierher die von Eusebius wiederholt hervorgehobene innere Unwahrscheinlichkeit der Erzählungen des Philostratus. Die vielfachen Widersprüche und Unwahrscheinlichkeiten, die sich in dem Leben des Apollonius nachweisen lassen (vgl. Eus. a. a. O. K. 12. f. 27. f. 33. 39. 41), scheinen am einfachsten aus der Voraussetzung erklärt werden zu müssen, dass es dem Geschichtschreiber an Wahrheitsliebe fehlte. „Ich war bisher der Meinung," sagt Eusebius K. 5, „dass der Tyaneer ein in menschlichen Dingen weiser Mann war, und halte diese Ansicht auch jetzt noch gerne fest. Ich lasse es gerne geschehen, wenn man ihn jedem Philosophen zur Seite stellt, wofern man nur mit allen mythisch lautenden Erzählungen ferne bleibt. Wenn aber ein Damis aus Assyrien, oder ein Philostratus, oder irgend ein Geschichtschreiber oder Logograph es sich herausnimmt, die Grenzen zu überspringen, und eine Ansicht aufzustellen, die über das Gebiet der Philosophie weit hinausgeht, indem er zwar den Worten nach den Vorwurf der Magie abwehrt, der Sache selbst nach aber dem Manne noch mehr zur Last legt, als mit Worten, und die pythagoreische Lebensweise als Maske über ihn wirft, so kommt dann kein Philosoph zum Vorschein, wohl aber ein mit der Löwenhaut verhüllter Esel, und man sieht nur einen Sophisten, der in den Städten umher sein Wesen treibt, ja nichts anders als einen Zauberer statt eines Philosophen." Ueber die Grenze, die in dieser Hinsicht zwischen dem Möglichen und Unmöglichen, dem Wahrscheinlichen und Unwahrscheinlichen zu ziehen ist, glaubt Eusebius (K. 6) folgende Theorie aufstellen zu dürfen: „Es gibt natürliche Grenzen, die Anfang, Mitte und Ende in dem All der Dinge umfassen, und allem, wodurch diese ganze Maschine und dieses ganze Weltgebäude zur Vollendung gebracht wird, Maass und Ordnung bestimmen.

*) Vgl. auch Lactantius Instit. div. V. 3.

Sie sind durch unwandelbare Gesetze und unzerreissbare Bande von der allwaltenden Vorsehung geordnet, um das von der höchsten Weisheit Beschlossene zu bewachen. Nichts von allem, was einmal geordnet ist, kann aus seiner Stelle verrückt und versetzt werden. Das Gesetz der Natur hält daher jeden, welchen ein übermüthiges Verlangen weiter zu gehen verleitet, zurück, die göttliche Ordnung zu überschreiten. Es ist gegen die Natur, dass der im Wasser lebende Fisch auf dem Festlande leben kann, das Landthier kann nicht in das Wasser untertauchen und hier seinen bleibenden Aufenthalt nehmen. Wer auf der Erde lebt, kann nicht durch hohe Sprünge in die Luft sich erheben und mit den Adlern umherschweben, wie sehr er es auch wünscht. Diese zwar können auch auf die Erde herabkommen, wenn sie sich herabsenken, die Flügel einziehen, und ihren natürlichen Trieb beschränken. Denn auch diess ist durch göttliche Gesetze so geordnet, dass das in der Luft Schwebende aus der Höhe herabkommen kann; nicht aber kann umgekehrt das Niedrige, an die Erde Gebundene in die Luft sich erheben. Ebenso ist auch dem sterblichen Geschlecht der Menschen, das sowohl eine Seele als einen Leib hat, durch göttliche Gesetze seine bestimmte Sphäre angewiesen. Es kann nicht, des Aufenthalts auf der Erde überdrüssig, mit dem Leibe seinen Weg durch die Luft sich bahnen, ohne sogleich für solchen Unverstand zu büssen: eben so wenig kann es, mit der Seele sich erhebend, Unerreichbares mit seinen Gedanken erreichen, es wird vielmehr nur in die Krankheit der Melancholie verfallen. Es wird daher klug daran thun, wenn es den Leib mit festem Fusstritt auf der Erde bewegt, die Seele aber auf Lehre und Philosophie stützt. Wohl aber ist zu wünschen, dass irgend ein Helfer aus den himmlischen Wohnungen von oben herabkommt, und als Lehrer des dorther zu hoffenden Heiles erscheint. Ein überzeugendes Beispiel davon ist, dass der Arzt zu dem Kranken kommen, der Lehrer sich nach dem Schüler bequemen, der Hohe sich zum Niedrigen herablassen muss, nicht aber umgekehrt. Dass daher die göttliche Natur, die wohlthuend und heilbringend ist, und für alles sorgt, sich auch mit den Menschen in Verbindung setzt, kann niemand durch Vernunftgründe in Zweifel ziehen, da die von der göttlichen Vorsehung gesetzten Grenzen diess wohl gestatten. Denn gut ist Gott, wie Plato sagt, und das Gute ist frei von allem Neid. Darum wird der gute Gott, der dieses All regiert, nicht blos für die Leiber, sondern weit mehr für die Seelen sorgen, welchen der Ehren-Vorzug der Unsterblichkeit und Selbstbestimmung zu Theil geworden ist. Diesen nun wird er, als der Herr dieser ganzen Oekonomie und aller Gaben, durch deren Geschenk er ihrer Natur wohlthun kann, da sie derselben empfänglich sind, gleichsam reichliche Strahlen seines eigenen Lichts mittheilen, indem er von Zeit zu Zeit von denen, die um ihn sind, diejenigen, die ihm am nächsten sind, aussendet zur Beglückung und Errettung derer, die auf der Erde sind*). Wenn nun Einer in dieser Hinsicht vom Glücke besonders begünstigt ist, so wird ein solcher, im Geiste geläutert und entschleiert vom Nebel der Sterblichkeit, wahrhaft für göttlich gehalten werden und einen grossen Gott wie ein Götterbild in der Seele umhertragen. Welche grosse Bewegung kann ein solcher bewirken! Das ganze Menschengeschlecht, die ganze Welt wird er noch mehr als die Sonne erhellen, und das Werk der ewigen

*) Eine Stelle, in welcher der bekannte Arianismus des Eusebius vielleicht offener als irgendwo sich zeigt. Christus ist nur einer der höhern Geister, die Gott von Zeit zu Zeit (*ἐσθ' ὅτε*) zum Heil der Menschen aussendet. Ist aber diess der Fall, mit welchem Recht kann dem Heidenthum die Möglichkeit einer der im Christenthum gegebenen analogen Offenbarung abgesprochen werden? Ueberhaupt standen die damaligen Kirchenlehrer mit ihrem durchaus platonisirten Christenthum zu sehr auf gleichem Boden mit dem Gegner, welchen sie bekämpften, als dass ihre Polemik von bedeutendem Erfolg hätte sein können. Wie auffallend platonisirt die obige Stelle auch schon dem Ausdruck nach: *θεῖος ἀληθῶς ἀναγραφήσεται μέγαν τινὰ θεὸν ἀγαλματοφορῶν τῇ ψυχῇ*. (Vgl. Plat. Phädr. S. 251 u. 252 [Gastm. 215, A. 216, D. f.])! Uebrigens geht *ὧν εἴ τῳ εὐτυχῆσαι γένοιτο* nicht wie Olearius meint, auf die *μάλιστα προσεχεῖς τῶν ἀμφ' αὐτὸν (θεὸν)*, sondern auf *οἱ τῶν ἐπὶ τὰ τῇδε*, oder *οἱ τῇδε*.

Gottheit auch für die folgende Zeit zur Anschauung zurücklassen, und in nicht geringerem Grade als die aus lebloser Materie gefertigten Gebilde einen anschaulichen Begriff der göttlichen Natur gewähren. Auf diese Weise kann die menschliche Natur am Uebermenschlichen theilnehmen. Auf andere Weise aber darf man die Grenze nicht überschreiten, und so wenig, wer keine Flügel hat, unternehmen kann, was nur geflügelte Wesen thun können, so wenig kann ein Mensch sich in das einlassen, was nur dämonischen Naturen zukommt." Es fällt von selbst in die Augen, wie wenig auf diesem Wege eine objective Grundlage zur Entscheidung der Frage über wahre und falsche Offenbarung zu gewinnen ist, und wie wenig der hier gemachte Versuch, eine feste Grenzlinie zwischen dem wahrhaft Göttlichen und dem blos Menschlichen zu ziehen, berechtigen kann, das Göttliche, das auch in einem Apollonius vorausgesetzt werden zu müssen scheint, in das blosse Gebiet des Unmöglichen zu verweisen. So richtig im Allgemeinen die Ansicht ist, dass in allem, was die menschliche Natur der göttlichen näher bringt, die Gottheit das Mittheilende, die Menschheit das Empfangende ist, so darf doch am wenigsten auf dem platonischen Standpunkt, auf welchen sich Eusebius hier stellt, die Mittheilung des Göttlichen an das Menschliche auf eine so viel möglich enge Grenze beschränkt werden. Nur dadurch gewinnt das Vage und Unbestimmte dieser Theorie einen etwas festeren Boden, dass das Hauptmerkmal, woran die ächt göttliche Offenbarung und Mittheilung zu erkennen ist, in die dadurch hervorgebrachten moralischen Wirkungen gesetzt wird. Diess ist es, worauf Eusebius auch im Folgenden besonderes Gewicht legt, wenn er, um die Anwendung der aufgestellten Ansicht auf die vorliegende Frage zu machen, sich an Philostratus mit den Worten wendet (K. 7): „Was ist es nun, wenn sich die Sache so verhält, was du uns in deinem Apollonius vor Augen stellst? Hat er eine göttliche, über einen Philosophen erhabene, mit Einem Worte eine übermenschliche Natur, so halte denselben Charakter in deiner ganzen Darstellung fest, und weise nun auch thatsächliche Merkmale seiner göttlichen Natur nach. Ungereimt wäre es ja doch, wenn zwar die Werke der Baumeister auch nach dem Tode derselben noch lange Zeit fortdauern und ihren Urhebern ein beinahe unsterbliches Andenken gründen, eine göttliche Natur aber, die mit ihren Strahlen über die Menschheit aufgegangen ist, in kurzer Zeit in's Dunkel verschwindet, ohne fortgehende Beweise ihrer Trefflichkeit zu geben, wenn sie so arm ist, dass sie nur für einen Damis, und einige andere kurzlebende Menschen hinreicht, und sich nicht zum Nutzen für Tausende, nicht blos für diejenigen, in deren Zeit sie hervortrat, sondern auch für die Nachfolgenden einen Zugang zu eröffnen weiss. Auf diese Weise haben die Weisen der Vorzeit Nacheiferer und Nachfolger ihrer Tugenden gefunden und sich ein in Wahrheit unsterbliches Verdienst um die Menschheit erworben. Wenn du aber dem Manne nur eine sterbliche Natur zuschreibst, so siehe zu, dass du nicht, ihr mehr einräumend als ihr zukommen kann, für solchen Widerspruch zu büssen habest.“ Das Resultat, das Eusebius aus diesen Erörterungen in Ansehung der Glaubwürdigkeit des Schriftstellers zieht, ist am bestimmtesten in folgender Stelle ausgesprochen (K. 12): „Ich glaube recht gerne alles natürliche und wahrscheinliche: wenn auch einiges zum Lobe eines guten Mannes mit Uebertreibung gesagt werden mag, so halte ich es doch für glaublich und annehmbar, wofern es nur nicht ungewöhnlicher Art und voll thörichter Einbildung ist. — Alles, was der menschlichen Natur angemessen ist, und mit der Philosophie und Wahrheit vollkommen zusammenstimmt, nehme ich an, da mir die Liebe zum Natürlichen und Wahren über alles gilt. Aber eine übermenschliche Natur zum Gegenstand der Darstellung zu machen und unmittelbar darauf einen Widerspruch folgen zu lassen, ohne alle Rücksicht auf die der Darstellung zu Grunde liegende Idee, verdient nach meiner Ueberzeugung Tadel, und wirft ein schlimmes Licht auf den Schriftsteller selbst und noch weit mehr auf den Helden des Schriftstellers.“ Desswegen will Eusebius, wie sich bei genauerer Prüfung aus der Darstellung des Philostratus ergebe, von einer Vergleichung des Apollonius mit

Christus so wenig wissen, dass er ihn nicht einmal in die Reihe der Philosophen, oder auch nur in die Klasse der Menschen von gewöhnlicher sittlicher Beschaffenheit setzen will. Möge auch Philostratus nach dem Urtheil des Wahrheitsfreundes (des Hierokles) sich noch so sehr durch Bildung ausgezeichnet haben, ein Schriftsteller, dem es um die Wahrheit zu thun war, sei er wenigstens nicht gewesen (K. 4).

Wie so viele von neuern Gegnern des Christenthums erhobene Angriffe nur eine Wiederholung der alten heidnischen Polemik sind, so wurde auch die Parallele zwischen Christus und Apollonius auf's neue hervorgesucht, um den wundervollen Charakter des Christenthums in ein zweideutiges Licht zu setzen, und die Vertheidiger desselben durch das Dilemma in die Enge zu treiben, dass entweder die Wunder Christi nur in dem Sinne für wahr gehalten werden können, in welchem auch die Wunder des Apollonius für wahr gehalten werden müssen, oder dass, wenn die Falschheit dieser nicht bezweifelt werden dürfe, auch für jene kein entscheidendes Kriterium der Wahrheit festgehalten werden könne. Unter den englischen Deisten war es, wie bekannt ist, Karl Blount, der durch seine Uebersetzung der zwei ersten Bücher des philostratischen Werkes über das Leben des Apollonius von Tyana und die derselben beigegebenen Anmerkungen (London 1680) das Christenthum auch von dieser Seite anzugreifen unternahm. Als später der englische Deismus auch nach Deutschland verpflanzt worden war, fand auch Apollonius einen neuen Sachwalter in dem ungenannten Verfasser der Schrift: Gewissheit der Beweise des Apollonismus, von Aemilius Lucinius Cotta, Oberpriester bei dem Tempel des Jupiter Capitolinus zu Rom, aus dem Lateinischen übersetzt von dem Verfasser des Hierokles. Frankf. und Leipz. 1787.*) Auch die Apologeten mussten es daher

*) Ich kenne diese nur durch die polemische Tendenz der wiederaufgefassten Parallele merkwürdige, im Uebrigen unbedeutende Schrift blos aus der Gegenschrift: Anti-Hierocles oder Jesus Christus und Apollonius von Tyana, in ihrer grossen Ungleichheit vorgestellt von Dr. J. B. Lüderwald. Halle 1793. Der Verfasser des Hierokles scheint sich in der ge-

auf's neue als ihre Aufgabe betrachten, die Ehre und eigenthümliche Würde des Christenthums von dieser Seite sicher

---

nannten Schrift nichts geringeres vorgesetzt zu haben, als die Aufgabe, in seinem Beweise von der göttlichen Sendung des Apollonius ein vollkommenes Gegenstück zur christlichen Apologetik zu geben, wesswegen er denselben sogar aus Weissagungen führen will, die sich bei Homer, Hesiod, Pindar, Plato, Virgil, Horaz mit unläugbarer Beziehung auf die Person des Apollonius finden sollen. Eine der vollständigsten Weissagungen dieser Art sei das Bild, das Horaz von seinem ehrlichen Manne entworfen, die Ode III. 3. *justum et tenacem propositi virum etc.* Welche Ansicht der Verf. von Apollonius hatte, oder was er mit seinem Apollonismus bezweckte, ist in folgender Stelle S. 108 ausgesprochen: „Noch ist das Publikum bei so vielen oft so bitteren Versuchen, die apollonische Geschichte mit der Geschichte der menschlichen Vorurtheile in Parallele zu setzen, auf keinen Apollonius aufmerksam gemacht worden, der mit dieser Gotteskraft begabt, sein Leben der Menschheit verlebt, nie sich, nur andern geholfen, und ohne Geräusch, im Stillen, mit so viel Würde, Weisheit, Unschuld, Menschenliebe und Gottergebenheit gewirkt hätte. Da er lange genug der Lehrer der Welt gewesen war, so nahm Gott den, der für die Wahrheit alles aufgeopfert hatte, der den Tod nicht gescheut, sondern überall standhaft die Tugend ausgebreitet, aber nichts dafür als Verfolgung, Schmach und Gefängniss erduldet hatte, von hinnen weg. Er ging wieder zu dem, von dem er gesandt war.“ Der Verfasser der ebenso unbedeutenden Gegenschrift hat sich zwar viele Mühe gegeben, Verschiedenheiten zwischen Christus und Apollonius von Tyana nachzuweisen, das Wundervolle im Leben des Apollonius aber nach derselben Methode behandelt, die von Rationalisten auf die neutestamentlichen Wunder angewandt worden ist. Er gibt nämlich die Realität der Facta zu, sucht ihnen aber durch eine natürliche Erklärung den Wundercharakter zu nehmen. Von einer Auffassung des ganzen Gegenstands aus einem höhern kritischen Gesichtspunkt ist hier keine Rede. Wenn ich im Zusammenhang mit den obenerwähnten Erscheinungen hier auch noch Wielands Agathodämon nenne, so glaube ich die eigentliche Tendenz dieser geistvollen Nachbildung des philostratischen Lebens des Apollonius von Tyana, die freilich in den drei Büchern im Attischen Museum I. Bd. 1796 nur ein Fragment geblieben ist, nicht unrichtig aufgefasst zu haben, so wenig es meine Absicht ist, das Achtungswürdige derselben zu verkennen, und die Wieland'sche Schrift in Eine Klasse mit den obigen Schriften zu setzen. Wollte Philostratus, wie die folgende Untersuchung zeigen wird, in seinem Leben des Apollonius das magisch Uebernatürliche zum göttlich Uebernatürlichen erheben, nicht ohne Andeutungen, wie das Ueber-

zu stellen, und es begegnet uns nun wieder dieselbe Verschiedenheit der Ansichten über den historischen Charakter des von

---

natürliche doch wieder aus dem Gesichtspunkt des Natürlichen zu betrachten sei; so wollte Wieland eben diesen letztern Gesichtspunkt in seinem Agathodämon oder Apollonius von Tyana weiter verfolgen, und in einer freien Nachbildung den Versuch machen, zu erklären, woher es komme, dass eine solche Erscheinung, wie die des Apollonius von Tyana ist, im Lichte des Wundervollen und Uebernatürlichen sich darstelle, während sie ihrem eigentlichen Wesen nach nur dem Kreise des Natürlichen und Reinmenschlichen angehört. Die leitende Idee ist in folgender Stelle Att. Mus. I. 2 S. 162 klar ausgesprochen: „Die Natur hat mir, lässt hier der Verfasser seinen Apollonius sprechen, meine ganze Bestimmung gegeben, da sie mich zu einem Menschen machte; wenn ich diess bin, alles bin, was die Idee des Menschen in sich fasst, was könnt' ich edleres und grösseres zu sein verlangen? Je tiefer das Verderbniss ist, zu welcher ich meine Zeitgenossen herabgesunken sehe, je geringer die Menschheit in ihrer eigenen Schätzung, und je verächtlicher sie in den Augen ihrer Unterdrücker ist, desto nöthiger ist es, dass Menschen aufstehen, welche die Würde ihrer Natur zu behaupten wissen, und in ihrem Leben darstellen, was für ein erhabenes, unabhängiges und vielvermögendes Wesen ein Mensch blos dadurch sein kann, dass er alle seine Anlagen entwickelt und alle seine Kräfte gebrauchen gelernt hat." Auf diesem Wege wurde Apollonius, was er war, zugleich aber vorzüglich auch mit Hülfe der Meinung, in die er sich bei den Menschen zu setzen wusste. „Wiewohl er sich selbst," wie H. 3, S. 40 f. gesagt wird, „von allen Arten von Vorurtheilen losgewunden hatte, so erkannte er doch, was so manche voreilige Weltverbesserer zum grössten Schaden derer, denen sie helfen wollten, nicht gesehen haben, dass es wohlthätige Vorurtheile und schonungswürdige Irrthümer gibt, welche eben darum, weil sie dem morschen Bau der bürgerlichen Verfassungen und bei den meisten Menschen der Humanität selbst zu Stützen dienen, weder eingerissen noch unbehutsam untergraben werden dürfen, bis das neue Gebäude auf einem festern Grund aufgeführt ist. Diese Ueberzeugung allein war die Ursache jener mystischen Hülle, womit er sich, solange er unter den Menschen lebte, umgeben hatte." Es ist leicht zu sehen, in welchem engen Zusammenhang mit dieser ganzen Auffassungsweise des Lebens des Apollonius die natürliche Erklärung steht, die Wieland von seinen auffallendsten Wunderthaten gibt. H. 3, S. 8 f. Es sei immer eine seiner Hauptmaximen gewesen, dass man vor allen Dingen die Einbildungskraft der Menschen überwältigen, oder auf seine Seite ziehen müsse, dass es sogar Pflicht sei, anstatt den grossen Haufen voreiliger Weise aufklären

Philostratus beschriebenen Lebens des Apollonius, die sich uns schon in Hierokles und Eusebius darstellt. So geneigt die Gegner des Christenthums waren, in Philostratus nur den treuen und unbefangenen Referenten der Thaten des Apollonius zu sehen, so misstrauisch mussten, wie natürlich, die Apologeten gegen die Glaubwürdigkeit desselben sein. Man glaubte, um den Betrug, der in jedem Falle hier vorausgesetzt werden zu müssen schien, aufzudecken, es nicht blos mit dem vorgeblichen Wunderthäter, sondern noch weit mehr mit dem Biographen desselben zu thun haben zu müssen, und die schon von Eusebius gegen die historische Treue und Wahrheitsliebe des Philostratus geäusserten Zweifel erhielten nun ein um so stärkeres Gewicht durch die von Eusebius noch zurückgehaltene, nun aber sehr bestimmt ausgesprochene Voraussetzung, er habe in keiner andern als einer gegen das Christenthum feindlichen Absicht gerade eine solche Darstellung des Lebens des Apollonius gegeben. Unter den Apologeten, die auf diese Weise am sicher-

---

zu wollen, sich der Wahnbegriffe desselben und seiner Liebe zum Wunderbaren zum Vortheil der guten Sache zu bedienen. Hierin habe es ihm schwerlich jemals ein Sterblicher zuvorgethan, und man dürfe überzeugt sein, dass der grösste Theil der wunderähnlichen Dinge, deren er so viele gethan habe, dieser Gewalt, die er über die Einbildung gewöhnlicher Menschen ausübte, zuzuschreiben sei, einem gewissen dunkeln, den meisten unerklärlichen Gefühl der Ueberlegenheit seines Genius, hauptsächlich aber der richtigsten Beurtheilung aller seinen Absichten günstigen oder nachtheiligen Umstände. Vgl. S. 8. 33 f. Gleichwohl war es eigentlich erst Damis, unter dessen Hand sich das Leben des Apollonius vollends in das wundervolle Gewand hüllte, mit welchem es in dem Werke des Philostratus vor uns liegt. Vgl. S. 6. 27. Zwischen der Ueberlieferung des Damis und der Darstellung des Philostratus unterscheidet Wieland nicht, und konnte auch auf seinem Standpunkt nicht wohl ein Interesse haben, zwischen beiden bestimmter zu unterscheiden. Je mehr wir aber den Wieland'schen Agathodämon nur als eine freie Nachbildung des philostratischen Apollonius zu nehmen haben, desto mehr handelt es sich auch hier um dieselbe Frage in Beziehung auf das Christenthum, und es kann nicht wohl zweifelhaft sein, in welches Verhältniss zum Christenthum Wieland seinen Agathodämon gesetzt wissen wollte.

sten ihren Zweck zu erreichen glaubten, nenne ich hier nur den berühmten Bischof von Avranches, Pet. Daniel Huetius, welcher in seiner Demonstratio evangelica Propos. IX. in dem von der Himmelfahrt Christi handelnden Kap. CXLVII. auf die vorgebliche Himmelfahrt des Apollonius von Tyana und auf die überhaupt demselben zugeschriebenen Wunder zu reden kommt, und seine Ansicht hierüber S. 674 in den Worten ausspricht: *Id spectasse inprimis videtur Philostratus, ut invalescentem jam Christi fidem ac doctrinam deprimeret, opposito hoc omnis doctrinae, sanctitatis ac mirificae virtutis foeneo simulacro. Itaque ad Christi exemplar hanc expressit effigiem et pleraque ex Christi Jesu historia Apollonio accommodavit, ne quid Ethnici Christianis invidere possent. Quare Christi gloriam incautus amplificavit, dum veram ejus virtutem, alteri falso adscriptam, meritis extulit laudibus, aliisque laudandam et mirandam proposuit. — Manifesto apparet, totam mendaciis ac fallaci loquentia consumtam esse Philostrati historiam; doctrinaque eum sua, haudquaquam tamen satis acute et solerter, imo vero inscite et inepte, ad ludificandos homines„ consarcinandasque fabulas valde esse abusum* (S. 677). Doch fällt auch nach Huetius der Betrug nicht so ausschliesslich nur dem Schriftsteller zur Last, dass nicht auf Apollonius selbst immer noch wenigstens der Verdacht der Magie liegen bliebe. *Quis eum putet, qui cum Magis conversatus, eorum praeceptis institutus, eos demiratus, mirificisque laudibus extollere solitus sit, ipsum vetitae hujus Magiae expertem mansisse, praesertim qui ea edere opera consuevisset, in quibus edendis praecipuum artis suae fructum Magi collocant* (S. 678)?*) Auch bei dieser

*) Ungefähr dasselbe Urtheil über das Leben des Apollonius findet sich in der Schrift *De miraculis, quae Pythagorae, Apollonio Tyanensi, Francisco Assisio, Dominico et Ignatio Loyolae tribuuntur, auctore Phileleuthero Helvetio.* Duaci 1734. Es werden hauptsächlich die Sätze ausgeführt: *miracula Pythagorae, Apollonii, Francisci, Dominici, Loyolae non sunt a Deo 1) quia doctrina eorum omnibus Dei virtutibus contraria; 2) quia religionis christianae veritatem et divinitatem subvertunt; 3) quia posita illorum veritate merus induceretur in rebus sacris scep-*

Annahme kommt der wichtigste Theil des schuldgegebenen Betrugs auf die Rechnung des Schriftstellers, und es ist überhaupt klar, dass, wenn einmal die Sache aus diesem Gesichtspunkt betrachtet wird, was dem einen abgenommen wird, nur dem andern zur Last fallen kann. Erst in der neuesten Zeit hat man den in dieser Sache vorauszusetzenden Betrug von der Person des Schriftstellers wieder mehr auf die Person des Apollonius selbst zurückschieben zu müssen geglaubt, und von einem objektiveren Standpunkt aus den Versuch gemacht, den Philostratus von der nach der gewöhnlichen Meinung auf ihm lastenden Anklage freizusprechen. Angesehene Schriftsteller haben die Ansicht ausgesprochen, dass er bei dem von ihm geschilderten Leben des Apollonius keineswegs eine dem Christenthum feindliche Absicht gehabt habe. Da diese Ansicht im weiteren Zusammenhang unserer Untersuchung näher berücksichtigt und geprüft werden muss, so genügt es vorerst, sie hier kurz bezeichnet zu haben.

Welcher der verschiedenen Gesichtspunkte, die sich in den bisherigen Beurtheilungen des vorliegenden Gegenstandes unterscheiden lassen, der wahre und richtige sei, und in welchem Verhältniss überhaupt die Erscheinung des Apollonius zum Christenthum und dem Stifter desselben stehe, kann sich nur aus einer genauern Untersuchung des philostratischen Werkes, der Hauptquelle, auf welcher unsere Kenntniss von dem Leben und der Wirksamkeit des Apollonius beruht, ergeben.

---

ticismus. Da nun diese Wunder auch nicht dem Teufel zugeschrieben werden können, so bleibt nur übrig, dass sie *a credulis et maleferiatis hominibus efficta sunt. Crediderim itaque,* sagt der Verf. S. 3, 3, *Apollonium utique affectasse personam hominis, qui extraordinariis dotibus esset ornatus, atque dictis factisque suis vim divinam attribuisse, Damidem hominem extreme ineptum atque stolidum avidis auribus cuncta Apollonii dicta excepisse, et pro oraculis habuisse, utrosque famam atque existimationem singularem aucupatos esse: Philostratum denique centonem illum a Damide relictum in ordinem digessisse, exornasse, atque ex odio christianae religionis data opera pleraque confinxisse.*

Ueberblicken wir vorerst das Gemälde, das uns Philostratus von dem Leben und der Person seines Helden entwirft, nach seinen allgemeinsten Umrissen.

Ungefähr gleichzeitig mit der Geburt Christi wurde in der von Griechen bewohnten cappadocischen Stadt Tyana Apollonius geboren. Seine Bildung erhielt er theils in der cilicischen Stadt Tarsus, wo ihm bald die herrschende Ueppigkeit mit seinen philosophischen Studien nicht zusammenzustimmen schien, theils in dem benachbarten Aegä. Hier beschäftigte er sich mit den verschiedenen Systemen der griechischen Philosophie, ergab sich aber schon damals mit unaussprechlicher geheimnissvoller Liebe (ἀῤῥήτῳ φιλίᾳ I. 7) der pythagoreischen Philosophie, und befolgte die von derselben gebotene Lebensweise mit der grössten Strenge. In demselben Sinne geschah es, dass er seinen Aufenthalt im Tempel des Asklepios in Aegä nahm, und sich ganz zum Diener und Freund des Gottes weihte. Dadurch und durch die hohen geistigen und körperlichen Vorzüge, die ihn auszeichneten, gelangte er in Aegä zu so grossem Ansehen, dass der Jüngling, zu welchem alle eilten, zum Sprüchwort wurde (I. 8). Nachdem er auf diese Weise die Zeit seiner Jugend theils in Aegä, theils an andern Orten in der Nähe, wie z. B. in Antiochien (K. 17), in steter Uebung der pythagoreischen Tugend und in steter Beschäftigung mit wissenschaftlichen und religiösen Gegenständen, über welche er sich besonders mit den Priestern in den Tempeln zu unterreden pflegte, zugebracht hatte, fasste er den Gedanken einer weiten Reise, und richtete seinen Sinn auf das indische Volk und die Weisen daselbst, indem er sagte, es gezieme einem jungen Mann zu reisen, und sich über die Grenze hinaus zu erheben: auch hielt er die Bekanntschaft der Magier, die in Babylon und Susa wohnten, für einen Gewinn, um auf der Reise ihr Thun und Wesen zu erforschen. Er eröffnete seine Gedanken hierüber den sieben Jüngern, mit denen er Umgang pflog. Als diese nun versuchten, ihm Anderes zu rathen, ob er von diesem Vorhaben abzubringen sei, sagte er: „Ich habe mir die Götter zu Berathern genommen, und meinen Beschluss ausgesprochen. Euch aber habe ich prüfen wollen, ob ihr stark wäret zu dem, wozu ich Kraft fühle. Da es Euch nun hierin gebricht, so gehabt Euch wohl und philosophirt. Ich muss dahin gehen, wohin mich die Weisheit und der Dämon führt“ (I. 18). So verliess er nur von zwei Dienern begleitet Antiochien. Dagegen schloss sich in dem alten Ninus, wohin er auf seiner Reise gelangte, der Ninivite Damis an ihn an, der seitdem sein unzertrennlichster Gefährte und vertrautester Freund wurde, und, wie Philostratus versichert (I. 19), später Denkschriften über das Leben des Apollonius verfasste, welchen wir hauptsächlich das Werk des Philostratus und unsere Kenntniss des merkwürdigen Mannes zu danken haben. Von diesem Damis begleitet, setzte Apollonius seine Reise fort, muthvoll die barbarischen und raubsüchtigen Völker durchwandernd, überall sorgfältig alles beachtend, was die Eigenthümlichkeiten der Länder, die Sitten der Völker, einzelne durch alte Begebenheiten und Sagen berühmt gewordene Localitäten merkwürdiges darboten, und überall, wo er Gelegenheit dazu hatte, durch seine strenge Tugend, seine tiefe Einsicht, und seine sinnigen Reden die Bewunderung auf sich ziehend. Längere Zeit verweilte er in Babylon, wo er von dem Könige Bardanes sehr ehrenvoll und wohlwollend aufgenommen wurde, und vertrauten Umgang mit den Magiern hatte (I. 25. f.). Geleitet von den Führern, welche der babylonische König ihnen mitgegeben hatte, überschritten die Reisenden den Kaukasus, der das indische und medische Land scheidet (II, 2), setzten über den Fluss Indus, und betraten nun ein Land, in dessen Beherrscher Phraotes in Taxila, der Hauptstadt des Landes, Apollonius sogleich einen Philosophen erkannte, der sein ganzes Gemüth gewann, und ihm vielfache Gelegenheit gab, sich mit ihm über die wichtigsten Gegenstände zu unterhalten. Doch das eigentliche Ziel der Reise lag erst jenseits des Hyphasis. Von Phraotes mit einem neuen Führer und einem Empfehlungsschreiben versehen, gelangten die Reisenden endlich in das heilige, wundervolle Land, zu dem Hügel, auf welchem, als dem Nabel des indischen Landes (III. 14), die indischen Brachmanen wohnten, wie Apollonius selbst (III. 15) nach seiner sinnigen Weise sie schildert, auf der Erde und nicht auf der Erde, in fester Burg ohne Befestigung, und ohne Besitzthum in dem Besitze von Allem. Unter ihnen sass auf einem hohen Stuhle Jarchas, der den ankommenden Apollonius sogleich durch seine Kenntnisse und Weisheit in Erstaunen setzte. Bei diesen Männern, die alles kannten und sich selbst für Götter hielten, weil sie gute Männer seien (III. 18), nahm Apollonius an allen ihren öffentlichen und geheimen Unterredungen Antheil (III. 50), an Untersuchungen, wobei die weissagende Kraft der Gestirne erwogen, die Vorkenntniss des Künftigen besprochen und die Opfer und Anrufungen, deren sich die Götter erfreuen, berührt wurden (III. 41), und alles, was er hier sah und hörte, liess ihn die tiefe geheimnissvolle Weisheit dieser Männer und des Jarchas insbesondere bewundern. Als er sich nach einem Aufenthalt von vier Monaten von ihnen trennte, verkündigten sie ihm beim Abschiede, dass er nicht blos nach seinem Tode, sondern lebend schon den Menschen für einen Gott gelten werde. Die Rückreise machte Apollonius auf dem Meere, schiffte durch die Mündung des Euphrates den Fluss hinauf nach Babylon zu Bardanes, ging dann weiter nach Ninive, und da Antiochien nach gewohnter Weise frevelte, und an hellenischen Studien keinen Theil nahm, segelte er nach Seleucia hinab und von da über Cypern nach Jonien, hinlänglich bewundert und reichlich geehrt von allen, welche Weisheit achteten (III. 58). In Jonien waren es die Städte Ephesus und Smyrna, in welchen er durch sittlich ernste Vorträge, durch Ermahnungen zu philosophischen Studien, zur Eintracht und guten Verwaltung des Staats, und besonders durch ein Wunder, durch welches er die Bewohner der Stadt Ephesus von einer verheerenden Krankheit befreite, wohlthätig wirkte. Nachdem er genug in Jonien gethan hatte (IV. 11), begab er sich über Pergamus, wo er sich an dem Heiligthum des Asklepios erfreute, und auch viele geheilt hatte, über Ilium, wo er, bekannt mit allen alten Geschichten, die Gräber der Achäer besuchte und eine Unterredung mit dem ihm erschienenen Achilles hatte, und über Lesbos, wo er den daselbst begrabenen Palamedes als den göttlichen Mann ehrte, von welchem alle Weisheit stamme, und sich in das Heiligthum des Orpheus begab, nach Hellas und landete hier im Piräus. Athen, Korinth, Olympia, Lacedämon waren vorzugsweise die Orte, wo er nach seiner gewohnten Weise wirkte. Von Hellas aus begab er sich über Kreta, welches Eiland er als das Geburtsland des Zeus nicht zu übergehen durch eine Traumerscheinung erinnert wurde, nach Italien und Rom, wo sich ihm ein neuer wichtiger Kreis der Thätigkeit eröffnete. Die Philosophie war damals in einer sehr ungünstigen Lage. Nero gestattete das Philosophiren nicht, sondern hielt die Philosophen für ein vorwitziges Geschlecht, das unter seiner Beschäftigung und unter der Hülle des philosophischen Mantels nur Wahrsagerei verstecke (IV. 35). Vergebens warnte den Apollonius der weichliche Philosoph Philolaus, nach Rom zu gehen, wo die Philosophie in so üblem Rufe stehe. Auf die Jünglinge aber, die ihn begleiteten, machte die Furcht des Philolaus Eindruck, und es trat für sie eine Prüfung ein, die nach des Apollonius lebhaftem Wunsche darüber entscheiden sollte, welche von ihnen wirkliche Philosophen seien, und welche Anderes mehr treiben, als die Philosophie. Von vier und dreissig Jüngern blieben ihm nur acht übrig, die ihn nach Rom begleiteten, die übrigen entliefen dem Nero und der Philosophie und gingen davon (IV. 36). Mit diesen, die er nun desswegen, weil sie die Furcht überwunden hatten, als ächte Philosophen begrüsste, gelangte er nach Rom. In dem Consul Telesinus, der ihn sogleich nach seiner Ankunft zu sich rief, fand er einen grossen und eifrigen Verehrer der Gottheit, der seine Reden bewunderte, und sich besonders dadurch gefällig bewies, dass er ihm die Erlaubniss ertheilte, alle Tempel zu besuchen. Ungestört hielt er einige Zeit seine Vorträge in den Tempeln umher, indem er alles öffentlich verhandelte, und zu allen ohne Ausnahme sprach, sich aber nicht an den Thüren der Vornehmen einfand, und das Licht und die

Mächtigen nicht aufsuchte, sondern, die, so ihn besuchten, empfing, und ihnen dasselbe sagte, was er auch dem Volke sagte (IV. 41). Bald aber konnte auch er dem damals so leicht erregten Verdacht nicht entgehen, vorzüglich wegen eines Ausspruchs, welchen er über ein Meteor that. Als Tigellinus, welcher als Praefectus Praetorio das Schwerdt des Nero führte (IV. 42), davon hörte, gerieth er in Furcht über den Mann und seine Kenntniss göttlicher Dinge. Oeffentlich zwar mit Beschuldigung gegen ihn aufzutreten, hielt er nicht für gut, um sich nicht einer Gefahr von der geheimen Kunst des Mannes auszusetzen; sein Reden und Schweigen aber, sein Gehen und Sitzen, was er ass, und bei wem er ass, ob er opferte oder nicht opferte, diess liess er mit allen Augen, deren sich eine Regierung bedient, beobachten (IV. 43). Da aber aufs neue eine Aeusserung des Apollonius dem Tigellinus hinterbracht wurde, liess er ihn vor sein Tribunal rufen, um sich wegen verletzter Ehrfurcht gegen den Kaiser zu vertheidigen, wobei auch ein Ankläger gegen ihn angestiftet war, der schon viele zu Grunde gerichtet hatte. Doch ging auch diese Gefahr glücklich vorüber. Das ganze Benehmen des Mannes schien dem Tigellinus so durchaus dämonisch und fern von menschlicher Weise zu sein, dass er gleichsam aus Scheu, wider Gott zu kämpfen, ihn mit den Worten entliess: Geh, wohin du willst, du bist stärker, als dass ich Gewalt über dich hätte (IV. 44). Als Nero nach Hellas reiste, und ein öffentliches Verbot ergehen liess, dass niemand zu Rom philosophiren sollte, wandte sich Apollonius nach den Abendländern, welche von den Säulen des Herakles begrenzt werden (IV. 47). Fortgehend auch jetzt noch in seinen Gedanken, Reden und Handlungen mit Nero, der gerade damals seine unwürdige Rolle in Griechenland spielte, beschäftigt, durchwanderte er Spanien bis nach Gadeira, nahm dann aber seine Richtung über Libyen und Sicilien, das er gerade zu der Zeit erreichte, als die Nachricht von Nero's Flucht in Rom dahin gelangte, wieder nach Griechenland, doch nur, um nach kurzem Aufenthalt in Athen besonders, wo er nun erst in die Mysterien sich einweihen liess, von da aus die Reise nach Aegypten anzutreten (V. 20). Nach einer glücklichen Seefahrt, auf welcher die Inseln Chios und Rhodos berührt wurden, gelangte er nach Alexandrien, welche Stadt ihn schon in der Ferne liebte und sich nach ihm sehnte, wie ein Freund nach dem andern. Durch die zahlreichen Reisenden, die nach Aegypten kamen, war er bei den Aegyptiern in grossen Ruf gekommen, und sie empfingen ihn wie einen Gott (V. 24). Gleichwohl fand Apollonius auch in Aegypten manches zu tadeln, insbesondere die Weise der Opfer und die Sitte der Pferderennen. Merkwürdig wurde der Aufenthalt des Apollonius in Aegypten besonders durch das Zusammentreffen mit Vespasian, der gerade damals von der Belagerung Solyma's zur Erlangung der höchsten Herrschaft heranrückte, und mit Apollonius wichtige auf dieses Vorhaben sich beziehende Unterredungen hatte (V. 27 — 41). In dieselbe Zeit fiel, was ebenfalls für die Folge von Wichtigkeit war, der Zwist mit Euphrates, der ihn bisher begleitet hatte, nun aber sich von ihm trennte. Auch mit andern seiner Jünger machte er hier dieselbe Erfahrung, die er schon früher in Aricia in der Nähe Roms gemacht hatte. Nachdem er hinlänglich in Alexandrien verweilt hatte, und im Begriff war, nach Aegypten und Aethiopien zu den Gymnosophisten (in dem obern Aegypten, dem Sitz der Theologie V. 24) zu reisen, erliess er, um durch eine Prüfung die Aechten und Unächten zu scheiden, wie er sich ausdrückte, die olympische Aufforderung an seine Jünger: wenn sie sich durch Arbeit würdig gemacht haben, nach Olympia zu gehen, und nicht schlaff und unedel gewesen seien, sollen sie getrost gehen, wer sich aber nicht so geübt habe, solle gehen, wohin er wolle Gegen zwanzig blieben nun zurück, die übrigen aber, zehen an der Zahl, traten mit ihm die Reise den Nil hinauf an. „Keine Stadt, keinen Tempel, keinen der heiligen Plätze Aegyptens gingen sie schweigend vorüber, sondern stets durch heilige Gespräche belehrt und belehrend. Und das Schiff, das Apollonius bestieg, glich einer Theoris" (V. 43). Geführt von einem ägyptischen Jüngling, der sich in der Gegend von

Memphis an sie anschloss, und in welchem Apollonius einen aus der Schule der Inder erkannte, kamen sie zu den Schulen der Gymnosophisten, die auf einer mässigen Anhöhe nicht weit von den Ufern des Nils wohnten, aber an Weisheit hinter den Indern so weit zurückstanden, als sie vor den Aegyptiern voraus waren (VI. 6). Er unterredete sich mit ihnen über verschiedene religiöse und philosophische Gegenstände, konnte sich aber mit ihnen nicht auf dieselbe Weise, wie früher mit den indischen Weisen befreunden und verständigen. Er wurde schon bei seiner Ankunft, da Euphrates die Gymnosophisten gegen ihn einzunehmen gesucht hatte, mit Misstrauen und Kälte empfangen, am wenigsten konnte er die Geringschätzung ertragen, mit welcher die ägyptischen Gymnosophisten in der hohen Meinung von ihrer Weisheit auf die Inder herabsahen. Nachdem er auch noch die Quellen des Nil, die ebensowohl als die Gymnosophisten der Zweck seiner Reise nach Aethiopien waren, besucht hatte, kehrte er von Aethiopien zurück und hatte bald darauf mit Titus, der gerade damals Solyma eingenommen und alles mit Leichen angefüllt hatte, in dem cilicischen oder cappadocischen Argos eine ähnliche Unterredung, wie früher mit Vespasian. So viele Völker, bemerkt Philostratus (VI. 35), hatte Apollonius bereist, wie erzählt wird, suchend und aufgesucht. Die Reisen, die er in der Folge unternahm, waren auch noch zahlreich, aber nicht mehr so gross, und zu keinen andern Völkern, als die er schon kannte. In dem am Meere gelegenen Aegypten verweilte er nach der Rückkehr aus Aethiopien längere Zeit, dann bei den Phöniciern und Ciliciern, den Joniern und Achäern und wiederum bei den Italern, und nirgends versäumte er, sich selbst gleich zu erscheinen. Um aber nicht der Erzählung, bemerkt Philostratus weiter, eine zu grosse Ausdehnung zu geben, wenn wir alles, was er an jedem Orte philosophirt hat, genau berichten wollten, noch auch im Sprunge den Bericht zu durchlaufen, den wir nicht ohne Mühe denen erstatten, die mit dem Manne unbekannt sind, so will ich das Wichtigere davon berühren, und was des Andenkens am würdigsten ist. Wir können aber seine Reisen mit den Besuchen der Asklepiaden vergleichen (VI. 35). Philostratus hebt hierauf noch einzelne bemerkenswerthe Züge hervor, und schliesst das sechste Buch seiner Lebensbeschreibung mit den Worten: „Diess sind die Verrichtungen des Mannes für Tempel und Städte, gegen Völker und für Völker, für Todte und Kranke, Weise und nicht Weise, und gegen Könige, die ihn der Tugend wegen zu Rathe zogen." Die beiden letzten Bücher des Werkes, das siebente und achte, bilden ein enger zusammenhängendes Ganze. Sie haben die wichtigste Periode in dem Leben des Apollonius zum Gegenstand, indem sie die Leiden und Gefahren schildern, die Apollonius unter Domitian, einem noch schlimmern Tyrannen, als Nero war, zu bestehen hatte. Apollonius stand mit Nerva, Orfitus und Rufus, welche Männer Domitian heimlicher Nachstellungen beschuldigte, und desswegen aus Rom verbannt hatte, in vertrauter Verbindung. Da er schon wusste, dass Nerva in Kurzem zur Regierung kommen würde, richtete er in Smyrna an ein ehernes Bild Domitians, das in einem Haine am Flusse Meles stand, die Worte: „O Thor, wie wenig begreifst du die Parzen und die Nothwendigkeit! Der Mann, dem nach dir zu herrschen bestimmt ist, wird, auch wenn du ihn tödtest, wieder aufleben (VII. 9)." Diese Worte, von Euphrates hinterbracht, hatten die Folge, dass Domitian hauptsächlich in der Absicht, dadurch einen scheinbaren Vorwand zur Verurtheilung jener Männer zu erhalten, an den Statthalter Asiens schrieb, den Apollonius zu ergreifen und nach Rom zu bringen. Noch ehe dieser Befehl vollzogen werden konnte, machte sich Apollonius von selbst nach Rom auf. Hier fand er in Aelian, in dessen Händen damals das kaiserliche Schwerdt war, einen Mann, der schon längst, schon seit der Zeit, wo Vespasian nach Aegypten gekommen war, ihn kannte und liebte, und jetzt alle Mittel, die im Verborgenen helfen konnten, für ihn benützte. Von diesem erfuhr er die näheren Motive der Anklage, dass man ihm seine Tracht und seine übrige Lebensart zum Vorwurf mache, und dass er von Manchen durch Anbetung verehrt werde, und in Ephesus einst die Pest geweissagt habe. Das Wichtigste aber, das man ihm schuld gebe, sei, dass er zu Nerva auf das Land gegangen, ihm bei einem nächtlichen Opfer gegen den Kaiser einen arkadischen Knaben zerstückelt, und ihn durch dieses Opfer zu Hoffnungen aufgereizt habe (VII. 20). Auf Befehl Aelians wurde er in ein freies Gefängniss gebracht, wo er und Damis mit vielen andern Gefangenen, die aus verschiedenen Ursachen gefangen gehalten wurden, zusammen waren. Als sich der Kaiser Musse verschafft hatte, ihn vor sich kommen zu lassen, wurde er in den kaiserlichen Palast geführt, Damis aber durfte ihm nicht nachfolgen. Die Hauptfrage, die der Kaiser an ihn richtete, betraf den Nerva und die Theilnehmer an seiner Schuld. Er hoffte nun ausserordentliche Geheimnisse zu erfahren, und glaubte, dass alles sich zum Verderben dieser Männer vereinigen werde. Da aber Apollonius erklärte, dass er sie als gemässigte, milde, dem Kaiser ergebene Männer kenne, die auf Neuerungen weder selbst denken, noch einem andern, der darauf dächte, Hülfe leisten würden, gerieth der Kaiser so sehr in Zorn, dass er ihn misshandelte, ihm Bart und Haupthaar abscheeren, und ihn unter den ärgsten Missethätern fesseln liess. Apollonius aber liess sich auch dadurch nicht bewegen, zum Verräther an Männern zu werden, die ohne Grund des Rechts Gefahr liefen. Ebenso erfolglos waren die Versuche, die der Kaiser durch Späher, die er in das Gefängniss sandte, machen liess, in der Meinung, Apollonius werde aus Ueberdruss seiner Ketten Unwahres gegen die angeklagten Männer vorbringen. Nach einiger Zeit liess ihn der Kaiser auf Aelians Rath aus seinen Fesseln befreien, und in das freie Gefängniss zurückbringen, in welchem er zuerst war. Dabei wurde ihm angekündigt, dass am fünften Tage seine Vertheidigung, zu welcher die frühere Verhandlung vor Domitian nur das Vorspiel war (VII. 35), stattfinden werde. Als der Tag erschien, an welchem diese wichtige Verhandlung, mit deren Beschreibung Philostratus das letzte Buch eröffnet, vor sich gehen sollte, war der Gerichtssaal festlich ausgeschmückt und alle Leute von Auszeichnung nahmen daran Theil. Denn dem Kaiser war daran gelegen, ihn vor recht vielen

Zeugen von der angeschuldigten Verbindung mit den verdächtigen Männern zu überführen. Der Ankläger hatte in einer Schrift die Anklagepunkte zusammengeschrieben, die nun dem Angeklagten einzeln zur Beantwortung vorgelegt wurden. Es waren vier Punkte, die für besonders schwierig und unwiderleglich gehalten wurden. Zuerst wurde Apollonius gefragt, aus welchem Grunde er sich nicht, wie alle andere Menschen, sondern auf eine eigenthümliche und besondere Weise kleide? Ferner fragte man ihn: warum ihn die Menschen einen Gott nennen? Die dritte Frage betraf die Pest in Ephesus. Aus welchem Grunde und auf welche Vermuthung hin er der Stadt Ephesus die bevorstehende Krankheit angekündigt habe? Die vierte Frage, mit welcher jedoch der Kaiser nicht offen hervortrat, bezog sich auf die verdächtigen Männer. Der Ausgang dieser Untersuchung war ganz gegen die erregte Erwartung. Der Kaiser sprach den Angeklagten von der Anklage frei, und Apollonius verschwand mit den Worten, dass der Kaiser weder seinen Leib noch seine Seele zu ergreifen vermöge, plötzlich aus dem Gerichtshofe. Da Apollonius, in der Voraussetzung, es werde ihm gestattet sein, seine Vertheidigung nach der Wasseruhr zu halten, eine ausführliche Rede ausgearbeitet hatte, von welcher er bei der für seine Vertheidigung vorgeschriebenen Form keinen Gebrauch machen konnte, so theilt Philostratus auch diese Rede mit. Sie nimmt einen beträchtlichen Theil des achten Buches ein (VIII. 7, 1—16) und erörtert dieselben Punkte, die bei der mündlichen Verhandlung die Hauptgegenstände der Anklage waren, so, dass der Redner von jedem einzelnen Punkte Veranlassung nimmt, seine Grundsätze und Ansichten darzulegen und zu entwickeln, und sich über die ganze Aufgabe und Richtung seines Lebens und seiner Wirksamkeit auszusprechen. Unmittelbar nachdem Apollonius auf die angegebene räthselhafte Weise sich aus dem Gerichtssaal entfernt hatte, erschien er in Dikaearchia oder Puteoli seinem Freunde Damis, welchen er schon den Tag vor seiner Vertheidigung dahin vorausgeschickt hatte, und dem ebendaselbst sich aufhaltenden Philosophen Demetrius, zur grössten Ueberraschung beider, während diese sich gerade über das, was vor dem Gerichtstage geschehen war, besprachen. Ungeachtet der Warnung des auch jetzt noch für seine Rettung ängstlich besorgten Demetrius, ein den Blicken allzu offen daliegendes Land zu meiden, in welchem er vor dem Manne, dem er selbst in der Verborgenheit nicht leicht entgehen könne, am wenigsten im hellen Lichte sich verbergen könne, begab er sich mit Damis über Sicilien nach Griechenland, und wohnte hier in Olympia in dem Heiligthume des Zeus. Da sich nun nach allen Seiten hin der laute Ruf in hellenischen Landen verbreitete, der Mann lebe und sei nach Olympia gekommen, glaubte man anfänglich, die Sage habe keinen Grund. Denn ausserdem, dass wenige menschliche Hoffnung statt fand, nachdem man gehört hatte, Apollonius sei in Fesseln gelegt, hatte sich auch das Gerücht verbreitet, er sei verbrannt worden: Andere sagten, er sei lebendig geschleift worden, indem man ihm Haken in den Hals geschlagen habe; noch Andere, man habe ihn in den Abgrund (das Barathrum) oder in das Meer gestürzt. Als man nun aber von seiner Ankunft überzeugt war, eilte Hellas zu ihm in einer Aufregung, wie es nie zu einem olympischen Feste gezogen war: Elis und Sparta aus der Nähe, Korinthus von den Gränzen des Isthmus, und auch die Athener, obgleich ausserhalb des Peloponneses, blieben doch nicht hinter den Städten zurück, die Pisa vor den Thüren liegen, und sowohl die angesehensten Männer aus Athen selbst besuchten den Tempel, als auch die Jugend, die aus der ganzen Erde nach Athen zu gehen pflegte; ja, auch aus Megara kamen Einige damals nach Olympia und viele Böotier, und aus Argos und was in Phocis und Thessalien Ansehen genoss; diejenigen, welche schon früher mit Apollonius zusammen gewesen, um seine weisen Lehren aufzufrischen, indem sie glaubten, jetzt noch Mehreres und Bewunderungswürdigeres zu vernehmen; diejenigen aber, die ihn noch nicht benützt hatten, weil sie es für unrecht hielten, die Gelegenheit, einen solchen Mann zu hören, unbenützt zu lassen. Denen nun, die ihn fragten, wie er dem Tyrannen entgangen sei, antwortete er ohne alle

Ruhmredigkeit, indem er sagte, er habe sich vertheidigt, und sei gerettet worden. Da aber viele Reisende aus Italien kamen, welche die Ereignisse in dem Gerichtshofe laut verkündigten, so fehlte nicht viel, dass ihn Hellas angebetet hätte, indem man ihn hauptsächlich auch desswegen, dass er so ganz ohne Prahlerei von der Sache sprach, für einen göttlichen Mann hielt (VIII. 15). Nachdem er vierzig Tage mit Unterredungen in Olympia zugebracht und Vieles ernstlich betrieben hatte, sagte er: „Ich werde mich, ihr Hellenen, in jeder Stadt mit Euch unterreden, bei den Volksfesten, den Umgängen, den Mysterien, den Opfern, den Spenden: sie bedürfen einen gebildeten Mann. Jetzt aber muss ich hinab nach Lebadea, da ich mit dem Trophonius noch nicht zusammen gekommen bin, ob ich gleich schon einmal in seinem Tempel war.“ Nach diesen Worten begab er sich nach Böotien, wobei keiner seiner Bewunderer zurückblieb, und stieg zu Lebadea in die dem Trophonius, dem Sohne Apollons, geweihte Höhle hinab, aus welcher er nach sieben Tagen wieder herauskam (VIII. 19). Es kamen damals zu ihm auch aus Jonien alle seine Jünger, welche Hellas Apollonier nannte, und mit den dort Einheimischen vermischt, bildeten sie eine Jugend, welche wegen ihrer Menge und wegen ihres Eifers in der Philosophie Bewunderung verdiente. Die Rhetorik blieb vernachlässigt zur Seite, und denen, welche die Regeln der Kunst zusammenschmieden, wurde wenig Aufmerksamkeit gewidmet, weil sie blos eine Lehrerin der Zunge ist. Zur Philosophie des Apollonius aber drängte sich alles; und wie man von Gyges und Krösus erzählt, dass sie die Thüren ihrer Schatzkammern nicht verschlossen, damit jeder Bedürftige daraus nehmen könnte, so theilte auch er seine Weisheit den Befragenden mit, indem er erlaubte, ihn über alles zu fragen (VIII. 21). Zwei Jahre hatte er in Hellas verweilt. Da er nun hier genug gethan zu haben glaubte, schiffte er nach Jonien, wohin ihm der Verein seiner Jünger folgte, und philosophirte hier die meiste Zeit in Smyrna und Ephesus, besuchte aber auch andere Städte, und war in keiner ungern gesehen, sondern seine Gegenwart wurde gewünscht, und galt den Einsichtigen für einen grossen Gewinn (VIII. 24). Um diese Zeit geschah es, dass die Götter den Domitian von seiner Höhe herabstiessen. Bald darauf schrieb Nerva dem Apollonius, er sei jetzt im Besitze der Herrschaft, nach dem Rathe der Götter und dem seinigen, er werde sie aber leichter behaupten, wenn er ihm seinen Rath zu ertheilen käme. Nachdem Apollonius noch an Nerva einen Brief geschrieben hatte, welcher ihn über Regierungssachen berieth, schickte er sich an, das Leben zu verlassen. Um aber, wie er schon während seines ganzen Lebens oft gesagt haben soll: „suche verborgen zu leben, und, kannst du es nicht, verborgen abzuleben“, nicht vor Zeugen aus dem Leben zu scheiden, entsandte er den Damis mit dem Briefe an Nerva nach Rom. Damis gesteht, er habe selbst bei der Abreise ein gewisses Vorgefühl gehabt, doch ohne zu wissen, was bevorstand, Apollonius aber habe das recht gut gewusst; doch habe er nichts gesagt, was man sagt, wenn man sich nicht wiedersehen wird (so fest sei er überzeugt gewesen, dass er immer sein werde); sondern habe ihm nur die Ermahnung gegeben: „O Damis, auch wenn du für dich philosophirst, habe mich vor Augen“ (VIII. 28). Da nun, was Damis über Apollonius geschrieben hatte, mit dieser Erzählung endigte, so konnte Philostratus nur noch die verschiedenen über die Art seines Lebens-Endes gehenden Sagen mittheilen.

Es lassen sich, wenn wir noch einen Blick auf das Ganze werfen, zwei Hauptperioden in dem Leben des Apollonius unterscheiden. Die erste Periode ist die Periode der Jugendbildung und Vorbereitung, die auch die Reise nach Indien in sich begreift. Obgleich auch schon hier überall die Grösse und Göttlichkeit des Mannes hervorstrahlt, so verhält er sich doch noch vorzugsweise empfangend und fremde Weisheit in sich aufnehmend, und erst die zweite Periode ist es, in welcher nun der vollendete, praktisch-thätige, die Fülle der erworbenen Weisheit mittheilende, und mit derselben in das Leben der Menschen eingreifende Weise in seinem vollen Licht hervortritt*). Aber

*) Wenn Eusebius in der Schrift gegen Hierokles Kap. 26 in der Reihe

diese Periode selbst zerfällt wieder in zwei Abschnitte, die sich durch ihren eigenthümlichen Charakter von einander unterschieden. Der erste Abschnitt begreift die öffentliche ins Grosse gehende Thätigkeit des Mannes, der an den verschiedensten Orten handelnd auftritt, zwar auch jetzt schon auf Hemmungen seiner Wirksamkeit stösst, aber doch noch keinen bedeutenden, seinem Leben gefährlichen feindlichen Widerstand zu erfahren hat. Der zweite Abschnitt aber kann mit Recht seine Leidensgeschichte genannt werden: er erscheint als Angeklagter vor dem höchsten Richter der Erde, hat eine Reihe von Leiden und Misshandlungen zu erdulden, schwebt in der grössten Gefahr des Lebens, und wird zuletzt nur wie durch ein Wunder vom Tode errettet.

Was nun die einzelnen Hauptzüge betrifft, die in dem Leben des Apollonius am meisten hervortreten und zusammengenommen werden müssen, um ein so viel möglich klares Bild seiner ganzen Persönlichkeit und Erscheinung zu erhalten, so scheint mir hauptsächlich Folgendes ins Auge gefasst werden zu müssen.

Was schon bei dem ersten Blick unter den ihn am meisten auszeichnenden Eigenschaften in die Augen fällt, ist seine Kenntniss von Dingen, die den gewöhnlichen Grad der intellectuellen Kraft des Menschen übersteigen, und seine Gabe, Wunder zu thun.

Von seinem ausserordentlichen Vermögen, Dinge zu wissen, zu deren Kenntniss das gewöhnliche Vermögen des Menschen nicht zureicht, gab Apollonius viele auffallende Beweise. Als

---

der Inconsequenzen, die er aus dem Leben des Apollonius hervorheben zu müssen glaubte, in Beziehung auf den Anfang des vierten Buchs, wo Philostratus den aus Indien zurückgekommenen Apollonius in Griechenland auftreten lässt, bemerkt: Man könne mit Recht sagen, wenn er eine übermenschliche göttliche Natur hatte, so hätte er nicht erst jetzt, sondern schon vor dem von Andern erhaltenen Unterricht, die Reihe seiner Wunderthaten beginnen sollen; so ist hier offenbar übersehen, dass Philostratus absichtlich verschiedene, einen eigenthümlichen Charakter an sich tragende Perioden in dem Leben des Apollonius unterscheiden wollte.

er während seines ersten Aufenthalts in Athen sich in die eleusinischen Mysterien einweihen lassen wollte, der Hierophant aber sich weigerte, ihm den Zutritt zu gestatten, weil es ihm nicht erlaubt sei, einen Zauberer aufzunehmen, oder das Heiligthum von Eleusis einem Mann zu öffnen, der sich durch den Verkehr mit Dämonen befleckt habe, antwortete er: ich werde künftig aufgenommen werden und ein anderer wird mich aufnehmen. Dabei nannte er den Namen desselben. Denn, setzt Philostratus hinzu, er kannte mit weissagendem Geist den Hierophanten, welcher auf diesen folgte und dem Tempel vier Jahre später vorstand (IV. 18, vgl. V. 19). Den Versuch der Durchstechung des Isthmus kündigte er sieben Jahre vorher an, ehe sie Nero beabsichtigte (IV. 24). Ebenso wusste er den Aufstand des Vindex gegen Nero voraus (V. 10), und als er bald darauf in Sicilien vernahm, dass Nero auf der Flucht, Vindex todt, und mehrere Bewerber um das Reich aufgetreten wären, theils aus Rom, theils von andern Völkern, und seine Gefährten ihn um den Ausgang der Sache fragten, und wem die Herrschaft zufallen werde, antwortete er: vielen Thebanern, indem er die Gewalt, welche Vitellius und Galba und Otho auf kurze Zeit behaupteten, mit den Thebanern verglich, welche nur sehr kurze Zeit an der Spitze der hellenischen Staaten gestanden hätten (V. 11). Ebendavon, von den drei Selbstherrschern, von welchen keiner zu einer vollständigen Herrschaft gelangen würde, Galba, Vitellius, Otho, deutete er ein zu Syrakus gebornes dreiköpfiges Kind (V. 13). In Leukas wollte er das Schiff, das ihn glücklich von Sicilien nach Griechenland gebracht hatte, nicht wieder besteigen, weil es nicht heilsam sei, mit ihm nach Achaia zu gehen. Niemand achtete auf diese Rede, als wer den Mann kannte, er selbst aber bestieg mit denen, die ihn begleiten wollten, ein leukadisches Schiff, und landete im Lechaeum. Das syrakusische Schiff aber ging bei der Einfahrt in den krisäischen Meerbusen unter (V. 18, vgl. VII. 41). In Alexandrien erkannte er, als er in grosser Begleitung in die Stadt einzog, und ihm zwölf Männer begegneten, die als Räuber zum Tode geführt wurden, sogleich, dass einer derselben fälschlich beschuldigt sei. Schon waren acht Köpfe abgeschlagen, als ein Reiter auf dem Richtplatz ankam, und den von Apollonius Bezeichneten zu schonen befahl, weil dieser kein Räuber sei, sondern aus Furcht vor der Folter ein falsches Geständniss abgelegt habe, und andere, die peinlich befragt worden waren, die Unschuld des Mannes bezeugt hätten (V. 24). Ebendaselbst entging seinem das Verborgene durchschauenden Blicke nicht, dass in einem zahmen Löwen, welchen jemand am Zaum umherführte, wie einen Hund, die Seele des ägyptischen Königs Amasis war (V. 42). Als ihn Titus bei der Unterredung, die er mit ihm hatte, auch wegen seines Lebens, und vor wem er sich am meisten zu hüten habe, befragte, gab er die Antwort: er habe von den Göttern eine Anzeige erhalten, ihm zu sagen, dass er bei Lebzeiten seines Vaters die schlimmsten Feinde desselben, nach dessen Tode aber seine nächsten Freunde zu fürchten habe, und zugleich sagte er ihm die Art seines Todes voraus (VI. 32). Der Brand, welcher, als Domitian in Rom für die Herrschaft Vespasians mit Vitellius kämpfte, den Tempel des capitolinischen Jupiter zerstörte, that sich ihm weit früher kund, als wenn er sich in Aegypten selbst zugetragen hätte. Er sprach davon, als er sich in Aegypten mit Vespasian unterredete, als einem gestern vorgefallenen Ereigniss, und bezeichnete den Kaiser als den Mann, der den von ungerechten Händen angezündeten Tempel wieder aufrichten werde (VI. 30). Der von Domitian an den Proconsul von Asien erlassene Befehl, ihn zu ergreifen und nach Rom zu bringen, war ihm, ehe er vollzogen werden konnte, bekannt. Er sah auf eine göttliche Weise, und wie er gewohnt war, alles voraus (VII. 10). Insbesondere waren es, wie auch schon die zuletzt angeführten Beispiele zeigen, nicht blos zukünftige Dinge, sondern in der Gegenwart sich ereignende Begebenheiten, die er in der Ferne, wie wenn er an Ort und Stelle selbst zugegen wäre, im Geiste erblickte. Das merkwürdigste Beispiel dieser Art ist, was Philostratus VIII. 26 erzählt. Als Domitian von Stephanus ermordet wurde, sah er in Ephesus, wo er sich damals befand, die ganze Scene (auf welche er zuvor einen die Scheibe der Sonne umgebenden und ihre Strahlen verdunkelnden regenbogenartigen Kranz [στέφανος] gedeutet hatte, VIII. 23) gerade so, wie sie in Rom vorfiel. Indem er sich in Ephesus in den Hainen um den Xystus zur Mittagszeit unterredete, wo sich die Sache eben in dem kaiserlichen Palaste zutrug, liess er erstlich die Stimme sinken, als ob er etwas fürchtete; sprach dann unzusammenhängender, als nach der ihm eignen Kraft, wie wenn Einer während dem Reden die Blicke auf etwas Anderes richtet, endlich schwieg er ganz, wie wenn man den Faden der Rede verloren hat, blickte furchtbar zur Erde, und drei oder vier Schritte vortretend, rief er aus: „Stoss ihn nieder den Tyrannen! stoss ihn nieder!“ nicht wie Einer, der ein Schattenbild aus dem Spiegel nimmt, sondern das was geschah, wirklich sehend und auffassend. Als nun Ephesus hierüber bestürzt war, denn die ganze Stadt war bei seinen Unterredungen gegenwärtig, hielt er inne, als ob er den Ausgang einer zweifelhaften Sache erwartete, und sagte dann: „Seid getrost! der Tyrann ist heute getödtet worden. Was sag' ich heute? Jetzt, bei der Pallas, eben jetzt, zu der nämlichen Zeit, wo ich im Reden inne hielt.“ Indem die Ephesier nun diess für Wahnsinn hielten, und zwar wünschten, dass er die Wahrheit sagte, aber auch die Gefahr dieser Aeusserungen fürchteten, sagte er: „Ich wundere mich nicht, wenn Manche einer Nachricht keinen Glauben schenken, die selbst ganz Rom noch nicht weiss. Aber sieh! Rom weiss sie, sie verbreitet sich. Tausende glauben sie schon, und zweimal so viele springen vor Lust, und jetzt drei- und viermal so viele und alles Volk dort. Auch hieher wird diese Nachricht kommen. Ihr möget das Opfer desshalb bis auf die Zeit aufschieben, wo Euch die Sache gemeldet wird, ich will wegen dessen, was ich gesehen habe, zu den Göttern beten.“ Während man der Sache noch misstraute, kamen Eilboten mit der frohen Nachricht, und bezeugten die Weisheit des Mannes. Denn die Ermordung des Tyrannen, der Tag, die Mittagszeit, die Mörder, die er durch seinen Zuruf aufgefordert hatte, Alles traf so ein, wie ihm die Götter jedes davon während seiner Unterredung gezeigt hatten. Vgl. IV. 34. Wie sehr dieser Gegenwart und Zukunft durchdringende Seherblick des Mannes zu seinem eigentlichen Wesen gehören sollte, gibt auch schon die Erzählung zu erkennen, mit welcher Philostratus seine Lebensbeschreibung eröffnet, dass der Mutter des Apollonius, als sie mit ihm schwanger ging, die Gestalt des ägyptischen Proteus, dessen Umwandlungen Homer Odyss. IV. 455 beschreibt, erschienen sei, und ihr gesagt habe, dass sie ihn selbst, den ägyptischen Gott Proteus, gebären werde. Des Proteus aber müsse man, bemerkt Philostratus, sich vorzüglich erinnern, da der Fortgang der Erzählung zeigen werde, dass der Mann noch mehr Kenntniss der Zukunft besass, als Proteus, und über vieles Bedenkliche und Schwierige obsiegte, eben wenn er ohne alle Rettung schien (I. 4). Nur als ein untergeordnetes Merkmal dieser ihn auszeichnenden hohen intellectuellen Kraft ist es anzusehen, dass er auch alle Sprachen der Menschen kannte, ohne eine gelernt zu haben (I. 19), und selbst die Sprache der Thiere verstand (I. 20). Wusste er doch, wie ihn Philostratus I. 19 selbst sagen lässt, auch alles, was die Menschen schweigen. Er wusste unter den Menschen das Meiste, insofern er alles wusste (VII. 14). Als einem vollkommenen gottähnlichen Weisen, wie er geschildert wird, durfte ihm vor allem eine Eigenschaft nicht fehlen, die die göttliche Natur so charakteristisch von der menschlichen unterscheidet, ein allumfassendes Wissen. Desswegen wird eben diese Eigenschaft als ein Hauptvorzug der indischen Weisen gerühmt, die das Vorbild des Apollonius waren. Zu ihnen kam er ja, wie Jarchas (III. 18) ihm sagte, als zu Männern, die alles kennen, und Apollonius selbst wurde bei seiner Ankunft durch nichts anderes so sehr in Erstaunen gesetzt, als dadurch, dass Jarchas ihn nicht fragte, wie Andere die Ankommenden zu fragen pflegen, woher und zu welchem Zwecke sie kommen, sondern als erstes Zeichen ihrer Weisheit diess genommen wissen wollte, dass ihnen der Fremdling nicht unbekannt sei, und um diese zu prüfen, sagte er dem Apollonius seine Abkunft von Vater und Mutter her, und was er in Aegä gethan, und wie Damis zu ihm gekommen, und was sie Bedeutendes auf dem Wege vorgenommen, oder von Andern gesehen hatten. Diess Alles sagte der Inder in ununterbrochener Rede und mit grösster Klarheit, nicht anders, als ob er selbst an der Reise Theil genommen hätte (III. 16). Wer eine solche Kenntniss besitzt, wird durch sie gleichsam zum Gott. „Diejenigen, die sich an der Mantik erfreuen," lässt in dieser Beziehung Philostratus den Jarchas, als dieser bemerkte, welchen hohen Werth Apollonius der Vorkenntniss der Dinge beilege, zu diesem sagen, „werden durch sie zu göttlichen Menschen und handeln für das Wohl anderer. Denn wer das, was man sonst durch Orakel auffindet, von sich selbst weiss, und andern, was sie nicht wissen, vorhersagen kann, den halte ich für einen höchst seligen Mann, indem er gleiche Kraft mit dem delphischen Apollon hat. Und da die Kunst denen, die einen Gott befragen wollen, gebietet, rein in seinen Tempel zu treten, oder ein „Weiche aus dem Heiligthum" zu vernehmen, so scheint mir auch der Mann, welcher das Künftige voraus weiss, sich gesund zu bewahren, keinen Flecken an seiner Seele, noch Narben von Sünden in seinem Gemüthe zu haben, sondern er wird sich selbst und das Orakel in seiner Brust vernehmend, mit reinem Sinne weissagen: denn so werden seine Sprüche heller und wahrhafter sein. Daher darf man sich nicht wundern, dass du diese Wissenschaft umfassest, da in deiner Seele ein so heiterer Aether strahlt." Diese ausserordentliche Kenntniss, die Apollonius schon als Naturgabe besass, dann aber auch durch sein stetes Streben nach allem, was in göttlichen und menschlichen Dingen wissenswürdig war, immer mehr entwickelte und auf einen höhern Grad erhob, bildete die wesentliche Grundlage der Weisheit, durch die er sich die allgemeinste Bewunderung seiner Zeitgenossen erworben haben soll.

Ihr parallel ist die ihn nicht minder auszeichnende, in vielen merkwürdigen Fällen bewährte Kraft, Wunder zu thun. Eines der ersten bemerkenswerthen Beispiele dieser Art, das zugleich seine übermenschliche Kenntniss beurkundet, erzählt

Philostratus IV. 4. Während der Anwesenheit des Apollonius in Ephesus wurde die Stadt von der Pest bedroht. Noch ehe die Krankheit ausbrach, erkannte Apollonius ihr Herannahen, und kündigte sie an. Die Menschen achteten aber nicht darauf, und hielten die Aeusserungen, die er that, für Gaukelei, um so mehr, da er alle Tempel besuchte und das Uebel durch Gebete abzuwehren schien. Da sie sich nun dabei gedankenlos benahmen, glaubte er sich nicht weiter verpflichtet, ihnen zu helfen, sondern besuchte das übrige Jonien. Als nun aber (Kap. 10) die Krankheit die Ephesier befiel, schickten sie zu Apollonius, und begehrten ihn zum Arzte des Uebels. Ohne sich einen Aufschub zu verstatten, sagte er: „Lasst uns gehen!“ und war in Ephesus, so wie einst Pythagoras, als er zugleich in Thurium und Metapontum war. Hierauf rief er die Ephesier zusammen und sagte: „Seid getrost! heute werde ich eurer Krankheit ein Ende machen.“ Zugleich führte er die ephesische Jugend zum Theater, wo ein alter schmutziger Bettler war. Diesen hiess er sie umringen, und mit Steinen auf ihn werfen. Sogleich erkannte man in ihm einen Dämon, und als die auf ihn geworfenen Steine wieder hinweggenommen wurden, fand man unter dem Steinhaufen einen grossen, einem Löwen ähnlichen, Hund. Die Stadt Ephesus aber war von dem Pestdämon befreit und von der Krankheit gereinigt. Wie dieses Wunder in einer und derselben Handlung, sowohl die Vertreibung eines Dämon, als auch die Befreiung von einer Krankheit war, so sehen wir in andern seiner wundervollen Thaten bald das Eine, bald das Andere. Wunderheilungen insbesondere soll er mehrere verrichtet haben. Der pergamenische Asklepios selbst gab vielen, die um Gesundheit flehten, die Weisung, zu Apollonius zu gehen. Denn diess sei des Gottes eigener Wille und der Beschluss der Parcen (IV. 1). Apollonius entsprach dieser Bestimmung, indem er denen, die den Gott um Hülfe baten, anzeigte, was sie thun müssten, um vorbereitende Träume (in welchen sie über ihre Krankheit und die Mittel dagegen belehrt wurden) zu erhalten, und auch viele heilte (IV. 11). Seine Macht über Dämonen bewies er wiederholt. Wie er in Ephesus dem argen Spiel eines unter der Gestalt eines Bettlers verhüllten Pestdämon ein Ende machte, so entlarvte er in Korinth eine Empuse, die sein Schüler Menippus als schöne und reiche Braut heirathen wollte. Schon sollte die Hochzeit gefeiert werden, als Apollonius in den Hochzeitsaal trat und versicherte, die Braut sei eine Empuse und aller Schmuck des Zimmers sei Zauberschein. Sogleich verschwanden die goldenen Becher und die silbernen Geräthe, die Köche und die Bäcker, und weinend musste die entlarvte Braut bekennen, dass sie eine der Empusen oder Lamien sei, welche nicht sowohl nach Liebesgenuss als nach Menschenfleisch trachten, und vor allem an dem reinen und unvermischten Blute schöner und junger Leiber sich ergötzen, und dass sie den Jüngling an sich gelockt habe, um ihn mit Wollust zu nähren und dann ihn aufzuzehren (IV. 25). In Aethiopien bannte er einen die Weiber plagenden Satyr (VI. 27). Erwähnung verdient besonders folgender Vorfall: Als er in Athen einen Vortrag über die Trankopfer hielt, schlug ein ausschweifender Jüngling aus Corcyra, der dabei gegenwärtig war, ein lautes und unanständiges Gelächter auf. Da warf Apollonius einen Blick auf ihn und sagte: „Nicht du treibst diesen Frevel, sondern der Dämon, der dich ohne dein Wissen beherrscht.“ Und in der That war der Jüngling besessen ohne dass man es wusste. Denn er lachte über Dinge, über die sonst niemand lachte, und fing dann wieder an zu weinen, ohne Veranlassung, auch sprach er mit sich selbst und sang. Die Leute hielten diess für eine Wirkung jugendlicher Zügellosigkeit: er folgte aber den Eingebungen des Dämon: und so schrieb man auch damals diesen Anfall seinem gewöhnlichen Muthwillen zu. Als aber Apollonius scharfe und zornige Blicke auf ihn warf, stiess der Dämon Töne aus, wie Einer, der gequält wird, und jammerte, und schwur, den Jüngling frei zu lassen, und keinen Menschen wieder anzufallen. Als jedoch Apollonius voll Zornes zu ihm sprach, wie ein Herr zu einem schelmischen, ränkevollen und schamlosen Knecht, und ihm befahl, sich mit einem sichtbaren Zeichen zu entfernen, sagte er: „ich will dort das Standbild umwerfen,“ und zeigte dabei auf ein Standbild bei der königlichen Halle, in deren Nähe dieses vorging. Dieses gerieth zuerst in Bewegung und fiel dann, zum grossen Erstaunen aller Anwesenden. Der Jüngling aber rieb sich die Augen, als ob er aus dem Schlafe erwachte, und sah in die Sonne, und schämte sich, da aller Augen sich auf ihn richteten. Er erschien aber nicht mehr als der ausschweifende Mensch wie vorher, und blickte nicht mehr so ungeregelt umher, sondern kehrte zu seiner eigenthümlichen Natur zurück, nicht anders, als ob er eine heilsame Arznei genommen hätte (IV. 20). Erinnert diese Dämonen-Austreibung unwillkürlich an die bekannten neutestamentlichen Erzählungen, so kann man sich auch bei einer andern Wunderthat, die Apollonius verrichtet haben soll, nicht enthalten, an eine neutestamentliche Parallele zu denken. Während Apollonius in Rom war, schien ein zur Ehe reifes Mädchen gestorben zu sein. Schon folgte der Bräutigam der Bahre und jammerte über den frühen Tod seiner Braut. Mit ihm trauerte Rom: denn das Mädchen war aus einem Hause consularischen Rangs. Da nun Apollonius dazu kam, sagte er: „Setzt die Bahre nieder; ich will eure Thränen über das Mädchen trocknen.“ Zugleich fragte er nach ihrem Namen. Die Leute glaubten, er werde eine Rede halten, wie die Leichenreden sind, welche Trauer und Wehklagen wecken. Er aber berührte sie blos, und sagte einige geheime Worte dazu, und erweckte so das Mädchen von dem scheinbaren Tode. Sie gab eine Stimme von sich, und kehrte in das Haus ihres Vaters zurück, wie Alcestis, als sie in das Leben zurückgerufen war, und da die Verwandten dem Apollonius ein Geschenk von hundert und fünfzig tausend Denaren machten, sagte er, er füge diese Summe der Ausstattung des Mädchens bei. Ob er nun einen Funken des Lebens in ihr fand, der den Aerzten unbemerkt geblieben war (denn es soll gesprüht und das Gesicht des Mädchens gedunstet haben), oder ob er das erloschene Leben wieder anfachte und zurückrief, dieses ist nicht blos mir, sondern selbst denen, die dabei zugegen waren, unmöglich, auszumitteln (IV. 41). Kann man sich wundern, wenn er dem Volke als ein höheres, übermenschliches, über die Kräfte der Natur gebietendes Wesen erschien? Man glaubte von ihm, er habe Macht über Sturm und Feuer und jede andere Gefahr, und wünschte sich Glück, mit ihm auf einem Schiffe zu sein, und an seiner Fahrt theilnehmen zu können (IV. 13). Einen wohlthätigen Zweck und menschenfreundlichen Charakter hatten alle seine Wunder. Sie geschahen nur zum Besten anderer, zur Befreiung von Uebeln verschiedener Art, nicht um seiner selbst willen. Doch meldet uns der Geschichtschreiber auch einige seine eigene Person betreffende Wunder. Als er nach der ersten Verhandlung vor Domitian in ein Gefängniss gebracht worden war, in welchem er nicht mehr, wie zuvor, frei umhergehen konnte, sondern gefesselt war, fragte ihn sein kleinmüthiger Begleiter Damis, wie es ihnen doch wohl noch gehen werde, wann er wieder befreit werden werde? Darauf erwiederte Apollonius: „Nach dem Sinne des Richters heute, nach dem meinigen so eben.“ Und bei diesen Worten zog er den Fuss aus den Fesseln, und sagte zu Damis: „Ich gebe dir hier einen Beweis meiner Freiheit. Fasse Muth!“ Und damals zuerst, bekannte Damis, habe er die Natur des Apollonius deutlich begriffen, dass sie göttlich und der menschlichen überlegen sei. Denn ohne geopfert zu haben, — denn wie hätte diess im Gefängnisse geschehen können? — ohne zu beten, ohne etwas zu sagen, habe er seine Fesseln verlacht. Hierauf passte er den Fuss wieder hinein, und that, als ob er gefesselt wäre. Wir ersehen hieraus zugleich, welchen Zweck das Wunder haben sollte, dass es nämlich dazu bestimmt war, dem Glauben an seine höhere Natur zur Stütze zu dienen. Wunderähnlich erscheint auch sein plötzliches Hinweggehen von Smyrna nach Ephesus (IV. 10), und sein Verschwinden aus dem Verhör vor Domitian, nach welchem er unmittelbar bei Damis und Demetrius in Puteoli sich einfand. Um Mittag entfernte er sich aus dem Gerichtssaal, und um Mittag war er in Puteoli, ungeachtet die Entfernung mehr als eine Tagreise beträgt (VIII. 10 vgl. mit 12). Von den Wundern, die seinen Eintritt ins Leben und sein Lebens-Ende verherrlichten, wird später noch die Rede sein.

Wie in dem höhern Wissen, das den Apollonius auszeichnete, so sollte auch in der höhern übernatürlichen Kraft, mit welcher er ausgerüstet war, das Vorbild der indischen Weisen sich reflectiren. Wunder derselben Art, wie die von Apollonius erzählten sind, lässt Philostratus die indischen Weisen verrichten. Während Apollonius sich mit ihnen unterhielt, kamen hülfsbedürftige Inder. Unter diesen war ein Weib, das sie wegen ihres Sohns anflehte. Sie erzählte, er sei sechszehn Jahre alt, und seit zwei Jahren besessen. Das Wesen des Dämon, welcher Gewalt über ihn habe, sei höhnisch und lügenhaft. Es treibe ihn in öde Gegenden hinaus, auch die eigene Stimme habe der Knabe nicht, sondern er spreche in einem tiefen und hohlen Tone, wie die Männer, und schaue mehr mit fremden Augen, als seinen eigenen. Da der Knabe nicht in der Nähe war, so gab der Weise dem Weibe einen Brief mit, der an den Dämon gerichtete schreckende Drohungen enthielt. Wenn der Dämon den Brief lese, werde er keine Gewalt mehr über den Knaben haben. Ferner kam ein lahmer Mann, welchem auf der Löwenjagd durch den Anfall eines Löwen der Schenkelknochen ausgewichen, und das Bein kürzer geworden war. Durch Streicheln des Schenkels mit der Hand wurde sein Gang wieder hergestellt. Ein Andrer, welcher die Augen verloren hatte, wurde mit der vollen Sehkraft entlassen, und noch ein Anderer, dem die Hand gelähmt war, ging geheilt weg. Ebenso wurde einem Weibe geholfen, das schon siebenmal schwere Niederkunften gehabt hatte (III. 37). Dieses Vermögen, Wunder zu thun, erscheint bei den indischen Weisen im engen Zusammenhang mit der höhern dämonischen oder göttlichen Natur, die ihnen überhaupt eigenthümlich war. Sie werden als Wesen geschildert, die alle Kräfte und Elemente der Natur beherrschen, und mit einer Macht ausgerüstet sind, gegen welche keine Gewalt etwas vermag. Als heilige von Gott geliebte Männer trieben sie ihre Feinde durch Lufterscheinungen und Blitzstrahlen zurück.

Vergebens wollte selbst Dionysos mit Herakles den Hügel bestürmen, auf welchem sie wohnten: getroffen von den Schrecknissen der Weisen stürzten die Pane, die den Angriff machten, einer über den andern herab, und die Zeichen des misslungenen Versuchs blieben dem Felsen eingedrückt (II. 33, III. 13). Auf ihrem Hügel wirkten alle Elemente in ihrer reinsten Kraft: hier war der Ort, von welchem zunächst ihre Wirkungen ausgingen. Hier sah man zwei Fässer von schwarzem Stein, dem Regen und den Winden bestimmt. Das Fass des Regens wurde geöffnet, wenn das indische Land von Dürre gedrückt wurde: dann sandte es Wolken aus, und befeuchtete das ganze Land. War aber Ueberfluss an Regen, so hemmte es diesen dadurch, dass es verschlossen wurde. Das Fass der Winde aber bewirkte dasselbe, wie der Schlauch des Aeolus. Denn durch die Oeffnung des Fasses liessen sie einen der Winde frei, um seine Zeit zu wehen, und dadurch erstarkte das Land (III. 14). Sie selbst, die Weisen, sah man durch die Lüfte wandeln, zwei Ellen hoch über der Erde, nicht aus Gaukelei, denn sie verschmähten eitles Streben, sondern um in dem, was sie bei diesem Wandeln mit der Sonne über der Erde thaten, dem Gotte nah und gefällig zu sein. Ob sie gleich unter freiem Himmel zu wohnen schienen, verbreiteten sie doch einen Schatten über sich, und wurden vom Regen nicht benetzt, und waren im Sonnenschein, wenn es ihnen gefiel. Alle Bäche, die den Bacchanten aus der Erde aufsprangen, wenn Dionysos sie und die Erde erschütterte, strömten auch diesen Indern: sie genossen sie, und gewährten sie andern, und von selbst erhielten sie alles ohne Zubereitung, was sie wollten (III. 15). Davon geben sie einen überraschenden Beweis bei dem zauberischen Mahle, das sie dem Könige, als er während der Anwesenheit des Apollonius zu ihnen kam, bereiteten. Pythische Tripoden kamen hier von selbst ganz nach der Weise der homerischen herbei, und ausserdem Mundschenken von schwarzem Erz, wie bei den Hellenen ein Ganymed oder Pelops, die Wein und Wasser in gehörigem Maasse schöpften, und die Becher, wie bei einem Trinkfest, in die Runde gehen liessen, und die Erde breitete Kräuter unter, weicher als Betten, und Naschwerk und Brod und Kohl und Sommerfrüchte kamen von selbst in der schönsten Ordnung herbei (III. 27). Zum Zeichen ihrer geheimnissvollen Macht trugen die Inder einen Ring und Stab, durch die sie alles vermochten (III. 15). Was sich bei diesen im fernen Hintergrunde des Gemäldes stehenden Weisen im magischen Lichte einer übermenschlichen dämonischen Natur zeigt, daran sollte die ganze Erscheinung des Apollonius in der Wirklichkeit der Gegenwart immer wieder erinnern.

So sehr alle bisher hervorgehobenen Züge die höhere übermenschliche Natur des Mannes, der hier geschildert wird, beurkunden, so angelegentlich sucht Philostratus der Voraussetzung zu begegnen, dass hier nur an Zauberei und dämonische Künste zu denken sei. Den Apollonius gegen diesen ihm so oft gemachten Vorwurf zu rechtfertigen, gibt Philostratus im Eingange als Hauptzweck seiner Darstellung an. Der eine rühme diess an ihm, der andere jenes; einige halten ihn sogar, weil er mit den babylonischen Magiern, den indischen Brahmanen, und den Gymnosophisten in Aegypten Umgang gehabt, für einen Magier und verläumden ihn als gewaltthätiger Wissenschaft kundig, worin sie ihm grosses Unrecht thun. Denn Empedokles und Pythagoras selbst und Demokritus haben auch mit den Magiern Umgang gehabt, und haben viel Dämonisches gesagt, und sich doch dieser Kunst nicht ergeben. Und Plato, der nach Aegypten gegangen, und vieles von den dortigen Propheten und Priestern Empfangene seinen Reden eingemischt, und ihre Umrisse mit Farben ausgefüllt habe, sei doch der magischen Künste nicht verdächtig geworden, ob er gleich mehr als ein anderer Mensch Missgunst wegen seiner Weisheit erfahren habe. Denn wenn Apollonius vieles vorgeahnt und vorausgesehen habe, so dürfe man ihm doch darum jene Art von Wissenschaft nicht schuld geben; oder auch Sokrates würde wegen dessen, was er durch den Dämon vorher erkannte, ein gleiches Urtheil erfahren müssen, und Anaxagoras wegen seiner Voraussagungen. Lege man die Voraussagungen des Anaxagoras seiner Weisheit bei, so dürfe man auch dem Apollonius die Gabe der Vorhersehung vermittelst der Weisheit nicht absprechen, und behaupten, dass er dieses durch magische Künste bewirkt habe (I. 2, vgl. VIII. 7, 9). Nur durch göttliche Anregung, versichert der Schriftsteller V. 12, habe Apollonius zukünftige Dinge vorausgewusst, und die Behauptung derer, die ihn für einen Zauberer halten, sei ohne Grund. Diess erhelle auch aus Folgendem: die Zauberer, die für die unseligsten der Menschen zu halten seien, behaupten durch Peinigung der Idole oder Formeln und äussere Mittel die Bestimmungen des Schicksals zu ändern, und viele haben bei gerichtlichen Untersuchungen eingestanden, dass sie solcherlei Dinge verstünden: Apollonius aber folgte den Beschlüssen des Schicksals, er verkündigte, was die Nothwendigkeit mit sich brachte, erkannte es aber nicht durch Zauberei, sondern aus den Anzeichen der Götter. Leute von beschränkten Einsichten, wird VII. 39 aus Veranlassung des unmittelbar vorher erzählten Wunders bemerkt, schreiben solches der Zauberei zu, wie sie auch bei vielen menschlichen Dingen thun. Gelinge etwas, so werde die Kunst der Zauberei als tauglich zu allem gepriesen, misslinge aber der Versuch, so falle die Schuld auf etwas dabei Verabsäumtes: es sei diess eine Sache, welche die Natur und das Gesetz verwerfen. Die Zurückweisung desselben Vorwurfs macht einen Hauptpunkt der apologetischen Rede aus, die Apollonius für den Zweck seiner Vertheidigung vor Domitian verfasste. Er vertheidigt sich dagegen hauptsächlich durch die Behauptung, dass mit der Magie nie die sittliche Reinheit des Charakters verbunden sei, die er in seinem ganzen Leben, und insbesondere in seinem Verhältniss zu Vespasian bewiesen zu haben glaube. Er habe sich öffentlich mit ihm im Tempel unterredet, Zauberer aber fliehen die Tempel der Götter, die ihren Künsten feind seien, und hüllen sich in Nacht und Verborgenheit, indem sie den Thoren weder Augen noch Ohren zu haben gestatten. Der Inhalt der Rede habe Dinge betroffen, die den Zauberern entgegen seien: das Gesetz, der gerechte Reichthum, auch wie man die Götter verehren müsse, und was für Gutes von ihnen diejenigen erwarten können, die den Gesetzen gemäss regieren. Vorzüglich sei auch Folgendes der Erwägung werth. Alle Künste unter den Menschen, so verschieden auch ihr Streben sei, gehen auf den Erwerb, nicht blos die handwerksmässigen, auch die weisen und die halbweisen, nur die wahre Philosophie ausgenommen. Aber auch Falschweise gebe es, und die Zauberer seien solche zu nennen. Denn an das Dasein dessen zu glauben, das nicht ist, und das, was ist, nicht zu glauben, das gehöre zu dem Wahne der Betrogenen. Denn die vermeintliche Weisheit der Kunst liege in dem Unverstande der betrogenen Schauer. Sie sei eine Kunst, denn alle seien habsüchtig, und ihre Gaukeleien haben sie um Lohnes willen erfunden, und streben nach überschwenglichem Reichthum, indem sie diejenigen, die nach irgend etwas trachten, durch den Wahn, dass sie alles vermöchten, unterjochen. „Wo hast du nun, o Kaiser," redet Apollonius den Domitian an, „Reichthum bei mir wahrgenommen, dass du glaubst, ich übe dieses Falschwissen, zumal da dein Vater mich über Habsucht erhaben glaubte?" (VIII. 7, 3). Wie sein sittlich reiner Charakter ihn von jedem Vorwurf der Magie freisprechen sollte, so sollte dagegen die Philosophie, welcher er zugethan war, den besten positiven Aufschluss über das ausserordentliche Vermögen, das ihm den Vorwurf der Magie zuzog, geben. „Woher ich ein Vorgefühl von dem Unglück in Ephesus gehabt habe?" erwiedert Apollonius in seiner Apologie in Beziehung auf den ihmauch desswegen gemachten Vorwurf. „Du hast aus dem Munde des Anklägers gehört, dass ich nicht nach Andrer Weise lebe, und auch ich habe im Anfange von meiner Kost gesagt, dass sie zart und süsser als die sybaritischen Mahle Anderer ist. Diess, o Kaiser, bewahrt meine Sinne in einer unaussprechlichen Heiterkeit, und wehrt das Trübe von ihnen ab, und gestattet mir, wie in dem Licht eines Spiegels alles zu erkennen, was geschieht und was sein wird. Denn der Weise wartet nicht, bis die Erde ausdünste, oder die Luft verderbt sei, wenn sich das Uebel von oben herab senkt, sondern bemerkt es, wenn es noch an der Schwelle steht, später zwar als die Götter, aber schneller als die Menge. Die Götter bemerken, was sein wird, die Menschen, das was ist, die Weisen, das was sich nähert. Eine solche Lebensweise bewirkt aber nicht blos eine zarte Empfindlichkeit der Sinne, sondern gewährt auch Kraft zu dem Grössten und Bewundernswürdigsten (VIII. 7, 9)." Dass aber diese Kraft als eine von der Gottheit mitgetheilte gedacht werden soll, erhellt aus Folgendem, wenn Apollonius in derselben Stelle seiner Apologie weiter sagt: „Zu wem ich bei der Ausrottung der Krankheit in Ephesus betete, bezeugt der Tempel, den ich desshalb in Ephesus erbaut habe. Er ist dem abwehrenden Herakles geweiht, welchen ich mir zum Gehülfen nehme. Wer, o Kaiser, wird nun, wenn er den Ehrgeiz hat, für einen Zauberer zu gelten, dem Gott beilegen, was er selbst vollbracht hat? Und welche Bewunderer seiner Kunst wird er gewinnen, wenn er die Bewunderung dem Gott überlässt? Und wer wird zum Herakles beten, wenn er ein Zauberer ist? Denn solche Dinge legen jene Unseligen ihren Gruben bei, und den unterirdischen Göttern, von denen Herakles gesondert werden muss. Denn er ist rein und dem Menschen wohlgesinnt. Auch im Peloponnes betete ich einst (IV. 25) zu ihm. Der Gott stand mir bei, ohne wunderbare Geschenke zu fordern, sondern Honigkuchen genügten ihm und Weihrauch, und die Neigung, Etwas zum Wohl der Menschen zu thun. Denn auch unter Eurystheus hielt er diess für den Lohn seiner Kämpfe." Apollonius leitete also seine Wunder im Gegensatz gegen die Beschuldigung, die ihm gemacht wurde, dass sie Wirkungen der Magie, einer finstern dämonischen Macht seien, von einer ihn unterstützenden, in ihm wirkenden göttlichen Kraft ab. Aber auch das ihn auszeichnende Vermögen, das Verborgene zu durchschauen, setzte ihn in vielen Fällen von selbst in Stand, Erfolge zu bewirken, die zwar dem Anschein nach über die gewöhnliche menschliche Kraft weit hinauslagen, an und für sich aber ganz in dem natürlichen Zusammenhang der Dinge gegründet waren. Es gilt diess insbesondere von der Todtenerweckung, die Apollonius in Rom vollbracht haben soll, und es lässt sich in der Erzählung des Schriftstellers nicht verkennen, dass er im Grunde zugleich eine natürliche Erklärung des Wunders geben will, indem er nur von einem scheinbaren Tode des Mädchens spricht, und es als eine ihrer Natur nach unentscheidbare Frage dahingestellt lassen will, ob das Leben wirklich erloschen, oder vielleicht noch ein Funken zurückgeblieben war, der zwar von den Aerzten nicht bemerkt wurde, keineswegs aber dem Scharfblicke des Apollonius entging.

Um nun aber die ganze Erscheinung und Wirksamkeit des ausserordentlichen Mannes auf die Einheit der Idee zurückzuführen, die die verschiedenen einzelnen Züge seines Wesens verknüpft, und ihnen als Princip zu Grunde liegt, so kann wohl eine solche Einheit in nichts anderem mit grösserem Recht gefunden werden, als in der Idee einer religiös-sittlichen Reform, die er sich zur Aufgabe seines Lebens gemacht zu haben scheint. Wie er selbst den grössten Werth darauf legte, immer sich selbst gleich zu bleiben, und um Menschen von böser Natur zu bessern und zu ändern, sich selbst nicht zu ändern (VI. 35), so macht er dadurch selbst an jeden, der ihn beurtheilen will, die Anforderung, ihn aus dem Gesichtspunkt einer sein ganzes Leben bedingenden und beherrschenden Idee zu betrachten. Aus welchem andern Gesichtspunkt können wir ihn aber in dieser Beziehung betrachten, als aus dem Gesichtspunkt eines Weisen, der sich dazu berufen fühlte, unter seinen Zeitgenossen als Reformator aufzutreten und zu wirken? Diess ist der Eindruck, welchen er auf uns machen muss, wenn wir sein ganzes Leben von Anfang bis zu Ende verfolgen, das Eigenthümliche seiner Person und Wirksamkeit ins Auge fassen, und die verschiedenen Seiten seines Wesens auf Eine Anschauung zurückzuführen suchen. Diese zur Aufgabe seines Lebens gemachte Bestimmung lässt der Geschichtschreiber seines Lebens ihn selbst wiederholt aussprechen, wenn er ihm z. B. VI. 18 vor den ägyptischen Weisen die Worte in den Mund legt: „Nachdem mich die Inder von ihrer Weisheit alles gelehrt haben, was ich für mich angemessen fand, so bin ich meiner Lehrer eingedenk, und ziehe umher und lehre, was ich von ihnen gehört habe. Und auch euch würde ich nützlich sein, wenn ihr mich mit der Kenntniss eurer Weisheit entsendetet. Denn ich würde nicht aufhören, eure Lehre den Hellenen vorzutragen, und den Indern zu überschreiben. Was er also von der Weisheit Anderer in sich aufgenommen hatte, sollte durch ihn als Organ ebenso auch Andern hinwiederum mitgetheilt werden, und wie er seine eigene Weisheit am liebsten als Ausfluss der indischen betrachtete, so sollte auch, was er Andere lehrte, vorzüglich das von den Indern Empfangene sein. Mit welchem Erfolg er auf diese Weise gewirkt zu haben glaubte, mag uns das Zeugniss beurkunden, das er sich selbst in seiner Apologie gibt (VIII. 7, 7): „Allen bin ich in allem, wobei sie meiner bedurften, von grossem Nutzen gewesen. Das aber, was sie bedurften, war von dieser Art: von Krankheit befreit zu werden, wenn sie krank waren; die Weihen und Opfer mit grösserer Heiligung zu begehen, Uebermuth auszurotten, den Gesetzen Kraft zu verleihen. Mein Lohn dafür aber war, dass sie besser und glücklicher wurden, als sie gewesen waren. Dir aber erwies ich damit einen Dienst. Denn so wie die Hirten der Rinder dadurch, dass sie Zucht unter ihnen halten, den Eigenthümern derselben nützlich sind, und die Hüter der Schafe diese zum Vortheil ihrer Besitzer nähren, und die Zeidler die Bienen von Krankheiten befreien, damit der Schwarm seinem Herrn nicht verloren gehe; so habe auch ich die politischen Gebrechen der Städte für dich gehoben. Wenn sie mich also auch für einen Gott gehalten haben, so hat diese Täuschung dir Gewinn gebracht, denn sie hörten mich mit Bereitwilligkeit an, aus Furcht etwas zu thun, was den Göttern nicht gefällt.“ Die Idee aber, die ihm dabei vorschwebte, als die Aufgabe, die der Weise zu realisiren habe, ist am bestimmtesten in folgender Stelle seiner Apologie ausgesprochen: „Unter dem Kosmos, der auf dem schaffenden Gotte ruht, denke man alles das, was im Himmel, was in dem Meere, und was auf der Erde ist, an ihm haben die Menschen, mit Unterschied des Glückes, gleichen Antheil.

Aber auch bei dem guten Menschen ist ein Kosmos, der das Maass der Weisheit nicht überschreitet, und diese bedarf wohl, wie du, o Kaiser, selbst sagen wirst, eines Gott ähnlichen Mannes. Und was ist die Gestalt dieses Kosmos? Seelen, welche wahnsinnig in Unordnung umherschweifen, hängen sich an jede Gestalt, die Gesetze sind ihnen ohne Kraft, nirgends Mässigung und Zucht; die Ehre der Götter ungeehrt. Sie lieben leeres Geschwätz und Schwelgerei, woraus die Trägheit entspringt, eine schlimme Rathgeberin zu jedem Werke. Die trunkenen Seelen stürzen sich auf Vieles, und nichts hält dieses Springen auf, wenn sie auch alles tränken, was, wie der Mandragoras, für schlafbringend gilt; sondern es bedarf eines Mannes, der für ihren Kosmos sorgt, und wie ein Gott von der Weisheit her kommt. Dieser vermag sie von jener Liebe abzuziehen, die wild über die Schranken gewöhnlicher Vereinigung hinausstürzt; und von der Geldliebe, die ihnen nie volle Genüge gewährt, wenn sie dem zuströmenden Reichthum nicht auch den Mund unterhalten. Auch vom Morde sie abzuhalten, ist einem solchen Manne vielleicht nicht unmöglich; sie aber davon abzuwaschen, ist weder mir möglich, noch Gott, dem Schöpfer des Alls (VIII. 7, 7).“ Wie Gott der Schöpfer und Ordner des Weltalls ist, so hat auch der Weise die Welt zu seinem eigenthümlichen Wirkungskreis, um eine moralische Weltordnung zu gründen, und wie Gott, wenn er demiurgisch thätig zu sein beginnt, die regellose von blinden Kräften bewegte Materie zum Gegenstand seiner Thätigkeit hat, so findet auch der Weise die moralische Welt, in welcher er wirken soll, in einem Zustande der Unordnung, der blinden Leidenschaft und Zügellosigkeit, und seine Aufgabe ist, Maass und Ordnung, ein festes, jede Willkür hemmendes, Gesetz herrschend zu machen. Sofern jener Zustand der Unordnung nicht gerade als ein erst in der Zeit eingetretener bezeichnet wird, ist es nicht eigentlich eine Reform, die der Weise bewirken soll, sondern er soll vielmehr erst der allmählig sich bildenden moralischen Weltordnung ihre bestimmte Form geben. Aber nur um so mehr gleicht auf diese Weise seine in der moralischen Welt sich äussernde schöpferische Thätigkeit der demiurgischen Thätigkeit Gottes; es ist die Idee des Kosmos, die hier wie dort realisirt werden soll. Eben diese Idee bezeichnet uns zugleich den bestimmtern Gesichtspunkt, aus welchem wir die im Leben des Apollonius sich uns darstellende Aufgabe des gottähnlichen Weisen aufzufassen haben. Es war die pythagoreische Philosophie, die seiner weltbildenden Thätigkeit ihr eigenthümliches Gepräge gab, und die Realisirung der ihr zu Grunde liegenden Idee, die Idee des Kosmos, in welcher jene Philosophie ihre Hauptaufgabe zusammenfasste, vermitteln sollte. Dieser Philosophie hatte sich Apollonius gleich anfangs mit der entschiedensten Liebe ergeben, zu ihr bekannte er sich, so oft er über seine Grundsätze sich auszusprechen veranlasst war. „Meine Weisheit ist,“ erklärte er auf dem Wege nach Indien vor dem babylonischen Könige, „die des Pythagoras, des Samiers, der mich gelehrt hat, auf diese Weise den Göttern zu dienen, und sie zu verstehen, sichtbar oder unsichtbar, und mit ihnen zu sprechen (I. 32).“ Und wie er sie einmal zur Führerin seines Lebens erwählt hatte, so hatte er in der Folge nie Ursache, die getroffene Wahl, über welche gegen das Ende seines Lebens die Gottheit selbst ihre Billigung ausdrückte (VIII. 19), zu bereuen. Hören wir ihn selbst, wie er sich hierüber in einer Hauptstelle des Werkes des Philostratus (VI. 11) vor den ägyptischen Weisen aussprach: „Ich will trotz meines Alters und der Stufe, die ich in der Weisheit erstiegen habe, nicht Anstand nehmen, euch meine Wahl zur Beurtheilung vorzulegen, indem ich euch zeige, wie richtig ich das gewählt habe, was noch durch nichts Besseres bei mir verdrängt worden ist. Denn da ich in Pythagoras Lehre Grosses erkannte, und dass er durch geheimnissvolle Weisheit nicht blos wusste, wer er sei, sondern auch, wer er gewesen sei; dass er die Altäre mit reiner Hand berühre, und sich unbefleckt von beseelter Speise halte; dass rein auch sein Leib sei von jeder Bekleidung, die von einem abgestorbenen Wesen herrührt; dass er die Zunge unter allen Menschen zuerst gezügelt, indem er ihr das Gesetz unverbrüchlichen Schweigens auferlegte; dass er endlich die übrige Philosophie wahrhaft wie einen Orakelspruch festgestellt habe, so eilte ich seiner Lehre zu. Die Philosophie hatte alle ihre Meinungen, so viele deren sind, um mich her aufgestellt, jede mit dem ihr eigenthümlichen Schmuck umgeben, und mir befohlen, sie zu beschauen und verständig zu wählen. Da zeigten mir alle eine ernste und göttliche Schönheit; und Mancher möchte bei einigen von ihnen vor Staunen die Augen geschlossen haben, ich aber hatte sie fest auf alle gerichtet. Denn sie selbst ermuthigten mich dazu, indem sie mich an sich zogen, und was sie verleihen würden, kund gaben. Da versprach denn die Eine, Schwärme von Genüssen über mich auszugiessen, ohne dass ich mich zu bemühen brauchte; die andere Ruhe nach der Arbeit; die dritte wollte der Arbeit Lust beimischen; überall aber leuchtete Genuss und Wollust durch: losgelassen waren die Zügel des Bauches; die Hand nach Reichthum ausgestreckt, die Augen ohne Zaum, Liebe, Verlangen und solcher Art Leidenschaften waren gestattet. Nur Eine unter ihnen (die cynische Philosophie) rühmte sich der Enthaltung von solchen Dingen. Diese aber war frech und lästersüchtig, und stiess alles von sich weg. Da war nun eine Art von Weisheit, eine unaussprechliche Art, die auch den Pythagoras besiegte. Sie stand nicht unter der Menge, sondern trennte sich von dieser ab, und schwieg. Als sie bemerkte, dass ich den andern nicht beitrat, ihr Wesen aber noch nicht kannte, sagte sie: ich bin reizlos, o Jüngling, und voll Beschwerden. Denn wenn Jemand in mein Gebiet kommt, dem wird jegliche Kost von lebenden Wesen entzogen; er vergisst den Wein, um nicht den Mischkrug der Weisheit zu trüben, der in nüchternen Seelen aufgestellt ist. Kein weiches Gewand wird ihn wärmen, keine Wolle, von lebenden Geschöpfen entnommen. Zur Fussbedeckung gestatte ich ihnen Bast; zum Schlafen, wie es sich trifft. Bemerke ich aber, dass sie Liebeslüsten fröhnen, so habe ich Abgründe, zu denen die Dienerin der Weisheit, die Gerechtigkeit, sie treibt und drängt. Und so streng bin ich gegen diejenigen, die mich wählen, dass ich auch Fesseln der Zunge für sie habe. Nun höre auch, was dir, wenn du ausdauerst, dafür werden wird. Weise Gesittung und Gerechtigkeit schon von selbst; Neid gegen keinen; den Tyrannen mehr furchtbar zu sein, als sie zu fürchten; mit kleinen Opfern den Göttern willkommener zu sein, als die, welche ihnen das Blut der Stiere vergiessen. Wenn du aber rein bist, werde ich dir die Kenntniss der Zukunft verleihen, und deine Augen so mit Strahlen des Lichts erfüllen, dass du den Gott und den Heros erkennest, und die dunkeln Phantasmen enthüllest, wenn sie sich menschliche Gestalt anlügen. Bei dieser Wahl des Lebens aber, die ich mit Verstand und nach der Weise des Pythagoras getroffen habe, habe ich weder getäuscht noch Täuschung erfahren. Denn was der Philosophirende werden muss, bin ich geworden, und was sie dem Philosophirenden zu geben verhiess, habe ich alles empfangen." Was in der folgenden etwas dunkeln Stelle Philostratus den Apollonius weiter sagen lässt, kann wohl nur so verstanden werden: Nachdem er sich für die pythagoreische Philosophie, als die einzig wahre, entschieden habe, sei seine nächste Absicht gewesen, sie aus der reinsten und ursprünglichsten Quelle zu schöpfen. Er habe daher über die Anfänge der Philosophie nachgedacht, und sei mit sich selbst darüber zu Rathe gegangen, bei welchem Volk er sie zu suchen habe. Sie sei ihm als das Werk von Männern erschienen, welche, ausgezeichnet in göttlichen Dingen, die Seele am besten erkannt hätten, deren unsterbliches und ungezeugtes Wesen die Quelle der Entstehung sei. Sein erster Gedanke sei auf die Athener, als die ersten unter den Griechen, bei welchen Plato so trefflich über die Natur der Seele gelehrt habe, gefallen, davon sei er aber bald wieder abgekommen: denn die Athener haben die Lehre von der Seele, welche Plato dort so göttlich und mit so grosser Weisheit ausgesprochen hatte, entstellt, indem sie widersprechende und unwahre Meinungen von der Seele zugelassen haben. Indem er sich aber umgeschaut, welche Stadt es wäre und welches Volk von Männern, bei dem nicht der Eine oder der Andere, sondern alle und jede dasselbe von der Seele aussprächen, habe er nur bei einem solchen Volke die wahre Philosophie finden zu können geglaubt. Von Jugend und Unerfahrenheit geleitet, habe er seine Augen auf die aegyptischen Weisen gerichtet, sei aber von seinem Lehrer durch die Erinnerung zurechtgewiesen worden: „da du die Weisheit liebst, welche die Inder erfunden haben, willst du diese doch nicht von ihren natürlichen, sondern von den angenommenen Vätern benennen?“ Dieses habe ihn nun zu den Indern geführt, indem er bedachte, dass die Einsichten solcher Männer, welche reineres Sonnenlicht genössen, feiner und eindringender, und ihre Meinungen von der Natur und den Göttern wahrhafter sein müssten, da sie den Göttern und den Quellen des belebenden und warmen Wesens nahe wohnten. Indem er also von der pythagoreischen Philosophie angezogen sich nach Indien begab, schöpfte er eben hier diese Philosophie aus der reichsten und reinsten Quelle, sofern die Anfänge der pythagoreischen Weisheit selbst von den Indern ausgegangen sind (VIII. 7, 12).

Ausgerüstet mit solcher Weisheit, eingeweiht in eine von einem ächt religiösen Geiste beseelte Philosophie musste er seine Thätigkeit zu der Begründung einer der Idee des pythagoreischen Kosmos entsprechenden Weltordnung vor allem auf das Religiöse richten. Eine richtige Erkenntniss der Götter und der göttlichen Dinge zu verbreiten, die der Gottheit wohlgefällige Weise ihrer Verehrung zu lehren, Liebe zum Göttlichen und einen die Götter fromm ehrenden Sinn anzuregen, war überall, wo wir ihn auftreten sehen, sein eifrigstes Bestreben. Deswegen unterhielt er sich überall vorzüglich über religiöse Gegenstände, und überging auf seiner steten Wanderung keinen heiligen Ort, der entweder durch die Erinnerung an die Vorzeit fromme Gefühle weckte, oder auch damals noch von den Göttern und Heroen zur Offenbarung ihrer sichtbaren Nähe und Gegenwart erwählt war. Er besuchte alle Tempel, und weilte in ihnen am liebsten, und wenn er die Tempel besuchte und ordnete, begleiteten ihn die Priester und die Bekannten folgten ihm, und dann waren Mischkessel der Rede (belebende, frohe Gespräche) aufgestellt, und die Dürstenden schöpften aus ihnen (IV. 24). Gottesverehrung und Erkenntniss der rechten Weise der Anbetung und der Opfer gab er selbst in Rom vor dem Consul Telesinus als seine Weisheit an, und auf die Frage des Consul: ob es denn einen Menschen gebe, der diess nicht wüsste? erwiederte er: viele. Wenn aber auch mancher diess recht weiss, so wird er doch besser werden, als er schon ist, wenn er von einem weisern Manne hört, dass er das, was er weiss, recht weiss. Am liebsten bewohne er, sagte er bei derselben Veranlassung, die nicht fest verschlossenen Tempel (vgl. I. 16), und keiner der Götter weise ihn ab, sondern sie machen ihn zum Genossen ihrer Wohnung. So wohnte er auch in Rom in den Tempeln, umwandelte sie, und zog aus dem einen in den andern. Da man ihm diess zum Vorwurf machte, sagte er: auch die Götter wohnen nicht zu aller Zeit in dem Himmel, sondern wandern nach Aethiopien, auf den Olympos und Athos, und es scheine ihm ungereimt, dass während die Götter bei allen Völkern der Erde umherwandeln, die Menschen nicht auch alle Götter besuchen. Wenn Herren sich nicht um ihre Sklaven bekümmern, so gereiche ihnen diess nicht zum Vorwurf, denn sie können sie vielleicht als unnütze Knechte verachten, wenn aber Knechte nicht ihre Herren auf alle Weise ehren, so verdienen sie als fluchwürdige und gottverhasste Knechte die härtesten Strafen von ihnen. Indem nun Apollonius in den Tempeln umher Vorträge hielt, wurden die Götter eifriger verehrt, und die Menschen kamen herbei, als ob sie reichlichere Gaben von den Göttern zu empfangen hofften (IV. 40, 41).

Die Lehre des Apollonius von der Gottheit kommt im Allgemeinen auf die Ansicht zurück, nach welcher die verschiedenen Göttergestalten der polytheistischen Religion verschiedene Symbole des Einen göttlichen Wesens sind. Diese Ansicht scheint schon seiner Gewohnheit zu Grunde zu liegen, alle Tempel ohne Unterschied zu besuchen (IV. 24. V. 20), wie wenn er alle Tempelgötter dadurch mit einander ausgleichen wollte, dass er sie alle nur als Reflexe einer und derselben Idee des Göttlichen nahm. Nur im Sinne dieser Ansicht konnte er in dem Cultus jeder Gottheit, auch einer solchen, welcher die Volksreligion eine seiner Philosophie sehr fremdartige Bedeutung zuschrieb, eine wahrhaft religiöse Idee erkennen. Er billigte es, dass der sittsame Jüngling Timasion, der der Liebe seiner Stiefmutter ausgewichen war, täglich der Aphrodite opferte, und sie für eine mächtige Göttin in menschlichen und göttlichen Dingen hielt. „Wohlan," sprach er mit Freudigkeit, „lasst uns ihm die Krone weiser Enthaltsamkeit zuerkennen, noch vor Hippolytus, dem Sohne des Theseus. Denn dieser frevelte gegen Aphrodite, und unterlag desshalb vielleicht der Liebe nicht, und kein Eros nahte seiner Schwelle, weil er von roher und gefühlloser Art war. Dieser Jüngling aber erkannte die Obmacht der Göttin an, und machte sich doch keiner Schwachheit gegen die, welche ihn liebte, schuldig, sondern entfernte sich aus Scheu vor dem Zorne der Göttin, wenn er einer frevelnden Liebe nicht ausweiche. Auch kann ich schon die Abneigung gegen irgend eine Gottheit, wie die des Hippolytus gegen die Aphrodite, nicht für Weisheit halten. Denn weiser ist es, von allen Göttern Gutes zu sagen, vornehmlich zu Athen, wo selbst den unbekannten Göttern Altäre erbaut sind (VI. 3)." Auch die Aphrodite galt ihm also als Göttin, aber nur als die Göttin der von jeder niedrigen Sinnenlust reinen Liebe. Dass er ganz besonders ein Diener und Freund des Asklepios sein wollte und in den Tempeln desselben am häufigsten weilte, ist aus der Beziehung zu erklären, die Asklepios, als Gott der Heilkunde, auf die pythagoreische *ἰατρικὴ* hatte*). Von dem Wesen der Götter dachte er so, dass er jede mythische oder symbolische Versinnlichung verwarf, die auf Vorstellungen führen musste, die der reinen Idee der Gottheit nicht würdig waren, und auf die Sittlichkeit einen nachtheiligen Einfluss haben konnten. Deswegen tadelte er, wie Plato, die unsittliche Sinnlichkeit des dichterischen Mythus der Griechen, und gab in Rücksicht

*) Vergl. die Briefe des Apollonius XXIII. *Τὸ θειότατον Πυθαγόρας ἰατρικὴν ἔφασκεν· εἰ δὲ ἰατρικὴ τὸ θειότατον καὶ ψυχῆς ἐπιμελητέον μετὰ σώματος· ἢ τὸ ζῶον οὐκ ἂν ὑγιαίνοι τῷ κρείττονι νοσοῦν.*

auf Weisheit den Mythen Aesops den Vorzug. Denn die Erzählungen von den Göttern und Heroen, an denen die ganze Poesie hängt, urtheilte er V. 14, verderben die Zuhörer, indem die Dichter unziemliche Liebschaften erzählen, Heirathen von Geschwistern, Schmähungen der Götter, Verschlingen von Kindern, unedle Ränke und Hader; und diese Dinge, als Thatsache erzählt, verführen den Liebenden, den Eifersüchtigen, den Geld- und Herrschgierigen zu dem, was die Mythen erzählen*). „Auch die weisesten eurer Dichter," lässt Philostratus III. 25 den Inder Jarchas den Griechen entgegenhalten, „gestatten euch nicht, wenn ihr auch wollt, gut und gerecht zu sein. Denn den Minos, der an Grausamkeit alle übertraf, und die Bewohner der Inseln und der Meeresufer mit seiner Macht unterjochte, ehren sie mit dem Zepter der Gerechtigkeit, und setzen ihn im Hades zum Richter über die Seelen. Dem Tantalus hingegen, weil er gut war, und seinen Freunden Antheil an der Unsterblichkeit der Götter gab, versagen sie Speise und Trank, ja Einige hängen Steine über seinem Haupte auf, und verhöhnen auf eine so schmähliche Weise einen edlen und göttlichen Mann, den sie mit einem See von Nektar umgeben sollten, weil er ihnen so reichlich und menschenfreundlich davon zu kosten gegeben hat." Auch solche Mythen, die in die Klasse des Mythus von der Gigantomachie gehören, schienen ihm mit der Würde der Gottheit nicht vereinbar zu sein. Giganten habe es zwar gegeben, und noch zeigen sich an vielen Orten der Erde, wenn die Gräber bersten, solche Leiber, aber sie haben nicht mit den Göttern gekämpft, sondern vielleicht gegen ihre Tempel und Wohnsitze gefrevelt. Dass sie aber gar den Himmel angefallen, und den Göttern in ihm zu bleiben nicht verstattet hätten, sei Wahnsinn zu sagen, und Wahnsinn zu

*) Apollonius trifft in diesem Urtheil ganz mit den die heidnische Religion bestreitenden christlichen Apologeten zusammen. Man vgl. hierüber Tzschirner Fall des Heidenthums I. Bd. Leipz. 1829. S. 281. Zu den hier angeführten Stellen gehört besonders auch noch die sechste der clementin. Homilien, namentl. Kap. 17. f.

glauben. Auch eine andere Sage, obgleich von besserem Klange, verdiene doch keine Achtung, dass Hephästos in dem Aetna schmiede, und dass hier von seinen Schlägen ein Ambos ertöne (V. 16). Die rohe Symbolik rügte er insbesondere an der ägyptischen Religion. Was doch die Aegyptier bewogen habe, den Menschen die Götter, mit wenigen Ausnahmen, in so befremdlichen und lächerlichen Gestalten zu übergeben? Nur sehr wenige seien weislich und götterähnlich gestaltet; in den übrigen Tempeln herrsche offenbar mehr die Verehrung vernunft- und achtungsloser Thiere, als der Götter, so dass die Aegyptier das göttliche Wesen mehr zu verspotten als zu ehren scheinen. Nach der schönsten und würdigsten Weise, nach welcher Götter zu bilden gezieme, haben die Griechen die Götter gebildet. Wenn auch allerdings die Phidias und die Praxiteles nicht in den Himmel aufgestiegen, und dort die Gestalten der Götter nachgebildet, und sie zu Kunstwerken gemacht haben, so habe doch die Phantasie diess bewirkt, eine Künstlerin, weiser als die Nachahmung. Denn die Nachahmung werde nur das bilden, was sie sehe, die Phantasie aber auch, was sie nicht sehe. Denn dieses werde sie sich darstellen nach Maassgabe dessen, was wahrhaft ist. Bei der Nachahmung geschehe es oft, dass eine gewisse Betäubung sie von ihrem Ziele entferne. Der Phantasie begegne diess nicht, denn sie schreite unbetäubt auf das los, was sie sich darstelle. Derjenige, welcher die Gestalt des Zeus denke, müsse ihn wohl zugleich mit dem Himmel, mit den Jahreszeiten und den Gestirnen sehen, wie damals Phidias that, und wer die Athene gestalten wolle, müsse sich Feldlager vorstellen, und an Klugheit und Künste denken, und wie sie aus dem Haupte des Zeus hervorgesprungen. Wenn man aber einen Habicht oder eine Eule oder einen Wolf oder einen Hund bilde, und in den Tempel trage, statt des Hermes und der Athene und des Apollo, so werden die Thiere und Vögel wohl um dieser Bilder willen bewundernswerth scheinen; die Götter aber werden vieles von ihrem Ansehen verlieren. Dass die Weisheit der Aegyptier sich in Beziehung auf die Gestalten der Götter keiner kühnen Anmassung schuldig machen, sondern sie vielmehr durch eine symbolische und allegorische Behandlung nur um so ehrwürdiger erscheinen lassen wolle, könne nicht behauptet werden. Welchen Gewinn denn die Menschen von der Weisheit der Aegyptier und Aethiopier haben, wenn ihnen ein Hund, ein Ibis, oder ein Bock ehrwürdiger und gottähnlicher scheine? Was denn hierin Ehrwürdiges oder Furchtbares liege? Es sei ja wohl wahrscheinlich, dass die Meineidigen, die Tempelräuber, das Gesindel der Spötter die Tempel solcher Wesen eher verachten als fürchten werden. Wenn aber diese Wesen durch allegorische Bedeutsamkeit ehrwürdiger seien, so würden ja die Götter in Aegypten noch weit ehrwürdiger sein, wenn kein Bild von ihnen aufgestellt wäre, sondern die Aegyptier auf eine andere Art die Theologie weiser und geheimnissvoller behandelten. Man konnte ihnen ja Tempel erbauen und Altäre errichten, und verordnen, was geopfert werden solle, und was nicht, und zu welcher Zeit, und wie lange, und was man dabei zu sagen und zu thun habe; Bilder aber brauchte man nicht darin aufzustellen, sondern konnte es denen, welche die Tempel besuchen, überlassen, sich die Gestalten der Götter auszumalen. Denn der Geist malt und bildet besser, als die Kunst. Die Aegyptier aber entziehen den Göttern die Macht, schön zu erscheinen und schön gedacht zu werden (VI. 19). Wenn ihm demnach auch menschenähnliche Göttergestalten, wie die Griechen die Götter zu bilden pflegten, die würdigste Darstellung des Göttlichen zu sein schienen, so sollte doch die auf das Ideale gerichtete Phantasie den Geist immer wieder über die engbegrenzten Formen der Anschauung erheben, und selbst die Meisterwerke der berühmtesten Künstler konnten nur insofern die Gottheit darstellen, sofern sie die in ihnen reflectirte ewige Idee des Schönen zur Anschauung brachten Desswegen konnte er selbst die menschliche Gestalt nicht für ein so wesentliches Substrat der Idee der Gottheit halten, dass ihm nicht vielmehr die Sonne das reinste und würdigste Bild der Gottheit zu sein schien. Bei der Sonne pflegte er zu schwören

(VI. 32)*), zu ihr betete er seiner Gewohnheit gemäss beim Anbruch des Tags (II. 38, VI. 10, VII. 31, vgl. VIII. 13) und verrichtete einiges für sich, was er nur denen kund werden liess, die sich in vierjährigem Schweigen geübt hatten, ihr brachte er jeden Mittag ein Opfer (VII. 20) nach der Weise der Inder (V. 30), von welchen (III. 14) bemerkt wird, dass sie auf dem Hügel, auf welchem sie wohnen, das Feuer als heilig verehren, und behaupten, es unmittelbar aus den Strahlen der Sonne zu gewinnen, und ihm Tag für Tag den Hymnus zur Mittagszeit singen (vgl. III. 16), und ebenso um Mitternacht schwebend den Lichtstrahl mit Gesang feiern (III. 33). Er dachte sich also die Gottheit ihrer eigentlichen Natur nach als eine reine ätherische Lichtnatur, und die Wirksamkeit der Gottheit durch die alles durchdringende Kraft des Lichtes vermittelt. Wo daher das Sonnenlicht am reinsten und kräftigsten wirkt, äussert auch die Gottheit am unmittelbarsten ihren Einfluss, und die Inder sind aus keinem andern Grunde die einsichtsvollsten und weisesten Männer, als desswegen, weil sie reineres Sonnenlicht geniessen, und den Göttern und den Quellen des belebenden und warmen Wesens nahe wohnen (VI. 11). Sie sind dem Aether näher, welcher, wie Jarchas selbst sagt (III. 34), das fünfte Element ausser dem Wasser, der Luft, der Erde und dem Feuer ist, und für den Urquell der Götter gehalten werden muss. Denn alles, was die Luft einathmet, ist sterblich, was den Aether trinkt, unsterblich und göttlich. Ja, als näher dem Aether und dem reineren Sonnenlicht, in welchem die Gottheit wohnt, sind die Inder, und namentlich Jarchas und Phraotes, allein unter den Menschen für Götter, und dieses Beinamens werth zu achten (VII. 32). In Ansehung der sittlichen Eigenschaften der Gottheit erinnerte Apollonius besonders an die Gerechtigkeit, Heiligkeit und Güte der

*) Ebenso schwört (III. 28) wenigstens der indische König bei der Sonne. In derselben Stelle ist auch von einem Eins sein mit der Sonne (*τὸ εἶναί με τὸν αὐτὸν τῷ ἡλίῳ*) die Rede. [Hierauf ist jedoch nicht viel zu geben, da diese Grossprecherei zur *παροινία* des Königs gehört. Z.]

Gottheit. Man vgl. z. B. I. 10, 11. Wen die Götter gebrandmarkt und verderbt sehen, den überlassen sie der Gerechtigkeit, und zürnen darüber, wenn ein solcher die Kühnheit hat, ohne rein zu sein, in ihr Heiligthum einzutreten. Den olympischen Zeus begrüsste Apollonius ganz besonders als den Guten, dessen Güte so gross sei, dass er sich selbst den Menschen mittheile (IV. 28).

Was das Verhältniss der Gottheit zur Welt betrifft, so dachte Apollonius über die Natur im Allgemeinen ebenso, wie Plato im Timäus (VI. 22). Diesem gemäss erkannte er in Gott sowohl den Schöpfer als Lenker der Welt. Die Welt ist von Gott als Schöpfer abhängig (*κόσμος ἐπὶ θεῷ δημιουργῷ κείμενος* VIII. 7). Der Vater der Menschen und der Götter ist der Schöpfer des Alls, was um uns und über uns ist (IV. 30). Welchen Werth Apollonius dieser Lehre beilegte, erhellt aus dem Lob, das er den Aegyptiern wegen ihrer Uebereinstimmung mit den Indern gerade in dieser Ansicht ertheilte. So sehr die Aegyptier im übrigen die Inder herabsetzen und ihre Grundsätze über das praktische Leben verwerfen, so geben sie doch der Lehre von einem Schöpfer des Weltalls so sehr ihren Beifall, dass sie dieses, ob es gleich von den Indern stammt, auch andere lehren. Diese Lehre aber kenne Gott als den Urheber der Entstehung des Weltalls und des Seins, und der Grund dieser Vorstellung sei, weil er gut sei (VIII. 6, 7 [24]). Weil also Gott das beste und vollkommenste Wesen ist, und vermöge seiner Güte sich mittheilt und offenbart, kann die Welt nur von Gott ihren Ursprung haben, und nicht sich selbst überlassen sein: sie kann in keinem andern Verhältniss zu Gott gedacht werden, als dem Verhältniss steter Abhängigkeit, und die Lehre von einer die ganze Welt umfassenden Vorsehung ergibt sich von selbst aus diesem Begriff von dem Wesen der Gottheit. Wegen der engen Verbindung der Gottheit mit der Welt kann die Welt nur als ein lebendiges, von einem vernünftigen Geiste beseeltes, organisches Ganze gedacht werden. „Wenn du vernünftig urtheilen willst,“ lässt Philostratus (III. 34) den Jarchas zu Apollonius sagen, „kannst du die Welt nur für ein Lebendiges (ζῶον) halten, denn sie erzeugt und begabt alles mit Leben, und zwar für ein Wesen, das sowohl männlicher als weiblicher Natur ist, denn, indem sie sich selbst beiwohnt, vertritt sie die Stelle der Mutter und des Vaters bei der Erzeugung, und hegt eine heissere Liebe zu sich selbst, als ein Anderes zu einem Andern, indem sie sich selbst vereinigt und verbindet, weil es nicht ungereimt ist, mit sich selbst verbunden zu sein. Und so wie die Bewegung des Thiers das Werk der Hände und Füsse ist, und ihm ein innerer Verstand beiwohnt, durch den es in Bewegung gesetzt wird, ebenso glauben wir auch, dass die Theile der Welt wegen des ihr inwohnenden Verstandes zu allem, was geboren und empfangen wird, im zweckmässigsten Verhältniss stehen. Denn auch die Uebel, die aus der Trockenheit kommen, kommen zufolge jenes ihr inwohnenden Verstandes, wenn die Gerechtigkeit von dem Menschen weicht und ungeehrt ist. Es wird aber jenes Lebende nicht durch Eine Hand regiert, sondern durch viele geheime Hände, deren es sich bedient, und obgleich wegen seiner Grösse nicht mit Zaum und Zügel lenkbar, bewegt es sich doch mit leichter Lenksamkeit.“ Die Welt stellt daher nicht blos ein organisch gestaltetes, von einer vernünftigen Seele regiertes, sondern auch ein nach dem Gesetze einer sittlichen Weltordnung geordnetes Ganze dar. Für einen Gegenstand, der so gross ist, und das menschliche Vorstellungsvermögen so weit übersteigt, gebe es kein angemesseneres Bild, als die Vergleichung mit einem Schiff, das in seinem Gerippe aus allen Theilen und Fugen, die zu einem Schiff gehören, zusammengesetzt, mit hohen Wänden und Masten und auf dem Verdecke mit mehreren Steuern versehen, mit vielen Piloten, die unter dem Aeltesten und Erfahrensten stehen, mit vielen, die auf dem Vordertheile befehlen, und mit trefflichen wohlgeübten Matrosen, welche auf den Mast und zu den Segeln hinaufsteigen, auch mit bewaffneter Mannschaft, gegen die Angriffe der Barbaren, aussegelt. „So können wir uns also auch diese Welt vorstellen, indem wir sie uns dem Schiffe ähnlich denken. Denn die erste und vornehmste Stelle darin muss Gott, ihrem Urheber, zugetheilt werden; die nächste nach ihr den Göttern, welche Theile der Welt regieren. Wir stimmen nämlich mit den Dichtern zusammen, wenn sie sagen, dass viele Götter im Himmel sind, viele im Meere, viele in den Quellen und Gewässern, viele auch auf der Erde, und selbst unter der Erde einige. Das unterirdische Gebiet aber, wenn es eines gibt, wollen wir, da sie es als furchtbar und verderblich schildern, von der Welt absondern (III. 35)." Das auf diese Weise gedachte Verhältniss der Gottheit zur Welt entspricht auf der einen Seite den Anforderungen der Vernunft, die nach Einheit strebend sich das ganze Weltall nur von Einem Herrscher, der höchsten alles durchdringenden und ordnenden Intelligenz, regiert denken kann, auf der andern Seite tritt zu diesem Monotheismus der Polytheismus der Volksreligion in ein ganz angemessenes und harmonisches Verhältniss, sofern die Götter des mythischen Glaubens sich dem Einen höchsten Gott als Untergötter und die vermittelnden Organe desselben, als die Vorsteher und Genien der verschiedenen Theile, Elemente und Kräfte der Welt, unterordnen. Jener Pantheismus, in welchem die Neuplatoniker insbesondere die beste Vereinigung und Ausgleichung der Philosophie und Religion fanden, ist demnach auch die Lehre, zu welcher sich Apollonius bekannte. In engem Zusammenhange steht mit dieser Weltansicht, was Apollonius über die Nothwendigkeit des Schicksals (die *μοῖραι* und die *ἀνάγκη*) lehrte. Was die Parcen spinnen, ist so unwandelbar, dass es in Erfüllung gehen muss, so wenig auch damit die äussern Verhältnisse zusammenzustimmen scheinen. Wenn einem die Parcen ein Königthum zuerkannten, das ein Anderer schon hat, und dieser jenen tödtete, so würde der Getödtete wieder aufleben, um den Beschlüssen der Parcen Genüge zu thun. Dabei wird an Könige erinnert, welche wie Akrisius, Laius, der Meder Astyages und viele andere, um ihre Herrschaft auf solche Weise zu sichern, der Eine seinen Sohn, der Andere seinen Enkel, getödtet zu haben glaubten, und doch von ihnen der Krone beraubt wurden, indem diese an der Hand des Schicksals aus dem Dunkel heranwuchsen (VIII. 7, 16

[52 f.]). Es ist diess dieselbe Lehre, die wir von den griechischen Schriftstellern aus der blühendsten Periode der griechischen Literatur, von Geschichtschreibern, wie Herodot, von Dichtern, wie Aeschylos und Sophokles, als herrschenden Glauben der Gebildeten jener Zeit vorgetragen finden. Der Glaube an eine göttliche Vorsehung ist mit dem Glauben an eine unabwendbare Vorausbestimmung verbunden, nur dürfen wir denselben nicht gerade in einem rein fatalistischen Sinne auffassen, da ja auch schon die ältern Griechen sich das Schicksal als eine moralische Weltordnung dachten. Auch die bekannte Beziehung, in welche bei den Alten der Glaube an ein vorausbestimmtes Verhängniss mit der Meinung von einem in die irdischen Verhältnisse sehr bedeutungsvoll eingreifenden Einfluss der Gestirne gesetzt war, schloss Apollonius nicht aus. Er untersuchte die weissagende Kraft der Gestirne, schrieb vier Bücher über die Weissagung der Gestirne, und hatte, wie Damis erzählte, von Jarchas sieben Ringe erhalten, die die Namen der sieben Planeten führten. Diese pflegte er nach den Namen der Tage, einen nach dem andern, zu tragen (III. 41)*).

An die Lehre von Gott und dem Verhältniss Gottes zur Welt schliesst sich nach der Philosophie, welcher Apollonius zugethan war, die Lehre von der Natur des Menschen durch die Behauptung an, dass auch die Seele des Menschen, weil sie unsterblich ist, göttlicher Natur sei. Was Plato über die unsterbliche und ungezeugte Natur der Seele, als die Quelle aller Entstehung, gelehrt hatte, hatte die vollkommene Zu-

*) „Durch diese Zauberringe (δακτύλιοι φαρμακῖται bei Hesychius), in welche die Kräfte der Gestirne unter gewissen Weihungen übertragen und gebannt worden, glaubte man den Einfluss der schädlichen Planeten zu vernichten, und des Beistandes guter Planetengeister in dem Maasse sich zu vergewissern, dass man mittelst derselben sogar sich unsichtbar machen zu können glaubte.“ Bohlen, das alte Indien Th. II., S. 251. Ebendaselbst wird auf die obige Stelle des Philostratus, als einen Beweis dafür aufmerksam gemacht, dass man schon frühzeitig den Indern die Woche zuschrieb. Vgl. S. 248.

stimmung des Apollonius (VI. 11, vgl. 22). Welche Wichtigkeit die Lehre von der göttlichen Natur der Seele in der pythagoreischen Philosophie hatte, beweist vor allem die pythagoreische Lehre von der Präexistenz. Auch diese Lehre nimmt daher im Lehrsystem des Apollonius eine wichtige Stelle ein. Wie Pythagoras sich selbst für den homerischen Helden Euphorbus (Il. XVII. 51. f.) erklärte, so war auch Apollonius sich bewusst, schon einen frühern Leib bewohnt zu haben, als Steuermann eines ägyptischen Schiffes (III. 23, VI. 21). Als ächt pythagoreische Lehre musste auch diese Lehre ein Ausfluss der indischen Weisheit sein. Deswegen behauptet auch Jarchas (III. 19) schon einen vorgebornen Leib gehabt zu haben, und aus einem Inder in einen Inder übergegangen zu sein (III. 22). Zugleich wird aber hier, ganz gemäss der indischen Ansicht, der Sphäre, in welcher die Präexistenz in einem Cyklus von Geburten sich fortbewegt, eine über den griechischen Gesichtskreis hinausgehende Ausdehnung, gegeben. Tadelnd sagt daher der Inder (III. 19) zu Apollonius: „Troja ist durch den Feldzug der Achäer, ihr seid durch die Sagen davon zu Grunde gegangen. Denn in dem Glauben, dass nur die Krieger vor Troja's Mauern Männer gewesen, vernachlässigt ihr die vielen göttlichen Männer, die euer Land und Aegypten und Indien hervorgebracht hat.“ Im Gegensatz gegen diese beschränkte homerische Weltansicht wollte Jarchas selbst jener Ganges sein, der ein Sohn des gleichnamigen Flusses, schon in der urältesten Zeit an edlen Thaten selbst den homerischen Achilles weit übertraf (III. 20). Aber nicht blos aus einem Menschenleib in einen andern wandert die durch eine Reihe von Leibern (VIII. 7, 4) hindurchgehende Seele, sondern auch in Thierleiber geht sie ein, wie wenigstens der als Löwe verkörperte ägyptische König Amasis V. 42 bezeugt. Dagegen werden dem Apollonius VIII. 31, als er nach seinem Tode einem Jüngling erschien, um ihm die Lehre von der Unsterblichkeit zu offenbaren, die begeisterten Worte in den Mund gelegt:

Nicht dein, sondern der Vorsicht ist die unsterbliche Seele,
Nach dem zerfallenen Leib enteilet sie, ähnlich dem schnellen
Ross, von den Fesseln hinweg, und mischt mit der flüssigen Luft sich,
Von sich stossend das drückende Joch vielduldender Knechtschaft.

Je mehr sich die Seele ihrer unsterblichen göttlichen Natur, eines über das leibliche Leben weit hinausliegenden Zustandes der Präexistenz bewusst ist, desto mehr muss ihr das leibliche Leben als ein beschränktes, dem Zustande eines Gefangenen und Gefesselten ähnliches erscheinen. Der bekannte aus der orientalischen Lehre zu den Griechen herübergekommene Lehrsatz, dass der Leib ein Kerker der Seele sei, war daher auch der Lebensansicht des Apollonius nicht fremd, und Philostratus lässt ihn denselben in seiner römischen Gefangenschaft, um seine Mitgefangenen zu trösten, in folgenden Worten aussprechen: „Wir Menschen befinden uns während der ganzen Zeit, die man Leben nennt, in einem Gefängnisse. Die Seele, an einen hinfälligen Körper gefesselt, duldet Vieles, und ist Allem, was den Menschen betrifft, unterworfen; und diejenigen, welche zuerst Häuser erfunden haben, scheinen nicht bemerkt zu haben, dass sie sich mit einem andern Gefängnisse umgaben. Denn auch diejenigen, welche königliche Paläste bewohnen, die ihnen alle Sicherheit gewähren, müssen wir für gebundener halten, als die, welche sie selbst binden. Denke ich mir aber Städte und Mauern, so kommen mir diese wie gemeinsame Gefängnisse vor, und ich muss mir die Käufer und Verkäufer als Gefangene denken, als gefangen auch die in öffentlicher Versammlung Vereinten, die Zuschauer und die, welche feierliche Umgänge halten (VII. 26)." In demselben Sinne bezeichnet Apollonius mit einem noch stärkern Ausdrucke in dem dreizehnten seiner Briefe die Lebenden, wie man sie sonst nennt, als solche, die hier gestraft werden. Wenn der Leib nur als ein Kerker der ihrer höhern Natur sich bewussten Seele betrachtet werden kann, so kann nach derselben Ansicht von dem Verhältniss der Seele zum Leib die Quelle der ungeordneten Triebe, von welchen die Seele beherrscht wird, nur im Leibe liegen. Es wird hierüber nichts Bestimmteres gelehrt, doch kann die schon früher (S. 46 f.) angeführte Stelle (VIII. 7, 7 [25]) auch hieher bezogen werden. Der Mensch, wie er von Natur ist, wird von Trieben und Leidenschaften bewegt, die die göttliche Weisheit, deren Quelle die göttliche Natur der Seele ist, der durch die Idee des Kosmos bedingten Ordnung unterwerfen muss. Die wichtigste Folgerung aber, die in dieser religiösen Anthropologie aus der Lehre von der Natur der Seele gezogen wird, ist die Lehre von der Verwandtschaft des Menschen mit der Gottheit. Ausdrücklich wird dieses Bewusstsein (VIII. 7, 7) von Apollonius ausgesprochen und auf die Thatsache gegründet, dass der Mensch von allen Thieren allein die Götter kennt, über seine eigene Natur philosophirt, und gewissermassen an dem Göttlichen Theil nimmt. Auch seine Gestalt rühme sich der Aehnlichkeit mit Gott, wie die Bildnerkunst und die Malerei andeuten. Auch werde geglaubt, dass ihm die Tugenden von Gott kommen, und dass die, welche Theil an diesen haben, Gott nahe und göttlich seien. Die guten Menschen haben etwas von Gott. Ja im Bewusstsein dieser Verwandtschaft und Aehnlichkeit mit Gott darf der Mensch sogar selbst Gott genannt werden. Vor allem aber soll das von Apollonius geoffenbarte Geheimniss der Seele dazu dienen, dass wir wohlgemuth und mit Kenntniss unserer Natur den Weg wandeln mögen, auf welchen uns das Schicksal geführt hat (VIII. 31).

Von selbst lässt sich erwarten, dass er als Reformator des religiös-sittlichen Lebens vorzüglich auch Belehrungen über die rechte Weise der Verehrung der Gottheit gegeben haben werde. Die Erkenntniss der rechten Weise der Anbetung und der Opfer gab er vor Telesinus als seine Weisheit an (IV. 40), und wie III. 41 bemerkt ist, soll er auch über die Opfer eine eigene Schrift geschrieben haben, und wie man jedem Gott auf eine angemessene und angenehme Weise opfern könne. Ueber denselben Gegenstand, wie man jedem Gotte auf die ihm eigenthümliche Weise, und zu welcher Zeit des Tages und der Nacht, Opfer und Trankopfer und Gebete darbringen müsse, hielt er in Athen, da er sah, dass die Athener Freunde von Opfern waren, in seiner ersten Unterredung einen Vortrag (IV. 19), und schon in der ersten Zeit seiner öffentlichen Wirksamkeit pflegte er, wenn er in einer hellenischen Stadt war, und die heiligen Gebräuche kannte, die Priester um sich zu versammeln, mit ihnen über die Götter zu philosophiren, und sie zu belehren, wenn sie von dem Herkömmlichen abwichen, und wenn er sich von der Weise eines Gottesdienstes unterrichtet hatte, oder wenn ihm etwas Besseres, als das, was man that, in den Sinn kam, es mitzutheilen (I. 16). Als Pythagoreer verwarf er alle blutigen Opfer. Das Blut der Rinder und der Thiere, die sonst geopfert wurden, erklärte er in den ägyptischen Tempeln namentlich (V. 25), könne nicht als Göttermahl gelten. Auf die Frage des ägyptischen Priesters, mit welchem Rechte er sich herausnehmen könne, die Satzungen der Aegyptier bessern zu wollen, erwiederte er: dieses Recht habe jeder Weise, wenn er von den Indern komme. Aus Veranlassung der Beschuldigung, die ihm vor dem Kaiser Domitian gemacht worden war, einen Knaben geopfert zu haben, erklärte er (VIII. 7, 10): „Ob ich gleich alles für das Wohl der Menschen thue, habe ich doch nie für sie geopfert, und werde auch nie opfern, noch etwas Heiliges, an welchem Blut ist, berühren, noch mit dem Blick auf das Opfermesser, oder auf ein solches Opfer, wie du sagst, beten. — Ich habe nicht geopfert, ich opfere nicht, ich berühre kein Blut, auch wenn es vom Altar kommt. So dachte Pythagoras, auf gleiche Weise auch seine Jünger; und die Gymnosophisten Aegyptens und die Weisen der Inder, von denen die Anfänge der Weisheit auch zu der Schule des Pythagoras gekommen sind, scheinen darin, dass sie auf diese Weise opfern, den Göttern keineswegs unrecht zu handeln; sondern diese gewähren ihnen sowohl ein hohes Alter bei ungeschwächten und von Krankheit freien Körpern, als auch immer weiser zu scheinen, keinem Tyrannen unterworfen zu sein, und nichts zu bedürfen. Und ich halte es nicht für unwahrscheinlich, dass sie eben ihrer reinen Opfer wegen kein Gut entbehren. Ja es scheint mir, dass auch die Götter dieselbe Meinung von den Opfern hegen, und desshalb die weihrauchtragenden Gegenden in den reinsten Theil der Erde verpflanzt haben, damit wir, ohne Eisen in den Tempeln zu tragen, und ohne Blut auf die Altäre zu sprengen, davon opfern möchten (VIII. 7, 12*)." Was aber ausserdem, dass das Opfer aus einer reinen, den Göttern wohlgefälligen Materie bestehen soll, ihm allein einen Werth geben kann, ist nur die Gesinnung. Wer mit Sünden befleckt, nicht in reiner Absicht, um die Abwendung eines Uebels bittet, ist in das Heiligthum der Götter nicht aufzunehmen. Das reichliche Opfer, das ein solcher Mensch, ohne gebetet, oder zuvor schon etwas von den Göttern erlangt zu haben, darbringt, sieht nicht wie ein Opfer aus, sondern wie ein Abkauf böser und schwerer Thaten (I. 10). Einen ungleich höhern Werth, als Opfer und Weihgeschenke, hat ein der Gottheit würdiges Gebet. Da die Götter Alles wissen, so müsse man, lehrte er (I. 11), wenn man zu ihnen eingehe, und sich guter Absichten bewusst sei, auf diese Weise beten: „Gebt mir, ihr Götter, was mir gebührt. Denn dem Frommen gebührt ja doch wohl das Gute, dem Ruchlosen aber das Gegentheil." Wer Opfer und Gaben weiht, nicht um die

---

*) Zu vergleichen sind hier unter den Briefen des Apollonius XXVI. und XXVII.: „Götter bedürfen keiner Opfer. Was muss man also thun, um ihre Gunst zu erlangen? Wie ich glaube, Weisheit sich erwerben, und Menschen, dic es verdienen, nach Vermögen Gutes thun. Diess ist den Göttern angenehm, jenes aber (Opfer darzubringen) kann auch von Götterläugnern geschehen. — Mit Blut beflecken Priester Altäre, und dann wundert man sich, woher das Unglück der Städte komme, wenn grosses Unheil entsteht. O Unwissenheit! Herakleitos war auch ein Weiser, und auch er warnte die Ephesier, den Koth mit Koth zu reinigen." Nach Elias von Creta zu Gregors von Nazianz Orat. XXIII. S. 836, sagte Heraklit, die, welche die Götter durch Opfer versöhnen zu können glauben, verspottend: *Purgantur, cum cruore polluuntur, non secus ac si quis in lutum ingressus luto se abluat. Etenimillud existimare, quod per brutorum animantium corpora et sanguinem, quae illi Diis suis offerebant, corporum suorum labes ex impuris et illicitis coitibus ipsis illitas repurgarent, perinde est, ac si quis sordes ex luto corporibus impactas luto abstergere conetur.* [Das Citat aus Her. geht aber nur bis „*abluat*" Z.]

Gottheit zu ehren, sondern um die Strafe abzukaufen, einem solchen erlassen sie die Götter zufolge ihrer grossen Gerechtigkeit nicht. Auf die Frage des Telesinus (IV. 40): was er bete, wenn er zum Altare trete? antwortete er: „Ich bete, dass Gerechtigkeit herrsche, die Gesetze nicht verletzt werden, die Weisen arm, die Andern aber reich seien, doch ohne Arges.“ So grosse Dinge diess seien, so zweifle er doch nicht, sie zu erhalten, er fasse aber Alles in Einem Gebete zusammen, und zu dem Altar tretend spreche er: „O ihr Götter, verleiht mir das, was sich gebührt. Bin ich nun ein guter und wackerer Mann, so werde ich mehr erlangen, als ich fordere, setzen mich aber die Götter unter die Schlechten und Nichtswürdigen, so wird nur das Gegentheil von ihnen kommen, und ich werde die Götter nicht tadeln, wenn mir Böses widerfährt, da ich selbst nicht gut bin.“ Eine andere Gebetsformel, deren er sich zu bedienen pflegte, war (I. 34): „Verleiht mir, ihr Götter, Kleines zu haben, und nichts zu bedürfen.“ Nach der Weise, die Empedokles und Pythagoras für die Reinigungen vorgeschrieben haben, reinigte auch er von der Schuld eines unfreiwilligen Mordes (VI. 5), aber von einem vorsätzlich begangenen Morde zu reinigen, erklärte er (VIII. 7, 7), sei weder ihm, noch selbst Gott, dem Schöpfer des Alls möglich.

Wie er durch solche Lehren und Grundsätze ächte Religiosität zu befördern suchte, so drang er mit demselben Eifer auf Tugend und Sittlichkeit. Ueberall, wo er auftrat, sehen wir ihn, wie es die jedesmaligen Verhältnisse mit sich brachten, auf eine höchst achtungswürdige Weise wirken, um das erschlaffte Zeitalter zur strengern und reinern Sitte der Vorzeit zurückzuführen, und dadurch das Wohl der Staaten fester zu gründen. Den Athenern verwies er mit ernster Strenge ihre weibische Weichlichkeit (IV. 21). Die nicht minder verweichlichten Lacedämonier forderte er so kräftig zur alten Tugend auf, dass seitdem die Ringschulen wieder aufblühten, und ernste Bestrebungen und gemeinsame Male zurückkehrten, und Lacedämon sich selbst gleich wurde (IV. 27). Es gestaltete sich gleichsam neu, und die alte Weise Lykurgs war wieder in Kraft (IV. 31). In Olympia hielt er von der Schwelle des Tempels herab Vorträge über die nützlichsten Gegenstände, und sprach über die Weisheit, die Tapferkeit, die Enthaltsamkeit, und überhaupt von allen und jeden Tugenden, und setzte alle in Erstaunen, nicht blos durch die Gedanken, sondern auch durch die Form seiner Rede (IV. 31). Immer schloss er, aus welcher Veranlassung er auch reden mochte, seine Reden mit heilsamen Ermahnungen (V. 17), und wanderte tadelnd, rathend und lobend von Ort zu Ort (V. 20). Vorzüglich tadelte er überall jede rohe, das edlere menschliche Gefühl verletzende Sitte, die blutigen Gladiatorenspiele der Athener (IV. 22), das Pferderennen zu Alexandrien, aus welchem so häufig gegenseitiger Mord entstund (V. 26), die Thierjagden, die die orientalischen Könige in ihren Thiergärten zu halten pflegten, er aber hauptsächlich desswegen missbilligte, weil es nicht angenehm sei, gequälten und gegen ihre Natur unterjochten Thieren nachzustellen (I. 38). Alle Lebensbeschäftigungen, die nur einer niedrigen, selbst das Heilige zum Mittel des Erwerbs herabwürdigenden, die Gleichheit und Einigkeit der Menschen störenden Gewinnsucht dienten, waren nicht minder ganz gegen seine Sinnesweise (vgl. V. 20. VI. 2). Daher die in der letztern Stelle enthaltene bittere Rüge des Handelsgeistes der Griechen. „Die wackern Hellenen!" rief er aus, als er an den Grenzen der Aethiopier und Aegyptier, wo äthiopische und ägyptische Waaren arglos ausgetauscht wurden, alles unbewacht auf einem Scheidewege liegen sah, „wenn da nicht ein Obolus den andern erzeugt, und sie ihre Waaren, feilschend und wohl verschliessend, nicht hinauftreiben, und dabei vorschlagen, glauben sie des Lebens nicht froh zu sein. Da gilt denn dem Einen die mannbare Tochter, dem Andern ein mündig gewordener Sohn zum Vorwande; diesem fehlt noch eine Summe, einen Betrag zu decken; dieser will ein Haus bauen; jener würde sich schämen, ein schlechterer Wirth zu sein, als sein Vater. Schön aber wär' es, wenn der Reichthum ehrlos wäre, und die Gleichheit blühte,

und fern weg läge das Eisen (Hes. T. u. W. 130),

und die Menschen Eines Sinnes wären, und die ganze Erde nur Eine wäre.“ Mit demselben edlen und ernsten Sinne, mit welchem er für das öffentliche Wohl zu wirken suchte, war er auch darauf bedacht, Einzelne, besonders Jünglinge, von Verirrungen und verkehrten Neigungen zur Besonnenheit und Tugend zurückzubringen, auf edle, des Menschen würdige Bestrebungen hinzurichten, und namentlich auch solche, die eine zu hohe Meinung von sich hatten, und ihre eigene Kraft überschätzten, zur Demuth und Bescheidenheit zu ermahnen. (Vgl. IV. 30. 32. V. 22. 23. VI. 40.) Was die einzelnen von ihm ertheilten sittlichen Lehren und Grundsätze betrifft, so möchten folgende zwei Momente besonders hervorgehoben zu werden verdienen:

1) Er drang auf Selbstkenntniss und sorgfältige Beachtung des in der Stimme des Gewissens sich aussprechenden sittlichen Urtheils. Wie er hierüber dachte, finden wir VII. 14 von ihm selbst ausgesprochen: „Der Weise thut nichts allein und für sich; ja er denkt nicht einmal etwas so ohne Zeugen, dass er nicht wenigstens sich selbst zum Zeugen hätte. Mag die Lehre zu Pytho (das in dem delphischen Tempel angeschriebene: Erkenne dich selbst!) ein Wort Apollo's oder eines Mannes sein, der sich mit gesundem Sinne erkannte, und sie desshalb zu einer Lehre für Alle machte, so glaube ich, dass der Weise, der sich selbst erkennt, und seinen eigenen Verstand zum Beistand hat, weder etwas von dem fürchtet, was die Menge scheut, noch sich zu etwas erdreistet, was Andere ohne Scheu thun. Denn als Sklaven der Tyrannei verrathen sie ihr wohl auch ihre liebsten Freunde, indem sie fürchten, was nicht furchtbar ist, das aber, was sie fürchten sollten, nicht scheuen. Die Weisheit aber gestattet diess nicht. Denn ausser der pythischen Lehre stimmt sie auch den Aussprüchen des Euripides (Orestes v. 389) bei, dass dem Menschen ein Bewusstsein beiwohne, das ihn zu Grunde richtet, wenn er an das Böse denkt, das er gethan hat. Denn dieses Bewusstsein bildet dem Orestes die Gestalten der Eumeniden vor, wenn er über seinen Muttermord rast. Denn der Verstand beherrscht,

was gethan werden soll, das Bewusstsein das, was der Verstand beschlossen hat. Hat nun der Verstand das Gute gewählt, so sendet das Bewusstsein den Mann in alle Tempel, in alle Haine, zu allen Strassen und in alle Wohnplätze der Menschen mit Gesang und Jubel. Selbst im Schlafe wird sein Gesang ihm tönen, und ihn mit einem frohen Chor aus dem Volke der Träume umringen. Wenn sich aber der Verstand zu dem Schlechten herabsenkt, so gestattet das Bewusstsein weder dreiste Blicke auf andere Menschen zu richten, noch das Wort der freimüthigen Zunge. Es treibt ihn aus den Tempeln und vom Gebete hinweg, denn es gestattet ihm nicht, die Hände zu den Bildern zu erheben, sondern hemmt ihn, wenn er sie erhebt, ebenso wie das Gesetz den hemmt, der sie zum Schlagen aufhebt, es entfernt ihn von aller Gesellschaft, und schreckt ihn im Schlafe. Was sie am Tage thun, glauben sie in der Nacht zu hören, und Traumgestalten und eitle Bilder schrecken sie; diese dunkeln und phantastischen Schrecknisse aber bildet ihnen die Furcht als wahr und glaubhaft vor. Dass mich also, wenn ich zwei Männer (den Nerva und seinen Freund) verrathe, mein Bewusstsein strafen wird, zu wem ich auch kommen mag, Wissenden oder Unwissenden, glaube ich deutlich und der Wahrheit gemäss dargethan zu haben.“ Gewiss eine Stelle, die uns mit hoher Achtung vor dem zarten, sittlichen Gefühle des Mannes erfüllen muss. Apollonius spricht hier zwar zunächst nur von dem Weisen, aber der Weise soll ja das Vorbild für die Uebrigen sein, und in dem Weisen selbst spricht sich die Stimme des Gewissens nur desswegen mit solcher Klarheit und Sicherheit aus, weil dieses sittliche Bewusstsein überhaupt zur Natur des Menschen gehört. Diese Selbstkenntniss und Selbstprüfung ist nach III. 18 sogar als die Quelle aller Weisheit und Erkenntniss zu betrachten. Der hohe Vorzug, der die indischen Weisen auszeichnet, dass sie Alles kennen, hat nur darin seinen Grund, dass sie zuvörderst sich selbst kennen: denn niemand kann sich dieser Weisheit nähern, ohne sich erst selbst zu kennen.

2) Den Maasstab der sittlichen Beurtheilung setzte Apol-

lonius in die Idee der Gerechtigkeit, bestimmte aber den Begriff der Gerechtigkeit so, dass ihm kein Unrecht thun noch nicht als Gerechtigkeit galt. Welches Gewicht Apollonius auf diese Bestimmung des Begriffes der Gerechtigkeit legte, ist daraus zu ersehen, dass er sie ausdrücklich aus der Lehre der Inder ableitet und der gewöhnlichen Ansicht der Griechen entgegensetzt. Enthaltung von Unrecht, sagt Jarchas (III. 25), scheint, wie ich glaube, allen Hellenen Gerechtigkeit zu sein. Sie halten Obrigkeiten für gerecht, wenn sie das Recht nicht verkaufen, und erwähnen es als ein Lob, wenn ein Sklave nicht stiehlt. Ausführlich trägt Apollonius diese von den Indern erhaltene Lehre in der Unterredung mit dem ägyptischen Weisen Thespesion (VI. 21) vor: „Nicht ungerecht sein heisst noch nicht gerecht sein, denn nicht unvernünftig zu denken, ist nicht Klugheit, Reih und Glied nicht verlassen, ist nicht Tapferkeit, nicht in das Laster der Ehebrecher verfallen, ist nicht Enthaltsamkeit, und sich nicht schlecht zeigen, gibt noch keinen Anspruch auf Lob. Denn Alles, was noch gleich weit von Beehrung und Bestrafung entfernt ist, ist noch nicht Tugend." Im Folgenden wird an dem Leben des Aristides gezeigt, wer der Nicht-Ungerechte und wer der Gerechte ist, und daraus die Folgerung gezogen, dass gerecht nicht der ist, welcher nicht ungerecht ist, sondern der, welcher selbst gerecht handelt und auch andere bestimmt, nicht ungerecht zu sein. Aus einer solchen Tugend werden auch andere Tugenden erwachsen, am meisten die richterliche und gesetzgebende.

Indem er auf der Grundlage der hier zusammengestellten Lehren und Grundsätze als Reformator des religiös-sittlichen Lebens wirkte, suchte er seiner Wirksamkeit die grösste Ausdehnung und Allgemeinheit zu geben. An allen Orten, wo er auftrat, erscheint er auf dieselbe Weise thätig, und seiner fortgehenden Wanderung durch alle Länder der damals bekannten Welt, von dem einen Endpunkt bis zum andern, scheint keine andere Absicht zu Grunde zu liegen, als eben diese, die Weisheit, die er lehrte, und was er zum Wohle der Menschheit wirken zu können hoffte, zum Gemeingut Aller zu machen. Schon seine Wirksamkeit bezeugt auf diese Weise den Universalismus seiner Denkweise. Ausdrücklich wird ihm aber auch in einem der unter seinem Namen noch vorhandenen Briefe, in dem vier und vierzigsten, an seinen Bruder Hestiäus gerichteten, in welchem er sich darüber beklagt, dass er, der von Andern wegen seiner Reden und seines Charakters für göttergleich, ja für einen Gott gehalten werde, in seinem Vaterlande, für welches er doch hauptsächlich berühmt zu werden gestrebt habe, unbekannt sei, unter der Anerkennung, dass keine Sophistik die eigenthümliche Gewalt hemmen könne, mit welcher alles Verwandte sich anzieht, die kosmopolitische Ansicht beigelegt: „Ich weiss gar wohl, wie schön es ist, die ganze Erde für sein Vaterland zu halten, und alle Menschen für seine Brüder und Freunde, da wir ja alle göttlichen Geschlechts sind, und von Einem Vater abstammen, und da in jeder Beziehung unter Allen eine allgemeine Gemeinschaft der Natur stattfindet, vermöge welcher ein jeder, wo und in welchen Verhältnissen er auch leben mag, sei er Barbar oder Grieche, doch immer Mensch ist.“ Ebenso scheint er in Ansehung des Inhalts seiner Lehre nichts Particularistisches beabsichtigt, und auf die sonst von den Alten und den Pythagoreern insbesondere gemachte Unterscheidung einer esoterischen und exoterischen Lehre wenigstens kein Gewicht gelegt zu haben. Die Vorträge, die er hielt, die Belehrungen, die er gab, hatten nichts Geheimes, sie wurden öffentlich gehalten, und Jeder, welcher wollte, konnte an ihnen theilnehmen. Man kann sogar auf die Vermuthung kommen, Philostratus wolle absichtlich der Voraussetzung begegnen, Apollonius habe in Hinsicht der Mittheilung religiöser und philosophischer Lehren das Geheimthun gebilligt. Eine Andeutung dieser Art könnte in folgender Erzählung liegen: Als Apollonius nach Athen gekommen war, wo er, da gerade die Zeit der Mysterienfeier war, sogleich die Aufmerksamkeit so sehr auf sich zog, dass Vielen der Umgang mit ihm mehr am Herzen lag, als die Theilnahme an den Mysterien, weigerte sich der

Hierophant, ihm den Zutritt zu gestatten, weil ihm nicht erlaubt sei, einen Zauberer aufzunehmen, oder das Heiligthum von Eleusis einem Manne zu öffnen, der sich durch den Verkehr mit Dämonen befleckt habe. Apollonius aber antwortete: die grösste Beschuldigung, die ihm gemacht werden könne, sei nicht berührt, dass er nemlich von den Weihen mehr wisse, als der Hierophant. Scheint hier nicht absichtlich eine gewisse Geringschätzung der Mysterien und ihrer geheimen Weisheit ausgesprochen zu sein? Wie unwürdig erscheint der Hierophant, der doch der Verwalter der heiligen Geheimnisse sein soll! Auch bei den indischen Weisen lässt nach der von ihnen gegebenen Schilderung nichts auf den Grundsatz schliessen, dass gewisse Lehren nicht allgemein mitgetheilt werden sollen, vielmehr wird (III. 24) ausdrücklich dem Jarchas die Aufforderung in den Mund gelegt, auch den Damis der Geheimnisse, über welche er sich mit Apollonius unterredete, zu würdigen. Bei den babylonischen Magiern dagegen, die den indischen Weisen weit nachgesetzt werden, war es nur Apollonius, der mit ihnen Umgang hatte, und er hatte dem Damis ausdrücklich verboten, ihn zu begleiten, wenn er zu ihnen ging (I. 26). Viel werth sei es, behauptete Apollonius (VI. 18), die Weisheit nicht zu verbergen, und er erklärte es für seinen Lebensberuf, alle Weisheit, die ihm selbst mitgetheilt worden, an allen Orten auch Andere zu lehren. Der engere Kreis von Jüngern, die Apollonius um sich sammelte, und die Gemeinde (*τὸ κοινὸν*) nannte (IV. 34), war zwar nach pythagoreischer Weise in Schweigende und Sprechende getheilt (V. 43), und nach I. 16 verrichtete Apollonius, wenn die Sonne aufging, Einiges für sich, was er nur denen kund werden liess, die sich in vierjährigem Schweigen geübt hatten; es findet sich aber sonst keine Andeutung davon, dass er in Hinsicht der Belehrungen, die er seinen Schülern ertheilte, einen tiefer eingreifenden Unterschied gemacht hätte.*) Die Probezeit, die seine Schüler

*) Die Voraussetzung der Absicht, den Pythagoreismus populärer zu machen, und seinen symbolisch-mystischen Charakter als das minder Wesent-

bestehen mussten, ehe sie als seine ächten Schüler betrachtet werden konnten, sollte nur die sittliche Kraft erproben, ohne welche die wahre Weisheit nicht geübt werden kann. Daher konnte er bei den Schülern, die er zur Seite hatte, nur eine solche Absicht haben, die ihm die allgemeinere Anerkennung und festere Begründung der Lehren und Grundsätze, von welchen er eine neue Anregung des religiös-sittlichen Lebens erwartete, auch für die fernere Zukunft verbürgte.

Apollonius musste als religiös-sittlicher Reformator, der Natur der Sache nach, in einen gewissen Gegensatz zu der ihn umgebenden Welt treten. Der Zweck seines Wirkens war, der Unwissenheit und Gleichgültigkeit in göttlichen Dingen, den sittlichen Mängeln und Gebrechen, die unter seinen Zeitgenossen herrschten, den verschiedenartigen Verirrungen, die er bei Einzelnen da und dort wahrnahm, so viel er vermochte, zu begegnen, um dadurch das Missverhältniss aufzuheben, in welchem die Menschen seiner Zeit zu der Idee stunden, die nach seiner Ansicht im menschlichen Leben realisirt werden sollte. Der Gegensatz, der durch ihn ausgeglichen werden sollte, hat aber noch eine neue Seite, von welcher er zu betrachten ist. Die Wirksamkeit des Apollonius war nicht blos eine religiöse und sittliche, sondern auch eine politische, und gerade in dieser Beziehung erscheint sie uns mit einem sehr

---

liche zurückzustellen, möchte auch durch die Stelle III. 30 eine Bestätigung erhalten. Als Apollonius bei den Indern achtzehn Weise sah, fragte er den Jarchas, was diese Zahl besage? Denn sie sei keine der Quadratzahlen, noch eine von denen, die sonst in Ehren stehen, wie die zehn, die zwölfe, die sechszehn und andere mehr. Hierauf versetzte der Inder: wir lassen uns nicht von der Zahl beherrschen, noch unterwirft die Zahl sich uns, sondern wir werden nach dem Maasse der Weisheit und Tugend geschätzt; daher sind unserer bisweilen mehrere als jetzt, bisweilen weniger. Desswegen werden von dem Inder auch die Eleer getadelt, dass bei ihnen für die Vorstände der hellenischen Spiele, die Hellanodiken, die Zahl zehn unverbrüchlich sei. Die Eleer würden weiser handeln, wenn sie in Rücksicht auf die Zahl bald dieses, bald jenes, in der Gerechtigkeit aber nur dasselbe befolgten. Offenbar enthält diese ganze Stelle eine Antithese gegen die Geheimnisse der pythagoreischen Zahlenlehre.

bestimmten Charakter. Das öffentliche Leben des Apollonius fiel in jene Periode, in welcher die Tyrannei, die auf dem römischen Kaiserthron ihren Sitz genommen hatte, sich in allen Gestalten einer auf diese Weise noch nie gesehenen Furchtbarkeit zeigt, und sich über die ganze von den Römern beherrschte Welt erstreckte. Eine in solchem Grade und in solchem Umfange auf den sittlichen und politischen Zustand der damaligen Welt einwirkende Erscheinung musste auch die Aufmerksamkeit des Apollonius auf sich ziehen, sie musste ein Hauptgegenstand seiner Thätigkeit werden, und diese selbst erhielt nun durch die eigenthümlichen Verhältnisse, in welche Apollonius zu einigen römischen Imperatoren kam, den Charakter eines ethisch-politischen Plans, dessen Realisirung er sich zur Aufgabe seines Lebens machte. Es ist der Gegensatz der Tyrannei und Freiheit, um welchen es sich in dieser Beziehung handelt. Apollonius versuchte ihn dadurch aufzuheben, dass er mit dem Muthe eines keine Gefahr scheuenden Weisen der Tyrannei entgegentrat, und durch alle Lehren und Grundsätze, die die wahre Philosophie darbieten kann, der Verfechter der Freiheit wurde. Welches Uebel die Tyrannei ist, zeigt, wie V. 27. und 32. bemerkt wird, schon die Reihe der nächsten Imperatoren, die auf den ersten Selbstherrscher, von welchem der römische Staat geordnet worden ist, folgten. Tiberius war es zuerst, der die Herrschaft in eine menschenfeindliche, grausame Gewalt umwandelte, nach ihm raste Cajus, wie im bacchischen Wahnsinn und lydischen Gewand, und als Sieger in Kriegen, die nicht da waren, gegen das Ganze des römischen Staats aufs schimpflichste, selbst der gutmüthige Claudius, der ein Liebhaber aller Art von Bildung zu sein schien, war kein guter Fürst, da er voll kindischer Neigungen das Reich Weibern preisgab. Vorzüglich aber sind es die beiden Imperatoren Nero und Domitian, in welchen sich die Tyrannei in allen ihren Gräueln darstellt. In welchem schroffen Gegensatz zu der Regierung solcher Fürsten die Denkweise des Apollonius stund, erhellt vor allem aus den feindlichen Maassregeln, die sie gegen die Philosophie, von welcher Apollonius alles Heil der Menschheit hoffte, ergriffen. „Was soll man von den unglückseligen Menschen sagen, die unter einem solchen Gräuel leben,“ ruft Apollonius (V. 7.) in Beziehung auf die unwürdige Rolle aus, die Nero in Griechenland spielte. „Xerxes wurde den Hellenen, als er ihr Land verbrannte, nicht verderblicher als Nero, der die Herrschaft durch Spannen und Nachlassen beschimpfte, mit seinem Gesange. Ganze Iliaden von Uebeln brachen über das Land herein, das er zum Schauplatz seiner Launen und Lüste machte.“ Damals jedoch fand, wie der Philosoph Demetrius in seiner Unterredung mit Apollonius (VII. 12.) sagt, noch einige Musse statt. „Wenn die Cithara den Nero in seiner Würde auch aus dem Takte brachte, so stimmte er doch das Uebrige nicht unerfreulich. Denn oft gebot er sich um ihretwillen Rast, und enthielt sich von Mord. Mich wenigstens hat er nicht getödtet, ob ich gleich durch deine und meine Reden das Schwerdt gegen mich aufforderte. Die Ursache aber, dass er mich nicht tödtete, war, weil damals seine Stimme an Wohlklang gewonnen hatte, und der Gesang ihm, wie er glaubte, auf eine glänzende Weise gelungen war. Aber jetzt, welchem Wohlklange, welcher Cithara werden wir opfern? Denn entfremdet den Musen ist alles und voll von Galle, und weder durch sich, noch durch andere möchte er (Domitian) besänftigt werden.“ Nur darin unterschieden sich Tiberius und Domitian von Nero, dass sie der Tyrannei noch einen gewissen Anschein des Rechts zu geben suchten. Das Verfahren der Tyrannei ist nämlich, wie Apollonius (VII. 14) erörtert, ein zweifaches. Entweder tödtet sie ohne Urtheil und Recht, oder in Folge eines gerichtlichen Verfahrens; bei jenem gleicht sie den giftigsten und schnellwirkenden Thieren, bei diesem den schwächern und heimtückischen. Wie gewaltthätig beides ist, sieht jeder, wenn er den Nero als Beispiel des hitzigen und rechtlosen, den Tiberius als Beispiel des hinterlistigen Verfahrens nimmt. Beide vernichteten: der Eine ehe man es erwartete, der Andere nach langer Furcht. Ich halte aber diejenigen für gewaltthätiger, die sich das Ansehen geben, als sprächen sie Recht und entschieden nach den Gesetzen. Denn sie thun nichts, was diesen gemäss wäre, und entscheiden ebenso, wie die, welche ohne Untersuchung verdammen, indem sie die zögernde Befriedigung ihres Zornes Gesetz nennen. Dadurch aber, dass die Unglücklichen in Folge eines Urtheilspruchs sterben, wird ihnen das Mitleid der Menge entzogen, das man den Opfern der Ungerechtigkeit als eine Todtengabe darbringen soll. In dieser Art der Tyrannei erkenne ich also einen gerichtlichen Anstrich, sie scheint mir aber in das Rechtlose auszugehen." Auf dieselbe Weise verfuhr auch Domitian, wie er gegen Apollonius selbst bewies (VII. 18). Einer auf solche Weise sich äussernden Tyrannei mit allen Kräften entgegenzuwirken, betrachtete Apollonius als die Hauptaufgabe seines Lebens. Obgleich er, unter der Obhut der Götter lebend, für seine Person sich um keine Verfassung kümmerte, so wollte er doch nicht, dass die Heerde der Menschen aus Mangel eines gerechten und weisen Hirten zu Grunde gehe (V. 35). Für diesen Zweck setzte er sich mit den Männern, die sowohl nach ihren äussern Verhältnissen in der Lage zu sein schienen, der Tyrannei der herrschenden Imperatoren ein Ende zu machen, als auch durch ihre Gesinnungen und Grundsätze zu weit bessern Hoffnungen berechtigten, in vertraute Verbindung. Schon dem Aufstande des Vindex blieb er nicht fremd, und ergriff so gleichsam die Waffen für Rom (V. 10). Doch fand er nach der schnellen Unterdrückung desselben, und nachdem Galba und Otho nur dem nichtswürdigen, in aller Ueppigkeit berauschten Vitellius, einem zweiten Nero, gewichen waren (V. 33), erst in Vespasian den Mann, um welchen er zuvor schon die Götter bat, als er um einen Kaiser betete, der gerecht, edel, mässig, mit grauen Haaren geschmückt und ein ächter Vater wäre. Nach der Darstellung des Philostratus war es Vespasian selbst, welcher, sobald er sich der Grenze Aegyptens genähert hatte, sich nach dem gerade damals um die Besserung der Aegyptier bemühten Tyaneer erkundigte und sich von ihm gleichsam die Kaiserkrone aufsetzen liess (V. 27. 28.). Die Gründe, durch welche Vespasian seine Unternehmung gegen Vitellius rechtfertigte, die Grundsätze, die er dabei aussprach, die Erklärung, die er gab, dass er den Gräueln nicht ruhig zusehen könne, welchen die Römer unter einem Herrscher, wie Vitellius, unterworfen seien, sondern nur die Götter zu Führern nehme, und sich als einen sich selbst gleichen Mann zeigen wolle, und desswegen in Apollonius, von welchem man sage, dass er das Meiste von göttlichen Dingen wisse, eine Stütze und einen Mitberather von Sorgen, auf welchen Erde und Meer beruhen, zu erhalten wünsche, alles diess war so sehr nach dem Sinne des Apollonius, dass er im Hinblick auf die Gefahr, die gerade damals im Kampf der Parteien dem Kapitolium drohte, begeistert ausrief: „Kapitolinischer Zeus (denn in dir erkenne ich den Ordner der gegenwärtigen Dinge), bewahre dich für diesen Mann, und ihn für dich!" In der Unterredung, die hierauf Vespasian sowohl mit Apollonius, als auch mit den beiden Begleitern desselben, Euphrates und Dion, hatte, wurde die beste Weise zu regieren besprochen. Obgleich auch Euphrates und Dion das Unternehmen Vespasians gegen Vitellius lobten, so waren sie doch darüber, was nach dem Sturze des Tyrannen geschehen sollte, weder unter sich, noch mit Apollonius ganz einverstanden. Euphrates war der Meinung, für die Römer habe die Demokratie den grössten Werth, und vieles von dem, was sie besitzen, sei unter jener Verfassung erworben worden. Desswegen forderte er den Vespasian auf, der Alleinherrschaft, von welcher er selbst so schlimme Dinge gesagt habe, ein Ende zu machen, dem Volke die Freiheit zu geben, und sich selbst den Ruhm zu erwerben, die Freiheit begonnen zu haben (V. 33). Dion setzte zwar die Demokratie der Aristokratie nach, fürchtete aber, dass die bisherigen tyrannischen Regierungen die Römer so geschmeidig gemacht haben, dass eine Umwandlung dadurch erschwert werde, und sie weder die Freiheit geniessen, noch zu der Demokratie aufblicken können, wie Leute, die nach der Finsterniss plötzlich das Licht erblicken. Er rieth daher dem Vespasian, nach dem Sturz des Vitellius den Römern die Wahl ihrer Verfassung frei zu lassen. „Wählen sie dann die Demokratie, so gieb ihnen nach. Diess wird glorreicher für dich sein, als alle Tyrannei und alle olympischen Siege; überall in der Hauptstadt wird dein Name prangen; überall wirst du in Erz aufgestellt werden, und uns wirst du Stoff zu Reden verleihen, in denen kein Harmodius noch Aristogeiton dir gleichgestellt werden wird. Ziehen sie aber die Monarchie vor, wem anders als dir könnte dann die Stimme des ganzen Volks die Herrschaft ertheilen? Denn das, was du hast, und freiwillig aus den Händen giebst, werden sie dir eher, als jedem andern verleihen (V. 34)." Im Gegensatz gegen diese beiden Ansichten erklärte Apollonius: Wenn er die Macht besässe, wie Vespasian, und sich beriethe, was er den Menschen Gutes erweisen möchte, und ihm ein solcher Rath ertheilt würde, so würden solche Worte Erfolg haben. Denn durch philosophische Gedanken werden philosophische Zuhörer belehrt. Aber in der Berathung mit einem Consular, mit einem Manne, der gewohnt sei, zu herrschen, und dann, wenn er die Herrschaft verliere, den Untergang erwarte, dürfe man diesen nicht tadeln, wenn er die Anerbietungen des Glücks nicht von sich stosse, sondern das, was ihm von selbst kommt, annehme, und nur darüber Rath verlange, wie er das, was er habe, am Weisesten benützen solle. Vespasian könne, nach seinen Verhältnissen, von der einmal erlangten Herrschaft nicht mehr als Privatmann zurücktreten. Ueberdiess aber können sich in dem persönlichen Charakter des Regenten die Aristokratie und Monarchie mit der Demokratie ausgleichen. Denn wie sich durch einen an Tugend vorragenden Mann die Demokratie in die Herrschaft des Einen vorzüglichsten Mannes umwandelt, ebenso werde die Alleinherrschaft, wenn sie in allem das gemeinsame Wohl beachte, zur Volksregierung. In den Regierungsregeln, die hierauf Apollonius auf die Bitte Vespasians demselben ertheilte, empfahl er ihm besonders, den Reichthum weise zu gebrauchen, den feindlichen Sinn, wie die Dornen auf dem Fruchtacker, auszurotten, den Unruhstiftern durch Furcht vor der Züchtigung sich furchtbar zu machen, sich selbst vom Gesetz beherrschen zu lassen, in dem, was der Herrschaft zusteht, als Fürst zu handeln, in dem, was den Leib angeht, als Privatmann, die in Rom einheimischen Lüste, deren viele Arten seien, allmählich mit Mässigung zu unterdrücken, weil es schwer sei, ein Volk plötzlich gesittet zu machen, und man die Gesinnungen allmählich zur Ordnung gewöhnen müsse, indem man Einiges öffentlich, Anderes unvermerkt bessere (V. 35. 36). Apollonius missbilligte es zwar sehr, dass Vespasian die den Griechen von Nero durch einen Beschluss, in welchem er sich selbst übertraf, ertheilte Freiheit, vermöge welcher nun die Städte zu dorischen und attischen Sitten zurückkehrten, und alles sich in der Eintracht der Städte zu einem Glücke, das Hellas lange nicht genossen hatte, verjüngte, ihnen wieder entzog, im Ganzen aber bezeugte er seine Zufriedenheit mit der Regierungsweise Vespasians (V. 41). In demselben Verhältnisse, wie zu Vespasian, stund Apollonius auch zu Titus (VI. 29—34). Als aber der dritte dieser Flavier, Domitian, statt in des Vaters und Bruders Fusstapfen zu treten, sich den Tiberius und Nero zum Vorbild nahm, und den letztern sogar noch übertraf, indem er verschmähend die Lust an Musik und den Werkzeugen der Musik, die den Zornmuth schwächen, dagegen den Schmerz der Menschen und ihren Jammer zur Ergötzung beizog, das Misstrauen der Völker gegen die Tyrannen und der Tyrannen gegen alle ein Verwahrungsmittel nannte, und von der Nacht meinte, sie müsse dem Herrscher alle Geschäfte enden, aber das Morden beginnen, als in Folge dieser Tyrannei der Senat seiner angesehensten Glieder beraubt, die Philosophie und ihre Freunde in solchen Schrecken gesetzt wurden, dass sie ihre Tracht von sich warfen, und zum Theil in das Abendland der Celten entliefen, zum Theil in die Wüsten von Libyen und Scythien, Einige sich auch zu Reden verführen liessen, die das Verbrechen billigten; da hielt es nun auch Apollonius für seine Pflicht, der Tyrannei in dieser neuen Gestalt um so kräftiger entgegen zu treten. Wie Tiresias bei Sophokles von sich sagt:

Nicht Dir ein Diener leb' ich, nein, dem Loxias (Oed. Tyr. v. 410).

so blieb er, der sich die Weisheit zur Herrin genommen hatte, bei Domitians ungestümer Gewalt frei, indem er des Sophokles und des Tiresias Wort auch sich zurief, und ohne etwas für sich zu fürchten, voll Mitleid war über dasjenige, was Andern Verderben brachte. Daher regte er gegen Domitian die ganze Jugend des Senats auf, und vereinigte alle Intelligenz, die er bei Einigen von ihnen sah, indem er die Völker besuchte, und die Führer belehrte, dass die Macht der Tyrannen nicht unsterblich sei, und dass eben die Furcht, die sie einflössen, ihnen Verderben bringe. Er erzählte ihnen von den attischen Panathenäen, bei denen Harmodius und Aristogeiton gefeiert werden, und die von Phyle ausgegangene That, welche dreissig Tyrannen auf einmal stürzte. Auch die vaterländischen Geschichten der Römer erzählte er ihnen, wie auch diese zur Zeit der Volksherrschaft die Tyrannei mit gewaffneter Hand vertrieben (VII. 4). Er selbst aber wollte der Tyrannei Domitians am Kräftigsten dadurch entgegenwirken, dass er durch sein eigenes Beispiel zeigte, wie der wahre Weise über alle Schrecknisse der Tyrannen erhaben sei. Es gehörte diess sehr wesentlich zu dem ethisch-politischen Plane, dessen Realisirung sein Leben geweiht sein sollte; wir werden aber unter einem andern Gesichtspunkt darauf zurückkommen.

Wer als religiös-sittlicher Reformator wirken will, muss in seiner eigenen Person die Idee, die durch seine Thätigkeit realisirt werden soll, in concreter Anschauung darstellen, so dass die eigenthümliche Thätigkeit eines auf solche Weise ausgezeichneten Mannes der Würde und Bedeutung seiner Person vollkommen parallel ist. Um daher den Apollonius nach den verschiedenen Seiten seines Wesens zu betrachten, müssen wir ihn auch unter diesen Gesichtspunkt stellen, und das Ideal ins Auge fassen, das in seiner Person aufgestellt ist. Es erscheint uns in folgenden Hauptzügen:

1) Wie sehr er sich intellectuell durch sein höheres Wissen über die gewöhnlichen Menschen erhebt, ist schon früher gezeigt worden. Hier ist hauptsächlich noch darauf aufmerksam zu machen, wie sich alles Wissen seiner Zeit in göttlichen und

menschlichen Dingen in ihm, wie in einem gemeinsamen Mittelpunkt, vereinigte. Die ausgedehnten Reisen, in welchen er den grössten Theil seines Lebens hinbrachte, sollten zwar, soweit sie nicht seine eigene Bildung bezweckten, zunächst das Mittel zur Realisirung der Zwecke seiner reformatorischen Thätigkeit sein, sie stehen aber auch in naher Beziehung zu der idealischen Bedeutung, die seine Person haben sollte. Da er schon bei dem Antritt seiner Reisen sich als den durch sich selbst vollendeten Weisen darstellt, selbst den indischen Weisen gegenüber nicht blos in dem untergeordneten Verhältniss eines Schülers erscheint, so sollten seine Reisen ihn nicht erst zu dem Manne bilden, der er sein sollte. Sie konnten daher gleichsam nur den formellen Zweck haben, zu einer Vergleichung seiner Weisheit mit jeder andern berühmten Weisheit Gelegenheit zu geben, und seine Weisheit auf diese Weise als die von allen Seiten erprobte, durch Zeugnisse aus allen Ländern und Völkern bestätigte, erscheinen zu lassen. Er habe, äusserte er gegen die indischen Weisen, die Reise nach Indien um ihrer willen unternommen, wie noch kein anderer Mensch des Landes, aus welchem er gekommen, in der Ueberzeugung, dass sie mehr wissen, als er, ihre Kenntnisse um vieles tiefsinniger, und um vieles göttlicher seien, sollte er aber bei ihnen nicht mehr finden, als er selbst wisse, so werde er wenigstens wissen, dass sie nichts wissen, was er lernen könnte (III. 16). Und wenn er auch erst von den Indern mit der ganzen Fülle der Weisheit ausgestattet, und durch ihre Weisheit über alles belehrt, was er für sich angemessen fand, seiner Lehrer eingedenk, umherzog, und nur das zu lehren behauptete, was er von ihnen gehört hatte (VI. 18), so konnten doch seine weitern Reisen nicht mehr denselben Zweck haben, und er wandert nicht mehr als Schüler, sondern nur als Lehrer von Land zu Land, von Volk zu Volk, obgleich angezogen von allem, was seit alter Zeit in vorzüglichem Rufe der Weisheit stand, wie er z. B. zu den Säulen des Herakles auch aus dem Grunde reiste, weil er etwas von der Philosophie der Bewohner jener Gegenden gehört hatte, und dass sie in der Kenntniss des Göttlichen weit vorangeschritten seien (IV. 47). Indem er nun auf diese Weise nicht blos alle philosophische und religiöse Weisheit der alten Welt, sondern auch alles, was sonst in den von ihm durchwanderten Ländern und Völkern wissenswerth war, kennen lernte, und in sich aufnahm (was der gewandte und kunstreiche Schriftsteller sehr glücklich benützte, um sein Werk zugleich durch den Reiz der Mannigfaltigkeit und den Reichthum seines vielfach belehrenden Inhalts zu einem ausgezeichneten Denkmal seiner Zeit zu machen), wurde er dadurch von selbst der lebendige Spiegel, in welchem sich alles Wissenswürdige seiner Zeit reflectirte*). Er war der Weise, der in seinem Bewusstsein die ganze Welt umfasste, und durch sein höheres, auch prophetisch erhelltes, Wissen über alle andere Menschen so hoch erhaben war, dass er in Einem Blick Vergangenheit, Gegenwart und Zukunft auf gleiche Weise durchschaute, der lichte intelligente Mittelpunkt, in welchem sich

*) Es ist daher ein in jeder Beziehung, auch in ästhetischer, unbegründetes Urtheil, wenn Huetius S. 674 sagt: *Quorsum ambitiosi illi excursus, et importunae dissertationes de rebus ad Apollonium haudquaquam pertinentibus? — De mirabilibus Mediae et Aethiopiae? — Quorsum otiosae illae disputationes?* Desswegen sei bei Philostratus eine Hauptursache zur Abfassung des Werks gewesen *vana collectae per otium eruditionis expromendae ac ostentandae cupiditas.* — Sehr gut stimmt mit der oben dargelegten Ansicht von den Reisen des Apollonius die geographische Einheit zusammen, durch die sie ein Ganzes bilden. Sie umfassen die ganze cultivirte Welt so, dass die beiden Hauptpunkte auf der einen Seite im fernen Osten Indien, auf der andern Seite im fernen Westen Aethiopien sind. Diese Einheit, vermöge welcher die Reisen des Apollonius einen dem Laufe der Sonne (die I. 31 von ihm angerufen wird, ihn zu senden so weit auf der Erde, als es ihm und ihr gut dünke) entsprechenden Cyklus beschreiben, deutet Philostratus selbst (VI. 1) durch die geographische Bemerkung an: Aethiopien nimmt von der ganzen unter der Sonne liegenden Erde das abendliche Horn ein, wie die Inder das gegen Morgen. Es breitet sich nämlich, wie Jacobs zu dieser Stelle bemerkt, nach der Vorstellung der Alten die Erdscheibe nach beiden Weltgegenden gleichsam in zwei Flügel oder Hörner aus, von denen der westliche Theil oberhalb Aegyptens und Lybiens von Aethiopiern, der östliche, jenem gegenüber gelegene, von Indern bewohnt ist.

alle Strahlen des Wissens von allen Seiten zum klarsten und inhaltsreichsten Bewusstsein concentrirten, ein Ideal des Wissens und Erkennens, welchem gegenüber nach dem Sinne des Schriftstellers die ganze Geschichte der Menschheit nichts ähnliches aufzuweisen hatte*).

2) Dasselbe Ideal stellte Apollonius in praktischer Hinsicht als der in gleichem Grade vollendete Weise dar. Die Lebensweise, die die pythagoreische Philosophie ihren Beken-

---

*) Dass jenes höhere Wissen als die Grundeigenschaft zu denken ist, die den Weisen zu einem wahrhaft göttlichen Wirken befähigt, liegt in folgender Stelle (III. 42): Als einst von der Vorkenntniss der Dinge die Rede war, und Apollonius dieser Weisheit einen grossen Werth beilegte, und die meisten Gespräche hierauf hinzielten, lobte ihn Jarchas desshalb und sagte: „diejenigen, welche sich an der Mantik erfreuen, trefflicher Apollonius, werden durch sie zu göttlichen Menschen, und handeln für das Wohl Anderer. Denn wer das, was man sonst durch Orakel auffindet, von sich selbst weiss, und Andern, was sie nicht wissen, vorhersagen kann, den halte ich für einen höchst seligen Mann, indem er gleiche Kunst mit dem delphischen Apollo hat. Und da die Kunst denen, die einen Gott befragen wollen, gebietet, rein in seinen Tempel zu treten, oder ein „Weiche aus dem Heiligthum" zu vernehmen, so scheint mir auch der Mann, welcher das Künftige voraus weiss, sich gesund zu bewahren, keinen Flecken an seiner Seele, noch Narben von seinen Sünden in seinem Gemüthe zu haben; sondern er wird sich selbst und das Orakel in seiner Brust vernehmend, mit reinem Sinne weissagen: denn so werden seine Sprüche heller und wahrhafter sein. Daher darf man sich nicht wundern, dass du diese Wissenschaft umfassest, da in deiner Seele ein so heiterer Aether strahlt." Als Mantik genommen ist demnach jenes höhere Wissen theils das Kriterium einer vertrauteren Verbindung mit der Gottheit, theils das Mittel, mit reinem gottgefälligem Sinn zu wirken. In beiden Beziehungen gleicht ein solcher Weiser dem delphischen Apollon, der als Gott der Mantik das reine Organ der Gottheit ist, und die Menschen lehrt, was sie thun sollen. Daher der hohe Werth, welchen die Pythagoreer der *μαντικὴ* beilegten. Vgl. Jambl. De vita pythag. c. 28.: *δῆλον, ὅτι ταῦτα πρακτέον, οἷς τυγχάνει ὁ θεὸς χαίρων. Ταῦτα δὲ οὐ ῥᾴδιον εἰδέναι, ἂν μή τις ἢ θεοῦ ἀκηκοότος ἤ θεοῦ ἀκούσῃ, ἢ διὰ τέχνης θείας πορίζηται. Διὸ καὶ περὶ τὴν μαντικὴν σπουδάζουσι (οἱ Πυθαγόρειοι) μόνη γὰρ αὕτη ἑρμηνεία τῆς περὶ τῶν θεῶν διανοίας ἐστί.* — Ueber die Mantik und ihren Zusammenhang mit der *ἰατρικὴ* vgl. auch III. 44.

nern als die einzig heilige, gottgefällige, des Weisen würdige vorschrieb, wurde von ihm mit grösserer Strenge, als von irgend einem andern befolgt. Wie Pythagoras (I. 1) und wie die indischen Weisen, die den Göttern befreundet nichts thun, was von dem Göttlichen abweicht (III. 25. 26), enthielt sich auch Apollonius, sobald er von höherer Macht beflügelt, der Lebensweise des Pythagoras nachstrebte, aller thierischen Nahrungsmittel, weil sie unrein seien und den Verstand umnebeln; nur Obst und Gemüse ass er, indem er alles, was die Erde von selbst bietet, für rein erklärte. Auch der Wein, sagte er, sei zwar ein reiner Trank, indem er den Menschen aus einem so milden Gewächse komme, aber er widerstrebe der ruhigen Ordnung des Verstandes, indem er den klaren Aether in der Seele verfinstere (I. 8). Nach dieser Reinigung des Unterleibs, mit welcher er, wie die Aerzte, begann, um den Einen gesund zu erhalten, den Andern zu heilen, nahm er sich die Barfüssigkeit zum Schmuck, legte, jede Bekleidung von Thieren verschmähend, ein linnenes Kleid an und liess das Haupthaar wachsen (I. 8). Das Gebot des Pythagoras, dass ein Mann zu keinem andern Weibe gehen solle, als zu seinem eigenen, liess er nur für andere gelten, er selbst aber wollte weder heirathen, noch den Genuss der Liebe suchen, worin er auch den Sophokles überbot; denn dieser sagte, er sei einem wüthenden und wilden Gebieter entflohen, nachdem er zum Alter gelangt war, Apollonius aber durch Tugend und Sittsamkeit geschützt, unterlag selbst als Jüngling nicht, sondern siegte, als er noch jung und von starkem Körper war, über den Wüthende und beherrschte ihn. Nur schnöde Verläumdung konnte ihm Liebeshändel schuld geben: er ist nie in die Leidenschaft der Liebe verfallen, und selbst Euphrates hat diese Beschuldigung nicht gegen ihn vorgebracht (I. 13, vgl. VI. 42). Wie er mit diesen Grundsätzen sein öffentliches Leben begann, so blieb er ihnen in seinem ganzen Leben stets getreu. Es mag daher hier seine Stelle finden, was er selbst, auch wegen seiner Lebensweise vor Domitian angeklagt, in seiner Apologie hierüber sagt (VIII. 7. 4): „Der Ankläger hat im Anfange seiner Rede von der Tracht gehandelt, und, bei Gott, auch von dem, was ich esse und nicht esse. Hier übernimm du, göttlicher Pythagoras, meine Vertheidigung. Denn ich soll gerichtet werden über das, was du erfunden hast, und ich billige. Die Erde, o Kaiser, erzeugt den Menschen alles, und wenn sie im Frieden mit den Thieren leben wollen, bedürfen sie nichts. Denn Einiges pflücken sie von ihr, Anderes gewinnen sie durch den Ackerbau, und sie nährt uns mütterlich, wie es den Zeiten angemessen ist. Die Menschen aber gleichsam die Stimme der Erde nicht hörend, schärfen das Messer gegen die Thiere, der Kleidung und Nahrung wegen. Diess missbilligen nun die indischen Brachmanen, und haben auch die Gymnosophisten der Aegyptier gelehrt, dieses nicht zu billigen. Von da ging Pythagoras aus — er war von den Hellenen der erste, der mit den Aegyptiern verkehrte — und überliess die beseelten Wesen der Erde, nährte sich aber mit dem, was diese erzeugt, als mit einem reinen Stoffe, der ebenso tauglich ist, den Leib als den Geist zu nähren; und da er auch die Kleidung von thierischen Stoffen, welche die Menge trägt, für unrein hielt, bekleidete er sich mit Linnen, und flocht aus demselben Grunde die Beschuhung aus Bast. Von dieser Reinheit zog er vielfältigen Vortheil; zuerst aber, dass er seine eigene Seele empfand. Denn geboren zu der Zeit, wo Troja um der Helena willen Krieg führte, war er der schönste von den Söhnen des Panthus, und am schönsten gekleidet, starb aber so jung, dass er auch dem Homer Thränen entlockte. Nachdem er nun nach der Satzung der Adrastea, welche die Seele im Wechsel befolgt, in mehrere Körper übergegangen war, kehrte er in die menschliche Gestalt zurück, und kam auf die Welt als Sohn des Samiers Mnesarchides, wurde ein Weiser aus einem Barbaren, ein Jonier aus einem Trojaner, und auf eine solche Weise unsterblich, dass er nicht vergass, Euphorbus zu sein. Dieser war also der Stammvater meiner Weisheit, und was ich habe, habe ich nicht selbst erfunden, sondern von einem andern geerbt. Darum klage ich die Freunde des Wohllebens nicht wegen des Purpurvogels an, noch wegen der Hühner vom Phasis, oder der päonischen, welche von denen, die alles für ihren Bauch thun, gemästet werden; auch habe ich niemanden vor Gericht gezogen wegen der Fische, die sie theurer kaufen, als die Vornehmen sonst ein Ross von edlem Stamm, auch keinem seinen Purpur, keinem sein pamphylisches oder weiches Gewand beneidet. Ich aber, ihr Götter, werde wegen Asphodelus und Knakwerk und reiner Zukost angeklagt. Aber auch mein Kleid bleibt nicht unangefochten, sondern der Ankläger zieht mir auch dieses aus, als für Zauberer von grossem Werth. Nimmt man nun aber den Unterschied zwischen dem Beseelten und Unbeseelten weg, wesshalb ein Stoff für rein oder unrein gilt, worin ist denn die Leinwand besser als die Wolle? Diese wird von dem sanftesten Thier genommen, einem Thiere, das selbst den Göttern werth war, die es zu weiden nicht verschmähen; ja sogar mit Gold haben es die Götter oder die Sagen geschmückt, Lein aber wird gesäet, wie der Zufall will, und von Gold ist dabei keine Rede. Gleichwohl, weil das Linnen nicht von etwas beseeltem genommen wird, halten es die Inder, halten es die Aegyptier für rein, mir aber und dem Pythagoras dient es als würdiger Schmuck beim Gespräch, beim Gebet, beim Opfer. Auch die Nacht unter Leinwand zuzubringen, ist der Reinheit gemäss. Denn die Träume führen denen, die meine Lebensart befolgen, wahrhaftere Weissagung zu*)." Wir dürfen jedoch keineswegs nur

---

*) Bemerkenswerth ist dabei auch der Gegensatz gegen den Cynismus, mit welchem jene reine und einfache Lebensweise nichts gemein haben sollte. Apollonius sah im Cynismus eine Uebertreibung, welcher nur Hochmuth zu Grunde lag. Die Lobredner des Cynismus sind die äthiopischen Gymnosophisten, die auch hierin einen Contrast mit den indischen Weisen bilden wollten. Thespesion vergleicht (VI, 10) die äthiopische und indische Weisheit mit der Tugend und Wollust, die dem Herakles auf dem Scheidewege erschienen. „Unsere Weisheit sage dir, es gezieme dir, auf blosser Erde im Schmutze zu liegen, dich nackt, wie wir, und arbeitsam zu zeigen, das, was dir ohne Arbeit zufällt, weder für lieb noch angenehm zu halten, nicht prahlerisch zu sein, noch aufgeblasen." Dagegen sagt

bei dieser äussern Reinheit und Heiligkeit des Lebens stehen bleiben. Sie hängt ja ihrer Natur nach aufs engste mit Gesinnungen und Grundsätzen zusammen, in welcher die die Sinnlichkeit beherrschende, das Gemüth in seiner Ruhe und Klarheit erhaltende Kraft des Geistes sich aufs schönste bewährt. Alle Tugenden, die zur sittlichen Vollkommenheit des pythagoreischen Weisen gehören, vor allen die Tugenden der Selbstbeherrschung und Mässigung, der Unterdrückung sinnlicher Triebe und Leidenschaften, der Verachtung aller äussern Güter zeichnen auch den Apollonius in hohem Grade aus. Sein Leben ist frei von allen Flecken, die dem gewöhnlichen Menschen anhängen. Mit welchen schlagenden Beweisen kann er alle Beschuldigungen, mit welchen die Verläumdungssucht erbitterter Feinde seine Unschuld und die sittliche Reinheit seines Charakters anzutasten gewagt hatte, von sich zurückweisen! Wie rein erhielt er sich von den den Alten so gemeinen Erbfehlern, welchen auch berühmte Weise nicht selten unterlagen! Nie hat er seine Hände mit niedrigem Gewinn beschmutzt, nie irgend eine Gelegenheit, die sich ihm in seinen Verhältnissen verführerisch genug darbieten konnte, zur Befriedigung selbstsüchtiger Neigungen benützt. Gegen diesen Verdacht rechtfertigte er sich in seiner Apologie (VIII. 7, 11): „Gedenke, o Kaiser, an dich selbst, und an die, welche vor dir regiert haben, an deinen Bruder meine ich, deinen Vater und Nero. Denn unter diesen Kaisern habe ich öffentlich gelebt, da ich die andere Zeit bei den Indern war. Während dieser acht und dreissig Jahre (denn so lange ist es bis auf

---

Apollonius VI, 11 „auch die Barfüssigkeit und die Kutte (τρίβων) und der angehängte Ranzen ist eine Erfindung des Schmuckes. Denn sogar nackt zu gehen, wie ihr, gleicht zwar einer einfachen und schmucklosen Tracht, ist aber auch um des Schmuckes willen angenommen, und hängt mit ihm durch jenen andern Hochmuth zusammen.“ Anspielung auf einen Ausspruch des Diogenes, welchen Aelian Var. Hist. IX. 34 meldet: Als er zu Olympia rhodische Jünglinge in reicher Kleidung sah, sagte er: das ist Hochmuth. Da er aber Lacedämonier in schlechten schmutzigen Kutten sah, sagte er: das ist ein anderer Hochmuth.

deine Regierung) habe ich nie die kaiserlichen Schwellen betreten, ausser in Aegypten bei deinem Vater, weil er damals noch nicht Kaiser, und wie er sagte, um meinetwillen nach Aegypten gekommen war. Nie hab' ich ein unfreies Wort zu den Kaisern, nie über die Kaiser zu den Völkern gesprochen; nie hab' ich mich mit Briefen gebrüstet, welche die Kaiser an mich schrieben, oder ich mich an sie zu schreiben rühmte; noch bin ich mir selbst untreu geworden, indem ich den Kaisern wegen eines Geschenkes schmeichelte. Fragst du mich also, zu welcher Classe ich mich rechne, ob zu den Reichen oder zu den Armen, so werde ich antworten: zu den Allerreichsten; denn dass ich nichts bedarf, ist mir ein Lydien und ein Reichthum des Pactolus. Wie hätte ich also von denen, die noch nicht Kaiser waren (von Nerva und seinen Freunden) in der Zeit, wo ich sie auf dem Throne zu sehen hoffte, Geschenke erwarten mögen, da ich niemals Geschenke von Euch genommen habe, die ich in der Herrschaft befestigt glaubte? oder wie sollte ich auf Veränderungen der Regierung gedacht haben, da ich nicht einmal die bestehenden zur Vermehrung meines Ansehens benützte?" Wie er in Beziehung auf seine Person nur als der selbstgenügsame, über alle Bedürfnisse und Neigungen gewöhnlicher Menschen erhabene Weise erscheint, so zeigte er sich in seinem Verhältniss zu andern überall als den von der reinsten Liebe beseelten Menschenfreund, der der Gottheit dienend, deren sichtbares Abbild der vollkommene Weise sein soll, sich nur dem geistigen und leiblichen Wohle der Menschheit weiht, und daher auch von den ausserordentlichen Gaben und Kräften, mit welchen er vor andern Sterblichen ausgestattet ist, keinen edlern Gebrauch zu machen weiss, als für den Zweck, die Noth der Leidenden zu lindern, den Zustand des gesellschaftlichen Lebens zu verbessern, und durch das Vertrauen, das er sich dadurch gewann, seiner religiös-sittlichen Thätigkeit einen um so weitern und erfolgreichern Wirkungskreis zu verschaffen. Alle diese Vorzüge und Tugenden werden von dem Schriftsteller absichtlich durch den Contrast mit verschiedenen Männern, mit welchen wir den Apollonius in Berührung kommen sehen, noch mehr gehoben und ins Licht gesetzt.

3) In seiner wahren Grösse kann der vollendete Weise nur dann erscheinen, wenn er auch die Schrecknisse des Todes überwindet. Die ganze Bedeutung seines Lebens muss sich in den Moment der grössten Verachtung des Todes zusammendrängen. Soll daher Apollonius das lebendige Bild des wahren Weisen sein, so muss er auch in dieser Beziehung in einem idealischen Lichte erscheinen. Dazu bot sich ihm in den Verhältnissen seines Lebens alle Gelegenheit und Aufforderung dar, und wenn er nach der seine ethisch-politische Wirksamkeit leitenden Idee der Verfechter der Freiheit gegen die Gräuel der Tyrannei werden sollte, so durfte er auch den Gedanken nicht von sich zurückweisen, sich selbst als Märtyrer für die Sache der Freiheit aufzuopfern. Philostratus hat nicht unterlassen, auf diesen Gesichtspunkt, aus welchem der letzte Abschnitt des Lebens des Apollonius, der Inhalt der beiden letzten Bücher seiner Biographie, zu betrachten ist, selbst aufmerksam zu machen. Er eröffnet daher das siebente Buch mit folgenden Worten: „Ich weiss, dass auch tyrannische Regierungen die beste Probe für Philosophen sind, und gehe gern auf die Untersuchung ein, wiefern sich Jeder dabei weniger oder mehr als Mann bewiesen hat. Meine Rede aber hatte Folgendes zur Absicht: Zu der Zeit, wo Domitian die Tyrannei ausübte, ward Apollonius mit Beschuldigungen und Klagen umstellt. Wie und woher diese begannen, und was zu jeder von ihnen den Vorwand gab, will ich sogleich angeben; da ich aber erzählen muss, was er gesagt, und wie er sich bewiesen hat, um aus dem Handel so hervorzugehen, dass er mehr den Tyrannen überwand, als selbst überwunden wurde, so will ich vorher die Beispiele bemerkenswerther Thaten weiser Männer gegen Tyrannen, die ich aufgefunden habe, durchgehen, und diese mit den Thaten des Apollonius zusammenhalten. Denn auf diese Weise muss man die Wahrheit aufsuchen. Hierauf vergleicht Philostratus das Benehmen des Apollonius mit dem Benehmen des Eleaten Zeno, Plato's, des

Diogenes von Sinope und Anderer, die sich durch Muth gegen Tyrannen ausgezeichnet haben, um zu zeigen, dass, so schön und preiswürdig solche Thaten waren, doch das Beste an Andern den Handlungen des Apollonius nachstehe, der schon unter Nero, vorzüglich aber unter Domitian, der furchtbarsten Tyrannei gegenüber, das erhabenste Beispiel der Todesverachtung gab. Auf die schon angegebene Weise vor Domitian angeklagt, hätte er der Gefahr mit leichter Mühe entgehen können (VII. 19), er begab sich aber in einer Zeit, in welcher alle Philosophen in Folge des von Domitian erlassenen Verbannungsdecrets Rom verlassen hatten, freiwillig dahin, um sich zur Verantwortung zu stellen, weil er den Vorwurf des Verraths fürchtete, und dass die, welche um seinetwillen in Gefahr waren, umkommen möchten (VII. 19). Selbst der Philosoph Demetrius, der muthiger, als die übrigen Philosophen zu sein schien (VII. 10), forderte den Apollonius, als er in der Nähe Roms mit ihm zusammentraf, sehr dringend zur Flucht auf, indem er ihm vorstellte: der Philosophie sei es angemessen, bei Befreiung einer Stadt zu sterben, oder bei der Vertheidigung der Eltern, der Kinder, der Brüder und anderer Verwandten, oder im Kampfe für Freunde, die von weisen Männern der Verwandtschaft noch vorgezogen werden, oder für Geliebte; zu sterben aber für etwas nicht Wahres, oder aus Ziererei, und dem Tyrannen Gelegenheit zu geben, sich für weise zu halten, das sei weit härter, als wenn einer, wie man von Ixion sagt, hochschwebend auf ein Rad geflochten wäre. Apollonius aber erwiderte ihm und dem ihm beistimmenden Damis, der als geborner Assyrier, und als einer, der den Medern nahe gewohnt habe, wo man die Tyrannei verehre, sich nicht zu hohen Gedanken über Freiheit erhebe (VII. 14): der weise Mann möge für die erwähnten Gegenstände sterben, mancher sterbe aber auch dafür, der nicht weise sei. Denn für die Freiheit zu sterben, sei durch das Gesetz geboten, für Verwandte aber, oder für Freunde oder Geliebte, gebiete die Natur. Alle Menschen beherrsche die Natur und das Gesetz; jene mit Zustimmung des Willens, dieses auch wider Willen, den Weisen aber sei es eigenthümlicher, für das zu endigen, was sie treiben. Denn für das, was sie weder nach dem Befehle des Gesetzes, noch auf Antrieb der Natur, sondern von selbst, aus eigener Kraft und eigenem Muthe üben, für dieses, wenn es jemand vernichten wolle, möge immerhin Feuer, möge das Schlachtbeil auf den Weisen eindringen. Nichts von diesem werde ihn besiegen, noch werde es ihn zu der Lüge treiben, sondern er werde, was er wisse, nicht weniger bewahren, als die Mysterien, in die er eingeweiht ist. Er wisse unter den Menschen das Meiste, sofern er Alles wisse, von dem aber, was er wisse, wisse er Einiges für wackere, Anderes für weise Leute, dieses für sich, jenes für die Götter, für die Tyrannen aber nichts. Dass er aber nicht aus Unbesonnenheit hieher gekommen sei, sei zu erkennen. Denn er behaupte, dass er für seinen Leib keine Gefahr laufe, und von der Tyrannei nicht sterben werde, wenn er auch selbst es wollte. Er begreife aber, dass er wegen jener Männer Gefahr laufe: möge aber der Tyrann mit ihm den Anfang machen, oder ihn als Zugabe behandeln, so sei er Alles, was jener wolle. Wenn er sie aber durch Zögern, oder durch Schlaffheit bei der Anklage verriethe, was würden wackere Leute von ihm urtheilen? Wer würde ihn nicht mit Recht tödten, als trieb' er Muthwillen mit den Männern, denen auferlegt sei, was er die Götter gebeten habe (die Beendigung der tyrannischen Herrschaft)? — Wer sich dem Gerichte entziehe, wie könne der dem Vorwurf entgehen, sich selbst verurtheilt zu haben? Wenn er aber jetzt, wo auch das Schicksal solcher Männer auf ihm liege, seine und ihre Sache im Stiche lassen wollte, wo in der Welt würde er da für rein gelten können? — Jarchas würde nicht einmal eine Frage an ihn thun, sondern wie Aeolus einst dem Odysseus nach schlechter Anwendung seines Geschenks ungeehrt seine Insel zu verlassen gebot, so auch ihn von dem Hügel wegtreiben, weil er schlecht gegen den tantalischen Trank (III. 32) gewesen sei. Denn sie verlangen, dass wer sich über ihn gebückt hat, auch die Gefahren seiner Freunde theilen solle. Auf ähnliche Weise erklärte sich Apollonius vor Aelian (VII. 19). Im Gefängnisse liess er sich mit den übrigen Gefangenen, mit welchen er zusammen war, in Gespräche ein, durch die er sie theils über ihre Lage zu belehren, theils ihren gesunkenen Muth wieder aufzurichten suchte, wodurch er sich ihre Liebe in so hohem Grade gewann, dass ihn, als er gegen die Erwartung in dasselbe Gefängniss zurückgebracht wurde, alle wie ihren Vater umarmten. Denn wie Kinder nach ihrem Vater verlangen, der sie mit gefälligen und angemessenen Worten ermahnt und warnt, und das, was ihr Alter fordert, andeutet, so verlangten auch jene nach Apollonius, und legten dieses Verlangen an den Tag (VII. 40). Als er vor Domitian selbst erschien, drückte sich in seinem ganzen Benehmen und in allen seinen Reden der edle Sinn und der hohe Muth aus, der ihn beseelte*), und der ganze Act endete auf eine Weise, die sich nur daraus erklären liess, dass er durch Unerschrockenheit und Todesverachtung die Grausamkeit des Tyrannen entwaffnet hatte. Der Tyrann wurde in einen Zustand von Bestürzung versetzt, und Apollonius hatte den Mann, der allen Hellenen und Barbaren furchtbar war, zum Spiel der Philosophie gemacht (VIII. 10).

4) Wer in Allem, was das Leben des Menschen auszeich-

---

*) Mit welcher Gesinnung er vor Domitian auftrat, und welchen Eindruck er auf ihn zu machen suchte, ist besonders auch in den schönen Schlussworten seiner Apologie VIII. 7, 16 ausgesprochen: „Das Glück der Menschen, o Kaiser, läuft um: seine Länge ist das Maass eines Tags. Das Meinige hat dieser, das Seinige ein anderer: und indem dieser oder jener die Gabe von diesem oder jenem hat, hat er es nicht. Dieses bedenkend, o Kaiser, setze den Verweisungen, setze dem Blut ein Ziel. Der Philosophie thue, was dir beliebt, denn die wahre Philosophie ist unverwundbar. Die Thränen der Menschen aber schaffe hinweg. Denn jetzt zieht der unermessliche Widerhall von dem Meere, noch mehr aber von den Ländern her, indem jeder beweint, was ihm thränenwerth ist, und alles, was daraus erwächst. — Mehreres fürwahr, als man aufzählen kann, — hängt an der Zunge der Sykophanten, die dir alles, und dich, o Kaiser, allen verhasst machen.“

nen kann, sich so hoch über Andere erhebt, scheint nicht mehr der gewöhnlichen Menschenwelt anzugehören. Die ausserordentliche Kenntniss göttlicher und menschlicher Dinge, die Apollonius besass, die fleckenlose Reinheit, die in ihm den schönsten Verein aller Tugenden, das ächte Ideal sittlicher Vollkommenheit, vor Augen stellte, die edle Bestimmung, welcher sein ganzes Leben geweiht war, für das Wohl der Menschheit zu wirken, der bewunderungswürdige, alle Schrecken des Todes überwindende Muth, mit welchem er die Sache der Freiheit gegen die Tyrannei vertheidigte, und im Bewusstsein der Pflicht, welcher der Weise nie untreu werden darf, selbst sein Leben aufzuopfern entschlossen war: alles diess machte den Apollonius zu einer übermenschlichen, göttlichen Erscheinung. Wie unverkennbar beurkundete er überdiess durch die Sehergabe, mit welcher er auch das Verborgene durchschaute, und durch die Wunder, die er mit einer das gewöhnliche Maass menschlicher Kraft so weit übersteigenden Macht verrichtete, die ihm inwohnende höhere göttliche Natur! Darf alles Ausserordentliche und Uebermenschliche mit dem Namen des Göttlichen bezeichnet werden, so ist es durch den ganzen Eindruck einer solchen Erscheinung hinlänglich gerechtfertigt, wenn er selbst, im Bewusstsein seiner Verwandtschaft mit der Gottheit, sich nicht weigerte, sich Gott nennen zu lassen. Wie die Inder, weil sie gute Menschen seien, sich selbst für Götter hielten (III. 18), und mit Recht als Götter unter den Menschen galten, so stellte auch Apollonius der gegen ihn erhobenen Anklage, warum ihn die Menschen Gott nennen, die einfache Behauptung entgegen: weil jeder Mensch, der für gut gehalten wird, mit dem Namen eines Gottes geehrt wird (VIII. 5). Ausführlicher erklärte er sich hierüber in der schriftlich von ihm entworfenen Apologie (VIII. 7, 7): „Der Ankläger sagt, die Menschen hielten mich für einen Gott, und sprächen diess öffentlich aus, weil sie bethört von mir wären. Vor der Beschuldigung voraus aber hätte er zeigen sollen, was ich gesagt, und was ich so Bewunderungswürdiges gesprochen oder gethan habe, um die Menschen zur Anbetung zu verführen. Nie hab' ich unter Hellenen gesagt, woraus oder worein ich übergegangen sei, oder wohin meine Seele übergehen wird, ob ich es gleich weiss; auch hab' ich nie eine solche Meinung von mir verbreitet, noch auch Orakel und prophetische Gesänge von mir gegeben, wie die Gottbegeisterten thun. Ich weiss auch keine Stadt, in welcher man sich vereinigt hätte, dem Apollonius zu opfern." Im Folgenden beruft sich Apollonius auf die zwischen Gott und den Menschen bestehende Verwandtschaft, und den Ausspruch des pythischen Apollo, der dem Lykurg, als einem guten Mann, den Beinamen eines Gottes zuerkannte, ohne dass dem Lykurg bei den Lacedämoniern daraus Gefahr erwuchs, als ob er nach der Ehre der Unsterblichen trachtete. So wenig er also selbst diese Ehre gesucht zu haben sich bewusst war, so wenig glaubte er sie doch von sich zurückweisen zu dürfen, da eine solche Benennung sowohl in der Natur der Sache, als in einer alten Sitte hinlänglich begründet sei. Zu einer solchen Erhebung des Menschlichen zu göttlicher Würde war die pythagoreische Lehre um so mehr berechtigt, da sie sie auf ihr Dogma von der Präexistenz des Menschen gründen konnte. Wenn die wesentliche Natur des Göttlichen Unsterblichkeit und Unvergänglichkeit des Seins ist, so offenbart sich vor Allem in dem unsterblichen Wesen der menschlichen Seele die Verwandtschaft der menschlichen Natur mit der göttlichen. Jedes menschliche Leben hat daher auch einen gewissen Antheil an dem göttlichen Sein: da aber der Gottheit selbst nur die reinste Lichtnatur, und ein mit der höchsten Klarheit des Bewusstseins verbundenes allumfassendes Wissen zugeschrieben werden kann, so wird, wer sich in einem höhern Grade der unsterblichen Natur der Seele, und seines dem jetzigen Leben vorangehenden Seins bewusst ist, auch in einem um so höhern Grade an dem göttlichen Sein theilnehmen. Daher bewährte sich in vollendeten Weisen, wie Pythagoras und Apollonius waren, die ihnen inwohnende göttliche Natur, die hellsehende Kraft eines durch die pythagoreische Lebensweise geläuterten, von aller irdischen materiellen Verdunklung befreiten Geistes, in der

Klarheit, mit welcher sie sich ihrer Präexistenz, der Identität ihrer schon durch eine Reihe von Individuen hindurchgegangenen Seele bewusst waren. Der Reinheit der Lebensweise, die Pythagoras befolgte, hatte er es, wie Apollonius (VIII. 7, 4) behauptet, zu danken, dass er das Wesen seiner Seele erkannte. Und wie der göttliche Jarchas sich alles dessen erinnerte, was er einst als der uralte Landeskönig Ganges gethan hatte, so war sich auch Apollonius bewusst, einen frühern Leib bewohnt zu haben und der Steuermann eines ägyptischen Schiffes gewesen zu sein, und was er damals gethan hatte, stund noch immer in ungeschwächter Erinnerung vor seiner Seele (III. 23. VI. 21). Je lebendiger in der Seele dieses Bewusstsein eines präexistirenden Zustandes sich ausspricht, desto enger ist das menschliche Sein mit dem göttlichen verknüpft. Es reflectirt sich eigentlich nur im menschlichen Bewusstsein der Eine göttliche Geist, der seinem Wesen nach stets derselbe, in verschiedenen wechselnden Formen sich individualisirt. Nicht ohne Grund wird insofern wenigstens dem Apollonius in den Briefen (LVIII.) die Lehre zugeschrieben, dass alles Entstehen und Vergehen nur scheinbar ist. Der Uebergang aus der Substanz in die Natur heisst Entstehung, der Uebergang aus der Natur in die Substanz Tod. An und für sich aber findet kein Entstehen und Vergehen statt, sondern nur ein Erscheinen und Verschwinden, indem sich die Materie verdichtet oder verdünnt, ein Wechsel von Bewegung und Ruhe. Alle Veränderung besteht nur darin, dass das Ganze in die Theile übergeht, und die Theile in das Ganze sich umwandeln, während das All das Eine bleibt (ἑνότητι τοῦ παντός). Es ist ein Irrthum, wenn die Eltern glauben, sie seien die wirkende Ursache der Erzeugung eines Kindes, da sie sich doch nur leidend als Werkzeug dabei verhalten, wie die Erde bei den Erzeugnissen, die aus ihr hervorwachsen. Es ist daher immer nur die erste Substanz, die allein wirkt und leidet, und Alles in Allem ist, der ewige Gott. Nur durch den Wechsel der Namen und Formen verliert sie das ihr Eigenthümliche mit Unrecht (ἣ δὴ μόνη ποιεῖται καὶ πάσχει, πᾶσι γινομένη πάντα, θεὸς αΐδιος, ὀνόμασί τε καὶ προσώποις ἀφαιρουμένη τὸ ἴδιον, ἀδικουμθένη τε.). Aus einem Menschen wird man Gott so, das die Form des Seins sich ändert, nicht aber die Natur, und der Tod ist daher nicht zu beklagen, sondern hoch zu ehren*).

5) Die höhere göttliche Natur des Apollonius bezeichnen auch wundervolle, seine Person betreffende, Ereignisse. Einiges, was sich darauf bezieht, ist schon früher erwähnt worden. Hier verdient besonders noch die ausserordentliche Weise, wie er in das Leben eintrat, und aus dem Leben austrat, beachtet zu werden. Ueber seine Geburt meldet Philostratus (I. 5.): „Als die Zeit der Entbindung herannahte, befahl ein Traum seiner Mutter, auf eine Wiese zu gehen, und Blumen zu pflücken. Hier zerstreuten sich ihre Dienerinnen, und suchten Blumen auf der Wiese, sie selbst aber lehnte sich auf das Gras, und sank in Schlaf. Da bildeten Schwäne, welche die Wiese nährte, einen Chor um die Schlafende, und stimmten, die Fittige nach ihrer Weise hebend, ein gemeinsames Lied an; denn auch ein Hauch des Zephyrus wehte über die Wiese hin. Sie fuhr bei dem Gesange auf, und gebar. Denn jeglicher Schreck leistet Hebammendienst auch vor der Zeit". Auf ähnliche Weise sollte einst Apollo auf Delos unter dem Gesange der Schwäne geboren worden sein, wie Kallimachus seine Geburt besingt (H. in Del. 249. f.). Der weissagende Schwan ist das Symbol Apollos. Was können daher die weissagenden Schwäne, die die Geburt des Apollonius ebenso wie die Geburt des Gottes selbst, welchem sie geweiht sind, verherrlichen sollten, anders bedeuten, als das enge Verhältniss, in welchem Apollonius als ächter Pythagoreer und Diener Apollos zu Apollo stehen sollte, im Allgemeinen dasselbe Verhältniss, das in Beziehung auf Pythagoras die bekannte Sage, dass er ein

---

*) Mit Recht hat man in den obigen Hauptsätzen, nach welchen alles endliche Sein nur eine Modification der Einen absoluten Substanz ist, die Grundzüge des spinozistischen Systems erkannt. S. Olearius Op. Philostr. T. I. S. 402. Tennemann Gesch. der Philos. Bd. V. S. 206.

Sohn Apollos gewesen sei, nur in einer andern Form bezeichnet? Die Einwohner des Landes nannten den Apollonius einen Sohn des Zeus, da in der Nähe von Tyana eine dem Zeus, als Beschützer des Eides, geweihte Quelle war. Als eine aus der Götterwelt in die Menschenwelt herabgekommene, und von dieser in jene zurückkehrende Erscheinung stellt ihn auch Folgendes dar, was die Landbewohner erzählten, dass bei der Geburt ein Blitzstrahl sich in die Erde zu senken schien, dann sich zum Aether erhob, und in der Höhe verschwand, wodurch eben, wie Philostratus bemerkt, die Götter den Glanz des Mannes, seine Erhebung über alles Irdische, seine Annäherung an die Götter, und was er sonst wirklich war, zeigen und vorbedeuten wollten (I. 5.). Einem so ausserordentlichen Eintritt ins Leben musste, wie es scheint, ein nicht minder ausserordentliches Lebens-Ende entsprechen. Die Erzählungen lauten zwar hierüber verschieden, und es lassen ihn Einige einfach in Ephesus in hohem Alter, aber ungeschwächter Kraft sterben. Es bleibt aber nach Philostratus höchst zweifelhaft, ob man wirklich von seinem Tod sprechen kann. Wie Einige behaupten, bestund sein Lebens-Ende nur darin, dass er in Lindus in den Tempel der Athene ging, und in demselben verschwand. Noch wunderbarer soll er, wie Andere erzählen, in Kreta verschwunden sein. Zur Nachtzeit sei er in den Tempel der Dictynna gekommen, und da ihn die Hunde, die den Tempel bewachten, nicht anbellten, hätten ihn die Vorsteher des Tempels als einen Zauberer und Räuber ergriffen und gebunden, indem sie behaupteten, er habe den Hunden etwas zur Besänftigung vorgeworfen, er aber habe sich um Mitternacht frei gemacht. Dann habe er die, so ihn gebunden hatten, herbeigerufen, um nicht heimlich zu handeln, und sei zu den Thüren des Tempels geeilt, die sich ihm öffneten; als er aber hineingetreten, wären die Thüren wieder zusammengegangen, so wie sie vorher verschlossen gewesen waren, und die Stimme singender Jungfrauen sei daraus hervorgegangen. Der Gesang lautete aber so: „Geh aus der Erde! Geh zum Himmel, geh!“ Wie wenn sie sagten: „Gehe hinauf von der

Erde (VIII. 30)!“ Zur Bestätigung dieser wundervollen Sagen bemerkt Philostratus noch, dass er nirgends auf der weiten Erde ein Grab oder angebliches Grab von ihm gefunden habe.

Fassen wir alle diese Züge zusammen, so kann es nur als ein Ausdruck der dem ausserordentlichen Manne gebührenden Ehrerbietung angesehen werden, wenn schon seine Zeitgenossen einen Gott in ihm erblickten. Dass seine Landsleute ihn für einen Sohn des Zeus hielten, ist schon bemerkt worden. Aber auch sonst sehen wir von der hohen Bewunderung, die ihm seine Zeitgenossen allgemein ertheilten, überall die unzweideutigsten Beweise. Auch an solchen Orten, wo er zum erstenmal erscheint, erscheint er als der längst Bekannte, und wer ihn zuvor noch nicht gesehen hatte, erkannte doch in ihm sogleich den ausserordentlichen Mann, der mit keinem andern zu vergleichen war, den Tyaneer, wie er sich selbst am liebsten nannte (VII. 38.). Wie gewöhnlich es schon damals war, ihn Gott zu nennen, erhellt daraus, dass auch diess einer der Anklagepunkte war, über die er sich vor Domitian verantworten musste. Als er nach seiner Vertheidigung vor Domitian sich nach Griechenland begab, und in Olympia erschien, zog er schon durch seine blosse Erscheinung die Augen aller auf sich, als man aber das Vorgefallene genauer erfuhr, kannte die Bewunderung, die man ihm erwies, keine Grenzen mehr, und es fehlte nicht viel, dass man ihn als Gott verehrte. Auf der Wiese, auf welcher er geboren worden war, wurde ihm in der Folge ein Tempel erbaut (I. 5. VIII. 29.)*). Allge-

*) Unter den Briefen des Apollonius findet sich auch ein Schreiben des Kaisers Claudius an den Senat der Stadt Tyana, in welchem der Kaiser sein Wolgefallen darüber bezeugt, dass die Tyaneer ihrem Mitbürger, dem pythagoreischen Philosophen, der in Griechenland mit so edlem Sinne umhergereist sei, und sich um die Jünglinge so sehr verdient gemacht habe, die Ehre erwiesen haben, die guten Männer und wahren Philosophen gebühre (Ep. LIII). Es lässt sich jedoch dieses Schreiben mit der Lebensgeschichte des Apollonius in keinen passenden Zusammenhang bringen, da in derselben der Kaiser Claudius nie in näherer Be-

mein sah man in ihm ein höheres, zum Wohle der Menschheit erschienenes Wesen. Er selbst wollte sich seiner Hauptbestimmung nach als einen mit göttlicher Kraft ausgerüsteten Wohlthäter der Menschen betrachten, wenn er sich unter dem besondern Beistande des Herakles dachte. Wie Athene nach den eigenen Worten des Apollonius (VIII. 7, 10.) für Herakles Sorge trug, weil er gut und ein Retter der Menschen war, so stund ihm selbst, dem Apollonius, wegen seiner Neigung, etwas zum Wohl der Menschen zu thun, Herakles bei. Zu ihm betete er in Ephesus, und als er von ihm unterstützt Ephesus von der Krankheit befreit hatte, wurde dem abwehrenden Herakles ein Tempel in Ephesus gebaut. Was demnach Herakles war, als *Ἀποτρόπαιος*, als *Ἀλεξίκακος* (als derjenige, welchen Zeus, der Vater der Götter und Menschen, dazu erzeugt hatte, Göttern und Menschen des Fluchs Abwehrer zu sein, *ἀρῆς ἀλκτὴρ*, Hesiod im Schilde v. 27.), als *Σωτὴρ*, als ein dem Menschengeschlecht wohlgesinntes göttliches Wesen, als ein Heiland und Erlöser von so vielen Uebeln, die das menschliche Leben drücken*), das war vermittelst des Herakles und an seiner Stelle auch Apollonius.

---

ziehung zu Apollonius erwähnt wird, und Apollonius unter der Regierung desselben noch nicht in Griechenland bekannt geworden zu sein scheint. Schon zur Zeit des Philostratus war eine Sammlung vorgeblicher Briefe des Apollonius in Umlauf. Philostratus selbst erwähnt nicht nur in mehreren Stellen die Briefe des Apollonius (I. 2. 23. 32. VII. 35. VIII. 20), sondern hat auch einige in seine Lebensbeschreibung aufgenommen (I. 15, 24, II. 41, III. 51. IV. 22. 27. 46. V. 2. VI. 29 f. VIII. 7, 2. 27). Die in der noch vorhandenen Sammlung der Briefe des Apollonius (Opp. Philostr. von Olear. I. S. 377 f.) enthaltenen können schon desswegen nicht alle ächt sein, weil nicht alle den Charakter lakonischer Kürze, die Philostratus als Merkmal der Briefe des Apollonius angibt (V. 35), an sich tragen. Schon zur Zeit des Philostratus gab es erdichtete Briefe des Apollonius (VII. 35) und verschiedene Sammlungen (VIII. 20). Zur Vergleichung mit dem Leben des Apollonius sind sie in jedem Falle zu benützen.

*) Vgl. Olearius zu VIII. 7, 10. Buttmann Mythologus Th. I. S. 259. Lactantius identificirt sogar geradezu, mit welchem Grunde ist zweifelhaft, den Apollonius mit dem Herkules Alexicacus *Instit. div. V. 3: tultum est, id putare Apollonium noluisse, quod optaret utique, si posset, quia*

Eine genauere ins Einzelne gehende Zusammenstellung alles dessen, was das Leben des Apollonius merkwürdiges enthält, schien nothwendig, um theils das ganze Bild des Mannes nach den verschiedenen Gesichtspunkten, die dabei zu unterscheiden sind, zur klaren Anschauung zu bringen, theils dadurch die Beantwortung der Frage, welchen Zweck Philostratus bei seiner Lebensbeschreibung gehabt habe, so viel möglich vorzubereiten. Unstreitig muss sich jedem, der das Ganze überblickt, sogleich der Gedanke aufdringen, dass das Leben des Apollonius, wie es Philostratus beschrieben hat, mit dem Leben Christi, sowohl im Ganzen als in einzelnen bedeutenden Zügen, eine so auffallende und unverkennbare Aehnlichkeit hat, dass sich kaum ein anderes Beispiel dieser Art aufweisen lässt, und man muss es sehr natürlich finden, dass man in alter und neuer Zeit dem Schriftsteller geradezu die Absicht zugeschrieben hat, dem Leben Christi das Leben des Apollonius als Parallele zur Seite zu setzen. Was G. Olearius in der Ausgabe der Werke des Philostratus, in der *Praef.* zu der *Vita Apoll.* S. XXXIX., über den Zweck des Philostratus bemerkt, darf als die bis auf jene Zeit allgemein angenommene Meinung betrachtet werden. *Statuunt viri eruditi,* sagt Olearius, *scopum sive Juliae, sive Philostrato, sive utrique propositum eum fuisse, ut Christo Apollonium opponerent, ejusque philosophiam ac mores illius doctrinae et institutis; ut ita sive imperatorem Caracallam, a sacris christianis animo non alienum, alumnis ejus*) mitiorem de iis sententiam ipsi instillantibus,*

---

nemo est, qui immortalitatem recuset, maxime cum eum dicas et adoratum esse a quibusdam, sicut Deum, et simulacrum ejus, sub Herculis Alexicaci nomine constitutum, ab Ephesiis etiam nunc honorari. Non potuit ergo post mortem Deus credi, quia et hominem et magum fuisse constabat, et ideo alieni nominis titulo affectavit divinitatem, quia suo nec poterat nec audebat.

*) Es muss hier Olearius ein Versehen begegnet sein: er konnte nur entweder *praeceptoribus ejus*, oder *alumnis eorum sc. sacrorum christ.* schreiben wollen.

sive alios quoscunque in gentilismi superstitionibus, quarum strenuum ubique se vindicem gerit ac instauratorem Apollonius, confirmarent: quibus magnopere refragandi causam vix esse arbitror. Lag einmal, wie man voraussetzt, eine Parallele mit Christus in dem Sinne des Schriftstellers, so glaubte man auch darüber nicht zweifelhaft sein zu können, dass sie aus einer dem Christenthum feindlichen Opposition hervorgegangen sei. Die Gelehrten der neuesten Zeit, die die Tendenz dieser Lebensbeschreibung aufs neue in Untersuchung zogen, haben entweder nur ein sehr schwankendes Urtheil ausgesprochen, oder sich mit grösserer Entschiedenheit der entgegengesetzten Seite zugewandt, und die dem Philostratus zugeschriebene Absicht für eine der nöthigen Beweise ermangelnde Voraussetzung erklärt. Nur in diesem Sinne weichen die neuesten von Buhle in der Allg. Encycl. von Ersch und Gruber Th. IV. S. 440 f., von Neander Gesch. der chr. Religion und Kirche I. 1. S. 272. und von F. Jacobs in der Uebersetzung der Werke des Philostratus Stuttg. 1828—32 in der Einleitung zu dem Leben des Apollonius Bdchn. II. S. 155. dargelegten Ansichten von einander ab. „Schwerlich hatte Philostratus," urtheilt Buhle a. a. O. S. 444. „bei seinem Werke über Apollonius die muthwillige oder boshafte Absicht gegen die Christen, die ihm von vielen Neuern, vornehmlich auf Veranlassung des Missbrauchs, welchen Hierokles von der Geschichte des Apollonius gemacht hat, beigemessen worden. Sie ist ihm um so weniger zuzutrauen, da Christus vom Kaiser Alexander Severus, an dessen Hofe Philostratus lebte, unter den eigensten und heiligsten Penaten verehrt wurde. Ueberdem haben die vorerwähnten Umstände aus dem Leben des Apollonius mit einigen im Leben Christi doch nur allgemeine und entfernte Aehnlichkeit, wobei auch der Wunderglaube und die Wundersucht des Zeitalters des Apollonius überhaupt zu berücksichtigen sind. Eine Menge anderer Umstände aus jenem sind von diesem wiederum so verschieden, dass sie wahrlich in einer Parodie des Lebens Christi höchst unzweckmässig angebracht wären. Uebrigens da die Lebensgeschichte Christi am Hofe des Kaisers Alexander Severus von einer Seite bekannt war, welche diesen selbst zur Anbetung desselben bewog, könnte vielleicht Philostrat es darauf angelegt haben, gewisse Aehnlichkeiten in den Begebenheiten und dem Charakter des ebenfalls von jenem Regenten verehrten Apollonius mit dem Leben und den Thaten Christi anzudeuten: sei es, dass er die Data schlechthin ersann, oder die etwa in den Nachrichten vorkommenden nach dieser seiner geheimen Absicht modelte und hervorhob." Noch bestimmter behauptet Jacobs, auf das Urtheil Neanders sich stützend, die Beschuldigung, das Werk des Philostratus sei in der gehässigen Absicht geschrieben, dem Christenthum zu schaden, ermangle eines historischen Grundes so durchaus, dass es genügen könnte, sie geradezu abzuläugnen. So unwahr es sei, dass sich Apollonius zu einem Nachahmer Jesu und seiner Apostel aufgeworfen habe, ebenso unbegründet sei es, dass sein Biograph ihn nach Jesu Muster gebildet, und die Absicht, dem Christenthum zu schaden, allzupartheiisch verrathen habe. Nach einem Beweise dieser Anklage sehe man sich vergeblich um. Dagegen sage einer der neuesten Geschichtschreiber der christlichen Lehre der Wahrheit gemäss, es lasse sich in Philostratus' Leben des Apollonius eine polemische Beziehung auf das Christenthum nicht nachweisen, da doch die Veranlassungen nicht fehlten, feindselige Bemerkungen gegen das Christenthum einfliessen zu lassen. Nur soviel könne man vielleicht sagen, dass Philostratus, wie andere Heiden jener Zeit, indem er das Bild eines Heroen der alten Religion ausmalte, dadurch dem sinkenden Cultus einen neuen Schwung zu geben gesucht habe. Diese Vermuthung sei, bemerkt Jacobs, dem Geiste der Zeit angemessen, wenn aber derselbe Gelehrte sich minder parteilosen Vorgängern zuneigend beifüge: es könne auch sein, dass Philostratus die Absicht gehabt habe, den Apollonius Christo entgegenzustellen, und dass ihm das, was er von den Wundern Christi gehört habe, zu manchen Zügen seiner Dichtung Veranlassung gegeben, so tragen wir desto weniger Bedenken, ihm unsere Beistimmung zu versagen, da er selbst mit der eines Geschichtforschers und Lehrers der Religion würdigen Wahrheitsliebe hinzusetze, es finde sich in dem Werke des Sophisten keine so hervorstehende Beziehung dieser Art, dass sich die geäusserte Vermuthung wirklich beweisen liesse. Ich kann auch dieses Urtheil nur für ein schwankendes, nicht hinlänglich begründetes halten. Soll eine so hervorstehende Beziehung, die die Vermuthung zur Gewissheit erheben würde, nur desswegen vermisst werden, weil der Schriftsteller nicht mit klaren Worten die vorausgesetzte Absicht als die wirkliche Tendenz seines Werks angibt, so ist doch unläugbar daraus noch nicht zu schliessen, dass er eine solche Absicht überhaupt nicht gehabt habe. Es lässt sich ja leicht denken, dass er Gründe hatte, die eigentliche Absicht nicht selbst unmittelbar auszusprechen, sondern vielmehr jeden, der Interesse für die Sache hätte, aus dem ganzen Inhalt und Charakter seiner Darstellung errathen zu lassen. Wir werden daher, da der Verfasser selbst nicht für gut gefunden hat, uns nähere Auskunft zu geben, immer wieder auf das vor uns liegende Werk selbst zurückgewiesen, und nur aus der Beschaffenheit desselben kann, neben der genauen Berücksichtigung alles dessen, was die Zeitgeschichte darbietet, über den Grad der Wahrscheinlichkeit, mit welchem die Frage, um die es sich handelt, entweder zu bejahen oder zu verneinen ist, ein begründetes Urtheil gefällt werden. Einen solchen Versuch zu machen, und die überhaupt noch nie genauer erörterte Frage in dem angegebenen Sinne etwas ausführlicher zu behandeln, scheint der Mühe nicht unwerth.

Eine bestimmte auf das Christenthum sich beziehende Absicht ist unstreitig dem Schriftsteller mit um so grösserer Wahrscheinlichkeit zuzuschreiben, je wahrscheinlicher anzunehmen ist, dass sein Werk nicht blos einen rein historischen Charakter an sich trägt, sondern mehr oder minder das Erzeugniss einer freien Darstellung ist. Je weniger es das objectiv Gegebene ist, das den Schriftsteller zu einer historischen Darstellung veranlasst, desto mehr muss es eine frei aufgefasste Idee sein, die aus seinem Werke hervorleuchtet. Von dieser

Frage scheint mir daher jede Untersuchung über die Tendenz der philostratischen Lebensbeschreibung ausgehen zu müssen, und es ist ganz natürlich, dass uns auch hierüber dieselbe Verschiedenheit der Meinungen begegnet, die über die Hauptfrage selbst stattfindet. Am wenigsten will Meiners (Beitrag zur Geschichte der Denkart der ersten Jahrhunderte nach Christi Geburt, in einigen Betrachtungen über die neuplat. Philosophie. Leipz. 1782. S. 17 f. Vgl. Gesch. des Urspr. Fortg. u. Verfalls der Wissensch. Th. I. 1781. S. 258. f.) den historischen Charakter des philostratischen Werks in Anspruch genommen wissen. Es sei falsch, dass die neuern Platoniker dem Pythagoras, Apollonius, und sich selbst Wunder angedichtet haben, um dadurch das Ansehen des Christlichen zu schwächen. Die Zeugnisse älterer und späterer Geschichtschreiber beweisen, dass nicht Philostratus zuerst seinen Helden in einen heiligen Wunderthäter umgeschaffen, sondern dass man den Apollonius allgemein für einen Götterfreund gehalten, und das von ihm geglaubt habe, was sein Lebensbeschreiber von ihm erzählt. Schon im Zeitalter des Apulejus sei Apollonius wegen seiner Wunder so berüchtigt gewesen, dass er von mehreren als ein Magus angeklagt wurde, gegen welche Beschuldigung Philostratus ihn sehr lebhaft vertheidige. Einer Ehre, wie die Kaiser Alexander Severus und Aurelian dem Apollonius erwiesen, würde der kappadocische Schwärmer nicht gewürdigt worden sein, wenn seine Wunder nur in einem vielleicht damals schon vergessenen Buche eines Sophisten enthalten gewesen wären. Auch aus andern Gründen lasse sich darthun, dass Philostratus keine Lebensumstände und Thaten des Apollonius erdichtet, sondern ohne Verfälschung und Uebertreibung alles so niedergeschrieben habe, wie er es entweder in der Handschrift des Damis und andern Urkunden, oder auch in allgemeinen Gerüchten vor sich fand. Auch Buhle a. a. O. S. 443 widerspricht der Meinung, dass die Geschichte des Apollonius ein blosser Roman, oder eine feindselige Parodie der Lebensgeschichte Christi sei. Seine historische Existenz lasse sich ausser allen Zweifel setzen, und auch bei den Legenden, die das Werk des Philostratus von ihm enthalte, liegen wirkliche Thatsachen zum Grunde. Dass im ersten Jahrhundert nach Christi Geburt ein hochberühmter neu-pythagoreischer Fanatiker, Apollonius aus Tyana, lebte, der sein Zeitalter pythagorisiren wollte, seinen philosophischen Grundsätzen und der bei den Griechen und Römern damals herrschenden, aus dem Morgenlande stammenden Denkart gemäss, nicht nur an Astrologie, Theurgie, Magie und Nekromantie glaubte, sondern auch sich selbst durch ungewöhnliche Verhältnisse und Verbindungen bei exaltirter Phantasie den Besitz solcher geheimer Wissenschaft und Kunst zutraute; dann, anfangs vielleicht Betrogener, zum eitlen anmaassenden aber verschmitzten Betrüger und Gaukler wurde; bald durch seine Reisen, Abenteuer, Prophezeiungen, vermeinte Wunder und andere Blendwerke allgemeines Aufsehen und Staunen erregte, das erhelle unläugbar aus den zahlreichen Tempeln, Altären, Bildsäulen, die ihm in so vielen Städten, besonders Kleinasiens und Griechenlands, errichtet waren, gleichsam wie einem Gotte, der sich zu der Menschheit herabgelassen habe. Doch gehe Meiners in der zuvor angeführten Behauptung zu weit. Damit vertrage sich schon die rhetorisch gekünstelte, lobrednerische, alles zum Ausserordentlichen und Romantisch-wunderbaren erhöhende Manier, im Geschmacke der Rhetoren und Sophisten des zweiten und dritten Jahrhunderts nach Christi Geburt, auf keine Weise, die in Philostratus Biographie des Apollonius zu anstössig sei, als dass man unbefangen ihn für einen treuen Berichter blos dessen, was er von andern irgend glaubhaften Gewährsmännern vernahm, halten möchte. Es kommen in der Biographie Umstände vor, die der wahren Geschichte widerstreiten, grobe Anachronismen u. dergl. Sie seien Erfindungen des Philostratus, um seine Geschichte auszuschmücken, die sich selbst als solche, und nebenbei die nicht sehr gründliche historische Kenntniss ihres Urhebers verrathen. Mit strenger Genauigkeit lasse sich freilich gegenwärtig nicht mehr der eigene erdichtete Beitrag des Philostratus zur Geschichte des Apollonius abscheiden, da die Werke der ältern Vorgänger, die er als Quellen benützte, für uns verloren sind. Dass er jedoch das Wahre der Geschichte zum grossen Theil in einen Roman umgebildet habe, falle in die Augen. Dagegen glaubt Jacobs a. a. O., die zweite auf dem Werke des Philostratus lastende Anklage, dass es ein Gewebe von absichtlichen Erdichtungen sei, noch entschiedener als jene erste zurückweisen zu müssen. Der Beweis müsse dem Ankläger zugeschoben werden, der ihn in dieser Ausdehnung zu führen, kaum möglich finden dürfte. Auch in dieser Anklage beziehe sich der grössere Theil auf die dem Apollonius angedichteten Wunder und die ausserordentlichen Gaben, die ihm von seinem Biographen beigelegt werden. Was Buhle der von Meiners gegebenen Rechtfertigung entgegensetze, entkräfte sie nicht. Die sophistisch-rhetorische Art des Stils entziehe der Glaubwürdigkeit eines Werkes nichts, dessen Bestimmung es eben war, den rohen Materialien, die der Bearbeiter vorfand, eine zierlichere Form zu geben, der Vorwurf von historischen Unrichtigkeiten und Anachronismen sei grösstentheils durch wahrscheinliche Gründe entkräftet worden, und von dem, was etwa noch übrig bleibe, werde nie dargethan werden können, dass es Philostratus zum Schmuck der Erzählung erfunden, und nicht vielmehr in seinen Quellen vorgefunden habe. Von dieser Voraussetzung aus will Jacobs auch jene erstere, die Beziehung zum Christenthum betreffende, Anklage durch folgende Bemerkungen beseitigen: die Biographie des Philostratus sei auf die Denkschriften des Damis gebaut, aus ihnen habe er also auch das genommen, worin Apollonius Christo zu gleichen scheine; dass man aber, als Damis das Leben und die Wunder seines Helden beschrieb, in der römischen Welt Christi Wundern ein solches Gewicht beigelegt habe, dass es nöthig geschienen, ihnen die falschen Waffen absichtlichen Truges entgegenzusetzen, möchte kaum zu erweisen sein. Wurden ja doch ähnliche Dinge von Pythagoras zu einer Zeit erzählt, wo an eine solche Absicht als Nothwehr noch gar nicht zu denken war. So schwankend und unbestimmt sind auch über diesen Punkt die Ansichten der neuesten Schriftsteller, die diesen Gegenstand berührt haben, sie gleichen sich immer wieder, wenn sie auch zu divergiren scheinen, in der Allgemeinheit und Unsicherheit des Urtheils mit einander aus. Wie schwer ist es, wenn man die sophistisch-rhetorische Form des Ganzen nicht läugnen kann, zwischen Form und Materie eine sichere Grenzlinie zu ziehen, wie ungenügend die Antwort, wenn man von Philostratus immer wieder auf die von demselben benützten Quellen zurückgewiesen wird, ohne darüber Auskunft zu erhalten, wieweit, was Philostratus in seinen Quellen vorgefunden, und treu wiedergegeben haben soll, Glauben verdient oder nicht *)!

---

*) Dieselbe schwankende Unsicherheit begegnet uns beinahe überall, wo von Philostratus und seinem Apollonius die Rede ist. Man vgl. in dieser Beziehung noch die Urtheile von Tiedemann Geist der specul. Philosophie Bd. III. S. 108. Tennemann Gesch. der Philos. Bd. V. S. 198. Tzschirner der Fall des Heidenthums S. 460 f. Nach Tiedemann ist Apollonius Schwärmer und Charlatan, und Philostratus nicht der Mann, dessen Aussage Begebenheiten solcher Art zu erhärten vermag. Hass gegen Christum darf man jedoch nicht voraussetzen, denn zur Zeit, da die christliche Religion eben entstand, und ausser Palästina wenig bekannt war, konnte solch' ein Hass noch nicht stattfinden Nach .Tennemann war Apollonius zwar ein Schwärmer, aber kein Wunderthäter, und der grösste Theil des Wunderbaren in seinem Leben ist eine Erdichtung, welche vielleicht einen frommen Betrug zum Grunde hat. „Ein ausserordentlicher Mann, der übernatürliche Dinge verrichtet, sein ganzes Leben hindurch als unter dem besondern Schutze einer Gottheit stehend sich beweiset, einen besondern Ruf von Frömmigkeit zu erhalten weiss, die religiöse Verfassung bestehen lässt, die Tempel, Orakel und Priester in ihrem Ansehen befestigt; ein solcher Mann musste in jenen Zeiten eine erwünschte Erscheinung sein, weil er allein die wankende Priesterherrschaft von dem gänzlichen Verfalle zu retten vermochte. Wie hätten die Priester der Versuchung widerstehen können, einen solchen Mann auch nach seinem Tode ganz zu dem Werkzeuge ihrer Absichten zu machen. Ist nun der Sammler ein Mann ohne durchdringenden Verstand, ohne kritischen Prüfungsgeist, ohne philosophischen Sinn, wie sich Philostrat genugsam verräth (!), so darf man aus solchen Quellen und auf einem solchen Wege nichts, als einen abenteuerlichen Roman erwarten.“ Gewiss ist also im Grunde nur, dass ein arger Betrug im Spiele ist, wem er aber eigentlich zur Last fällt, weiss man nicht. Auch Tzschirner, der im würdigern Tone von Philostratus und Apollonius spricht, bleibt nur bei dem allgemeinen Urtheil stehen, dass die Lebensbeschreibung des Apollonius ein idealisirendes Gemälde ist, das den

Mir scheint es, wenn ich hier sogleich nach dem Eindrucke des Ganzen meine Ansicht aussprecnen darf, keinem Zweifel zu unterliegen, dass das Werk des Philostratus eine durchaus idealisirende Darstellung enthält, deren historische Grundlage auf sehr Weniges zu beschränken ist. In dem ganzen Werke spricht sich die Tendenz, zum Lobe des Helden von allen Seiten alles zusammenzudrängen, was dem Gemälde den Reiz des Ausserordentlichen und das Gepräge des Idealischen geben kann, zu unverkennbar aus, als dass sie geläugnet werden kann *). Man nehme vor allem den ganzen Inhalt des dritten Buchs, die Beschreibung der indischen Weisen, die eine so wichtige Stelle des Ganzen einnimmt, und urtheile, ob wir hier mit Ausnahme der Lehren, die wir nach unserer, aus andern Quellen geschöpften, Kunde von Indien, als Bestandtheile der indischen Religion und Philosophie anzusehen berechtigt sind, Geschichte oder Dichtung vor uns haben. Dass der Verfasser in dem naturhistorischen und geographischen Theile seines Werks ältere Schriftsteller, insbesondere die Werke eines Ktesias, Megasthenes, Agatharchides und anderer für seinen Zweck benützt hat, ist ohnedies Thatsache. Welchen Anspruch auf historische Glaubwürdigkeit kann ferner die ganze Reihe des Ausserordentlichen und Wundervollen machen, mit welchem das Leben des Apollonius in so reichem Maasse ausgestattet ist, da der Schriftsteller zugleich der einzigen Voraussetzung, die solchen Handlungen und Ereignissen einen Schein von Realität übrig lassen könnte, dem Gedanken an Magie und Theurgie, überall aufs Angelegentlichste widerspricht? Wir haben demnach keine andere Wahl, als nur diese, entweder die von dem Schriftsteller erzählten Wunder gegen die ausdrückliche Erklärung desselben für blosse Werke

Zweck hatte, durch die Schilderung eines gefeierten Mannes der Vorzeit den alten Glauben aufrecht zu halten und zu heben.

*) Wie mit dieser Tendenz des Werkes auch die, einen in sich geschlossenen Cyklus bildenden, Reisen des Apollonius zusammenhängen, ist schon oben bemerkt worden. S. S. 83.

der magischen Kunst zu halten, oder sie nach dem für solche Erzählungen allgemein angenommenen Maasstab zu beurtheilen, und ihnen somit die historische Realität abzusprechen. Das Hauptgewicht muss jedoch unstreitig auf denjenigen Theil des Werks gelegt werden, in welchem Apollonius als mithandelnde Person in Begebenheiten verflochten ist, mit welchen wir aus der Geschichte jener Zeit näher bekannt sind. Hier, wenn irgendwo, muss es sich zeigen, ob wir ihn wirklich für die historische Person zu halten berechtigt sind, die er gewesen sein soll. Denn je bedeutender die politische Rolle ist, die Philostratus seinen Helden in der Geschichte der römischen Imperatoren jener Zeit spielen lässt, desto gegründeter ist die Voraussetzung, die Historiker jener Periode werden uns irgend eine Kunde über ihn mitgetheilt haben. Allein davon finden wir das gerade Gegentheil. Der Mann, der schon unter Nero in Rom Aufsehen erregte, und in bedeutende Verbindungen kam, der auf Vespasian und Titus einen so wichtigen, für das Wohl des Reichs entscheidenden, Einfluss erhielt, ihr vertrauter Freund und politischer Rathgeber, so zu sagen, die Seele ihrer Regierungen war, der unter Domitian eine gerichtliche Untersuchung zu bestehen hatte, deren Erfolg mit der sonstigen Weise des Tyrannen den auffallendsten Contrast bildete, und eben desswegen, als die Kunde davon nach Griechenland kam, ganz Griechenland in Erstaunen setzte, der endlich selbst zur Erhebung Nerva's auf den römischen Kaiserthron mitwirkte, eben dieser Mann, der schon wegen seiner übrigen Celebrität kaum von einem Schriftsteller jener Zeit mit Stillschweigen hätte übergangen werden sollen, ist einem Tacitus und Sueton und allen gleichzeitigen Schriftstellern so völlig unbekannt, dass sie uns nicht einmal seinen Namen nennen, was um so mehr auffallen muss, da doch Philostratus, was die historischen Begebenheiten jener Zeit betrifft, selbst in einzelnen Nebenumständen mit jenen Geschichtschreibern übereinstimmt. Unter den Historikern ist es erst der späte Dio Cassius, der den Apollonius erwähnt. Er schliesst seine Geschichte der Regierung Domitians (LXVII. 18) mit dem wundervollen Ereigniss, das auch Philostratus (VIII. 36) erzählt, dass ein gewisser Apollonius von Tyana an demselben Tage und zu derselben Stunde, in welcher Domitian ermordet wurde, in Ephesus, oder an einem andern Orte, vor dem versammelten Volke dem Stephanus die Worte zugerufen habe: *Καλῶς Στέφανε, εὖγε Στέφανε, παῖε τὸν μιαιφόνον! Ἔπληξας, ἔτρωσας, ἀπέκτεινας!* Diess sei wirklich so geschehen, wenn es auch tausendmal nicht geglaubt werde. Denselben Apollonius aus Tyana erwähnt Dio Cassius LXXVII. 18 als einen Magier, der unter Domitian geblüht habe. Von der grossen politischen Bedeutung aber, die Apollonius unter Vespasian und Titus gehabt haben soll, findet sich nicht die geringste Spur, und der Ausdruck, mit welchem Dio Cassius ihn bezeichnet (*Ἀπολλώνιός τις Τυανεύς*), gestattet nicht einmal, auf eine solche zu schliessen. Ja, nicht einmal bei andern Schriftstellern geschieht des Mannes, der schon im ersten Jahrhundert die ganze römische Welt mit dem Ruf seines Namens erfüllt haben soll, irgend eine Erwähnung vor der Mitte des zweiten Jahrhunderts. Erst Lucian und Apulejus, die dem Philostratus schon ziemlich nahe stehen, nennen einen Apollonius aus Tyana, der sich durch Magie bekannt machte. Allein, kann man hier einwenden, Philostratus selbst beruft sich ja in dem Eingange seines Werkes, wo er über die bei seiner Lebensbeschreibung benützten Quellen Rechenschaft gibt, auf ältere Schriftsteller, die sogar eigene Werke über Apollonius verfasst haben. Der vertrauteste Jünger des Apollonius selbst, der stete Begleiter desselben, der Jolaus aller seiner Kämpfe, wie er VII. 10 genannt wird, hinterliess eine Denkschrift, in welcher er die Reisen seines Lehrers, an welchen er selbst Theil genommen hatte, seine Gedanken und Reden, und was er weissagend gesprochen, aufgeschrieben hatte. Ausserdem gab es eine Schrift des Maximus aus Aegae, die alles umfasste, was Apollonius in Aegae gethan hatte, und vier Bücher, die Möragenes über Apollonius geschrieben hatte. Unter diesen Gewährsmännern scheint mir gerade derjenige, gegen welchen man gewöhnlich kein grosses Misstrauen hegt, Damis, sehr zweifelhafter Natur zu sein *), denn gerade bei ihm wird die Streitfrage, um die es sich hauptsächlich handelt, was bei dem Werke des Philostratus zur Materie oder zur Form zu rechnen sei, auf die äusserste Spitze gestellt. So lange wir nicht im Stande sind, zwischen Materie und Form eine bestimmte Grenzlinie zu ziehen, kann auch die Möglichkeit nicht geläugnet werden, dass auch schon das Vorgeben des Philostratus, er habe die Materialien seiner Lebensbeschreibung aus den von Damis hinterlassenen Aufsätzen genommen, und diese blos in eine bessere Form gebracht, woran es der Ninivite noch habe fehlen lassen (I. 3), zur blossen Einkleidung zu rechnen ist. Setzen wir einmal voraus, Philostratus habe statt einer wahren Geschichte eine grösstentheils erdichtete gegeben, dabei aber die Absicht gehabt, der Dichtung den Schein der Wahrheit zu geben, so brachte es eben diese Absicht von selbst mit sich, dass er sich auf einen Gewährsmann berief, gegen dessen Glaubwürdigkeit, wie er ihn darstellte, nicht wohl eine gegründete Einwendung erhoben werden zu können schien. Wer konnte sich zu dieser Rolle besser eignen, als ein Jünger und Begleiter des Apollonius selbst, ein Zeuge aller seiner Reden und Thaten? Sollte überdiess dieser Voraussetzung zufolge auch eine von Philostratus beabsichtigte Parallele zwischen Apollonius und Christus nicht unwahrscheinlich sein, wie leicht lässt sich denken, dass er gerade diesen Damis den Jüngern Jesu, die als seine steten Begleiter, und als Zeugen seiner Reden und Thaten, sein Leben beschrieben hatten, zur Seite stellen wollte? Was Philostratus (I. 19) über ihn bemerkt, er habe den Apollonius wie

*) Bohlen, nach dessen Vermuthung vielleicht schon die Beschreibung von Damis ein compilirter Roman war, bemerkt: der Name Damis sei wenigstens ein stehender Typus, wenn etwas über Indien berichtet werde: bei Strabo unterhalte sich Onesikritus mit einem Mandanis, Porphyr nenne den Damadamis, mit welchem Bardesanes Umgang gepflogen, wieder spiele derselbe Held Dandamis eine Sophistenrolle beim Palladius. Bei den Indern sei Damas, oder Dama, ein gewöhnlicher Name, der um so besser Stereotyp für einen Gymnosophisten wurde, da er einen Bezähmer der Sinne anzeige. Das alte Indien Th. I. S. 73.

einen Gott betrachtet, und sei immer um ihn gewesen, habe an Weisheit zugenommen, und was er vernahm, in seinem Gedächtniss aufgefasst: der Vortrag des Assyriers sei mittelmässig gewesen, denn es habe ihm die rednerische Ausbildung, als einem unter Barbaren erzogenen Manne, gemangelt, aber die täglichen Beschäftigungen und Unterhaltungen aufzuschreiben, und was er hörte oder sah, darzustellen, und Denkschriften darüber zu entwerfen, dazu sei er vollkommen geschickt gewesen, und habe dies besser, als sonst jemand geleistet; in allen diesen Zügen könnte man gar wohl eine der Individualität der Jünger Jesu ganz entsprechende Charakteristik finden. In jedem Falle scheint mir dieser Damis, der uns nur aus der Lebensbeschreibung selbst bekannt ist, hier aber freilich, wie es scheint, recht absichtlich beinahe zu Allem zugezogen, und in alle Geheimnisse eingeweiht wird, eine ziemlich apokryphische Person zu sein, und die Bemerkung des Philostratus selbst (I. 3), ein Verwandter des Damis habe diese Denkschriften, die vorher nicht bekannt waren, in die Hände der Kaiserin Julia gebracht, kann eher Verdacht erwecken, da sie das Aussehen hat, der Verfasser wolle sich voraus gegen Zweifel verwahren, die gegen die Glaubwürdigkeit eines so wenig bekannten Gewährsmannes etwa geltend gemacht werden konnten *). Was die beiden andern von Philo-

---

*) Einige Bemerkungen über die Glaubwürdigkeit des Philostratus finden sich auch bei Hug, Einl. in die Schriften des N. T. 3te Ausg. Th. I. S. 14. Hug spricht zum Beweise der Glaubwürdigkeit der neutestamentlichen Schriftsteller von mehreren Beispielen von Betrügern, die auf dem Wege der Geographie entdeckt worden seien. Auch grössere und unterrichtete Schriftsteller lassen sich zuweilen auf dergleichen Unrichtigkeiten betreten. Selbst an Virgil und Livius seien solche Uebereilungsfehler gerügt worden. Aber besonders angenehm habe ehemals den Christen die Bemerkung sein müssen, die in dieser Hinsicht über das Leben des Apollonius von Tyana gemacht werden könne. Philostratus habe eine Schilderung der berühmten Stadt Babylon zum Besten gegeben, an der zur Zeit kein wahres Wort mehr war, da Babylon einsam und beinahe wüste lag, nachdem Seleucia schon lange seinen Glanz verschlungen hatte. Ferner ver-

stratus genannten Schriftsteller betrifft, so muss hier sogleich auffallen, dass gerade derjenige, gegen dessen Auctorität Philostratus ausdrücklich protestirt, Möragenes, unter den drei Ge-

---

wechselte Philostratus das Volk von Sparta und die Lacedämonier, wie vormals, wo sie noch mit einander Einen Staat bildeten. Er gebe Sparta noch für einen Freistaat aus, da es schon unter römischer Herrschaft war, und nur noch die sogenannten Eleutherolakonen, getrennt von Sparta, durch die Gnade Augusts freie Männer blieben. Können das wohl Nachrichten von einem Augenzeugen und von einem Zeitgenossen sein? Zeige sich hier nicht, dass diese Commentare des Damis ein unredliches Vorgeben sind, und dass der Verfasser dieser Biographie keineswegs aus jenen gleichzeitigen Quellen arbeitete, deren er sich rühmt? — Das erstere Beispiel ist allerdings ein auffallender Anachronismus, nur könnte derselbe eben so gut dem Damis, als dem Philostratus zur Last gelegt werden. Sollen wir aber wirklich glauben, dass ein so gut unterrichteter und mit dem Orient so genau bekannter Schriftsteller, wie Philostratus war, von dem damaligen Zustand Babylons so wenig wusste, dass er da, wo damals nur noch Ruinen waren, sich noch die Stadt in ihrer alten Grösse und Herrlichkeit dachte? Ich kann daher, so sehr ich in der aus diesem Beispiel gezogenen Folgerung im Allgemeinen mit Hug übereinstimme, hier nur einen vom Schriftsteller absichtlich begangenen Anachronismus sehen, wovon mir die Gründe ziemlich nahe zu liegen scheinen. Theils konnte für die alten Magier, mit welchen eigentlich Philostratus seinen Apollonius in Babylon zusammenbringen will, nur das alte Babylon passen, theils brachte es überhaupt die ganze Anlage des Werks mit sich, den Helden desselben, der die schönste Blüthe der alten Religion und Philosophie darstellen sollte, so viel möglich in dem noch unversehrten Glanze der alten heidnischen Welt auftreten zu lassen. Darin liegt aber zugleich von selbst, dass sich Philostratus so offenbare Fictionen nicht hätte erlauben können, wenn es nicht seine Absicht gewesen wäre, ebendadurch selbst einen Wink über den aus Wahrheit und Dichtung gemischten Charakter seines Werks zu geben. Das zweite von Hug angeführte Beispiel scheint mir gar nichts Beweisendes zu enthalten. Ohne Zweifel meint Hug die Stelle IV. 33 (nicht IV. 2, wie falsch citirt ist). Hier wird erzählt: während der Abwesenheit des Apollonius in Lacedämon sei ein Brief des Kaisers an die Lacedämonier gekommen, worin sie gescholten wurden, über die Schranken ihrer Freiheit hinaus zu freveln. Diese Vorwürfe hatten ihnen Verläumdungen des Präfekten von Hellas zugezogen. Hierüber waren die Lacedämonier in Verlegenheit, und Sparta war mit sich selbst uneinig, ob sie den Zorn des Kaisers durch Bitten abwehren, oder mit Stolz antworten sollten. Wie soll nun aber hierin eine

währsmännern der einzige ist, welchen wir auch anderswoher kennen. Origenes erwähnt ihn Contra Cels. VI. 41, wo von der Behauptung des Celsus die Rede ist, dass die Magie nur gegen ungebildete und sittlich verdorbene Menschen etwas vermöge, nicht aber gegen Philosophen, die sich eine gesunde Diät angelegen sein lassen. Wer sich darüber belehren wolle, fährt Origenes fort, ob auch Philosophen dem Einfluss der Magie zugänglich sind, oder nicht, lese die Denkwürdigkeiten, die Möragenes über Apollonius von Tyana, der zugleich Magier und Philosoph war, geschrieben habe. Möragenes, der nicht Christ, sondern Philosoph war, melde in denselben, es haben sogar einige nicht unbedeutende Philosophen dem Einfluss der Magie des Apollonius nicht widerstehen können, als sie zu ihm, als einem Zauberer, kamen, und namentlich habe er, wie er glaube, den Euphrates erwähnt und einen gewissen Epikureer. Auch Origenes kannte demnach einen Möragenes, der über Apollonius geschrieben hatte, aber wir erfahren nun aus dem Zeugnisse des Origenes zugleich, warum Philostratus in seinem Vorwort ausdrücklich bemerkt, man dürfe sich in Hinsicht der Nachrichten über Apollonius nicht an Möragenes halten, welcher zwar vier Bücher über Apollonius geschrieben, aber vieles von ihm nicht gewusst (oder irrig aufgefasst) habe.

---

unrichtige Vorstellung von den damaligen politischen Verhältnissen Sparta's liegen? Unrichtig ist vielmehr die Behauptung Hugs, dass unter römischer Herrschaft nur noch die sogenannten Eleutherolakonen, getrennt von Sparta, freie Männer blieben. Was August den sogenannten Eleutherolakonen bewilligte, bestand nur darin, dass die 24 lakonischen Städte, die unter dem Namen Eleutherolakonen eine gewisse Unabhängigkeit erhielten, nun auch von den Gesetzen Sparta's ganz losgebunden, ihren eigenen folgten, und einen kleinen Bundesstaat für sich bildeten. Paus. III. 21, 6. O. Müller Dorier Th. II. S. 22. Aus dem Namen der Eleutherolakonen darf jedoch keineswegs geschlossen werden, dass nicht auch Sparta eine gewisse Unabhängigkeit, denselben Schein von Autonomie hatte. Höchstens also könnte man sagen, Philostratus hätte die Spartaner nicht zugleich Lacedämonier nennen sollen. Wer wird aber diess befremdend finden? Ganz gemäss den Verhältnissen jener Zeit spricht Philostratus von einem ἄρχων, d. h. einem Proconsul von Achaia.

Möragenes nämlich hatte nach Origenes den Apollonius als Magier und Zauberer geschildert, und wenn nun eben diese dem Apollonius gemachte Beschuldigung der Magie es ist, von welcher Philostratus den Helden seiner Geschichte wiederholt und aufs Angelegentlichste zu reinigen und freizusprechen sucht, so liegt hier klar vor Augen, dass Philostratus aus Apollonius etwas ganz anderes gemacht hat, als er nach dem Zeugniss älterer Schriftsteller gewesen sein soll. Diesen galt er vorzugsweise als Magier, wie er auch durchaus genannt wird, und was sie Ausserordentliches von ihm zu erzählen wussten, wie namentlich die von Dio Cassius gemeldete Scene, wurde von ihnen nur als Wirkung der Magie genommen, Philostratus aber wollte ihn nicht als Magier erscheinen lassen, er konnte ihn daher nur als einen Weisen schildern, der die ausserordentliche Kraft, die ihn auszeichnete, nur einer ihn auf eine höhere, übermenschliche Stufe erhebenden Philosophie zu verdanken hatte, er musste ihn also mit Einem Worte idealisiren, und wir sehen hier deutlich den Anfangspunkt, von welchem die ganze Darstellung des Philostratus ausgegangen ist. Diese Tendenz gibt ja überdiess Philostratus selbst auf eine ziemlich unzweideutige Weise zu verstehen, wenn er sein Vorwort über seine Vorgänger, und die von ihm benützten Quellen, im Gegensatz gegen Möragenes, mit den Worten schliesst: „Möge diese Schrift dem Manne, von dem sie handelt, Ehre, und den Wissbegierigen Nutzen bringen! Gewiss werden sie daraus erfahren, was sie noch nicht wissen!“ Während die einen diess, die andern jenes von ihm rühmen, hatte Philostratus zuvor bemerkt, die meisten nur einen Magier in ihm sehen, sei er dadurch verläumdet, und ihm grosses Unrecht gethan worden *).

*) Tennemann, Gesch. der Philos. Bd. V. S. 202. nimmt von der oben bemerkten Tendenz Veranlassung zu dem Vorwurf, dass in der ganzen Lebensbeschreibung des Philostrat gar keine Einheit sei. „Hätte Philostrat die Absicht gehabt, zu zeigen, Apollonius sei ein Zauberer oder Magier gewesen, so hätte er seine Absicht vollkommen erreicht. Aber seine Lebens-

Es ist demnach nicht wohl zu bezweifeln, dass der Held der philostratischen Lebensbeschreibung wirklich eine historische Person ist, ein Magier, der in der zweiten Hälfte des ersten Jahrhunderts lebte, und hauptsächlich unter Domitian Aufsehen erregte, wie namentlich der von Dio Cassius erzählte Vorfall beweist. Es darf diess mit um so grösserer Wahrscheinlichkeit angenommen werden, da ja überhaupt Magier und Theurgen dieser Art in jenem Zeitalter keine seltene Erscheinung waren. Ein für unsern Zweck besonders beachtenswerthes Seitenstück zu dem Leben des Apollonius haben wir in Lucians Pseudomantis oder Alexander von Abonoteichos. In der Schilderung, die Lucian von ihm gibt, lassen sich sogleich einige Züge bemerken, die eine auffallende Aehnlichkeit mit dem Apollonius des Philostratus zeigen. Wie Philostratus schon I. 6 nicht blos die geistigen Vorzüge, sondern auch die ausgezeichnete, aller Augen auf sich ziehende Schönheit seines Helden rühmt, und auch sonst wiederholt auf den ausserordentlichen Eindruck seiner äussern Erscheinung aufmerksam macht, so hebt auch Lucian vor allem hervor, dass Alexander gross von Statur, schön von Gesicht war, und in seinem ganzen Wesen wirklich etwas hatte, das mehr als einen Menschen anzukündigen schien. Der lebhafte, feurige Blick seiner Augen habe Begeisterung verrathen, der Ton seiner Stimme sei äusserst klar und wohlklingend, kurz seine ganze

---

beschreibung sollte das Gegentheil zeigen und den Apollonius von diesem Vorwurfe befreien, gleichwohl enthält sie so viele Begebenheiten, welche eine übernatürliche Kenntniss und Kräfte voraussetzen, ohne dass sie in den ganzen Context des Lebens dieses Mannes passen, dass man sich diess ganze Gewebe nicht anders erklären kann, als dass es aus heterogenen Bestandtheilen zusammengesetzt worden." Dieser Vorwurf ist sehr ungegründet. Wenn Tennemann das Uebernatürliche mit dem Zauberischen oder Magischen identificiren zu müssen glaubt, so folgt daraus nicht, dass Philostratus derselben Ansicht sein musste. Der Gegensatz des dämonisch Uebernatürlichen und des göttlich Uebernatürlichen ist durchaus so festgehalten, dass man der Darstellung des Schriftstellers, wofern man ihn nur aus dem Standpunkt beurtheilt, auf welchen er sich gestellt hat, Einheit nicht absprechen kann.

äussere Erscheinung durchaus ohne Mangel gewesen. Auch an ausgezeichneten geistigen Eigenschaften habe es ihm nicht gefehlt: er habe durchdringenden Verstand, Scharfsinn und Gewandtheit des Geistes in ungewöhnlichem Grade besessen, und sei, wie wenige Menschen, mit der glücklichen Gabe ausgerüstet gewesen, alles Lernbare schnell sich anzueignen und zu behalten. Ebenso theilten auch beide die Beziehung auf Pythagoras. Denn auch Alexander selbst verglich sich mit Pythagoras, und wie Apollonius sich vorzugsweise als einen Diener und Freund des Asklepios betrachtete, so wollte auch Alexander in einem ähnlichen Verhältniss zu Asklepios stehen. Ausgedehnte Reisen, wie Apollonius, machte zwar Alexander nicht, doch zog auch er einige Zeit überall umher, und es ging auch bei ihm alles in's Grosse, und er beschäftigte sich stets mit den weitaussehendsten Absichten und Entwürfen. Nachdem es ihm einmal gelungen war, seinen Wahrsagungen und Ankündigungen verborgener Dinge Glauben zu verschaffen, wurde auch er Gegenstand allgemeiner Bewunderung. Selbst äusserlich stunden beide einander ziemlich nahe. Der Lehrmeister und Liebhaber Alexanders war aus Tyana, und wie Lucian C. 5 ausdrücklich bemerkt, einer jener vertrautesten Schüler des Apollonius aus Tyana, die mit der ganzen Comödie, welche dieser weltberühmte Mann spielte, genau bekannt waren. In einer solchen Schule, setzt Lucian hinzu, sei der Held seiner Darstellung gebildet worden (Cap. 3—5). So ähnlich in diesen Zügen die beiden Magier einander sind, so gross ist der Gegensatz, in welchen die Darstellungen der beiden Schriftsteller auseinander gehen. Philostratus wollte in seinem Apollonius das Ideal eines pythagoreischen Weisen und Weltreformators, Lucian in seinem Alexander den unübertroffensten Gaukler und Betrüger, der alle seine Fähigkeiten zu den schlechtesten Zwecken verwendete, und durch den Missbrauch so edler Kräfte es in Kurzem zu dem ersten Range unter den verrufensten Uebelthätern brachte, darstellen. Wenn man das Schlimmste und Schmählichste, sagt Lucian C. 4, was je in verläumderischer Absicht dem Pythagoras nachgesagt worden, und was er für wahr zu halten weit entfernt sei, zusammennähme, so würde alles das immer noch den kleinsten Theil von den Schändlichkeiten ausmachen, die sich Alexander zu Schulden kommen liess. Um sich ein Bild von ihm zu machen, solle man sich einen Charakter vorstellen, der aus einer bunten Mischung von Lüge, Trug, Meineid und bösen Künsten aller Art zusammengesetzt ist: gewandt, unternehmend, verwegen, unermüdlich, wenn es gilt, Entwürfe ins Werk zu setzen, geschickt, sich Zutrauen und Glauben zu verschaffen, im Besitze der Kunst, sich für besser zu geben, als man wirklich ist, und seine Absicht so täuschend zu verbergen, dass man das gerade Gegentheil davon zu wollen scheint. Gewiss habe es noch keinen gegeben, der nicht nach dem ersten Zusammentreffen mit diesem Alexander die Meinung von ihm wegtrug, dass er der beste, rechtlichste, und dabei einfachste und geradeste Mensch unter der Sonne wäre. Auch Lucian wollte, wie aus Allem erhellt und schon sein bekannter schriftstellerischer Charakter wahrscheinlich macht, ein Gemälde geben, das die Wirklichkeit in einem so viel möglich vergrösserten Maasstabe darstellte, nur konnte unter seiner Hand kein sittliches Ideal, sondern nur eine die Thorheit und Albernheit eines erschlafften Zeitalters mit der bittersten Ironie verhöhnende Carricatur entstehen. Er würde, wie er selbst andeutet, auch auf Apollonius von Tyana, wenn es ihm gefallen hätte, diesen zum Gegenstand seiner Darstellung zu machen, im Ganzen dieselben Farben aufgetragen haben, mit welchen er nun das Gemälde seines Alexander ausstattete, wenn gleich allerdings der Letztere für seine Zwecke noch besser als jener taugen mochte, da Apollonius, bei aller sonstigen Aehnlichkeit, doch mehr sittlichen Gehalt gehabt zu haben scheint, als Alexander, und daher auch von Origenes und andern nicht blos Magier, sondern auch Philosoph genannt wird. Aus der Vergleichung der beiden Darstellungen scheint demnach wenigstens so viel zu erhellen, dass wir sie nur als Extreme nehmen können, von welchen auf beiden Seiten ungefähr gleich viel hinwegzunehmen ist, um der Wirklichkeit, über die sie so weit hinausgegangen sind, wieder näher zu kommen.

Dürfen wir dieser Erörterung zufolge annehmen, dass Philostratus keine historische, sondern eine idealisirende Darstellung geben wollte, so kehrt die Frage nach dem Zwecke seines Werkes um so natürlicher zurück. Dass er in seinem Apollonius das Ideal eines pythagoreischen Weisen aufstellen wollte, leidet zwar keinen Zweifel. Aber was veranlasste ihn, eine solche Darstellung gerade in jener Zeit zu geben? Die überwiegende Wahrscheinlichkeit ist, wie ich glaube und nun weiter zu entwickeln versuche, dafür, dass die Veranlassung dazu im Christenthum lag: es darf von dem Plane seines Werks die Absicht nicht ausgeschlossen werden, den weisen Apollonius von Tyana Christus zur Seite zu stellen. Was gegen diese Voraussetzung gewöhnlich eingewendet wird, dass sie sich aus keiner Stelle des Werkes beweisen lasse, da doch die Veranlassung nicht fehlte, auf das Christenthum sich beziehende Bemerkungen einfliessen zu lassen, wie z. B. V. 33, wo er von den Juden redet, scheint mir eher für dieselbe zu sprechen. Philostratus schrieb in einer Zeit, in welcher das Christenthum schon so verbreitet war, dass es nicht wohl einen griechischen und römischen Schriftsteller geben konnte, bei welchem nicht Kenntniss desselben vorauszusetzen wäre. Am wenigsten konnte es einem so vielseitig gebildeten und kenntnissreichen Schriftsteller, wie Philostratus war, der noch überdiess, als er sein Werk verfasste, am kaiserlichen Hofe lebte, unbekannt sein. Findet man es nun mit Recht auffallend, dass er, ungeachtet der unläugbaren Aehnlichkeit seines Helden mit Christus, ungeachtet der in so vielen Stellen sich darbietenden Gelegenheit, das Christenthum mit keiner Sylbe erwähnt, so muss ein solches Stillschweigen vielmehr als ein absichtliches erscheinen. Unvereinbar mit der Voraussetzung einer Beziehung seines Werks auf Christus wäre das von ihm beobachtete Stillschweigen nur in dem Falle gewesen, wenn sein Werk eine unmittelbare feindliche Tendenz gegen das Christenthum gehabt habe. Allein eine solche ihm zuzuschreiben, sind wir weder genöthigt, noch berechtigt. Es lässt sich zunächst wenigstens eben so gut annehmen, dass es ihm nur um eine einfache Parallele zu thun war. Um seinen Gegenstand rein objectiv zu behandeln, vermied er jede Erwähnung des Christenthums, ob ihm gleich die Rücksicht auf das Christenthum bei seiner ganzen Darstellung vorschwebte, es galt nur den Versuch, aus den in der heidnischen Welt gegebenen Elementen eine idealische Person derselben Art, wie die Christen in ihrem Christus verehren zu dürfen glaubten, zu gestalten. Je objectiver der Gegenstand behandelt wurde, desto weniger konnte die Darstellung ihren Zweck verfehlen, jede Erinnerung an die Absicht, die ihr zu Grunde lag, und am meisten eine offen ausgesprochene Polemik hätte den Eindruck des Ganzen nur stören müssen, es wäre sogleich als ein blosses Nachbild, dessen wesenlose Gestalt leicht zu durchschauen ist, erschienen, während nun der Schriftsteller, indem er sich geheimnissvoll genug den Anschein gibt, wie wenn er von keinem Christenthum in der Welt wüsste, nur die Sache selbst reden lassen will, und uns ein vom Christenthum völlig unabhängiges Erzeugniss zu geben scheint. Diese schon durch den Eindruck des Ganzen sich aufdringende Ansicht möchte, wenn wir einen Blick auf die äussern Verhältnisse werfen, unter welchen das Werk des Philostratus entstanden ist, sich ohne Mühe gegen den Vorwurf einer leeren Hypothese vertheidigen lassen. Die Veranlassung, das Leben des Apollonius zu beschreiben, erhielt Philostratus, wie er selbst bemerkt I. 3, durch die Kaiserin Julia, die Gemahlin des Septimius Severus, die, eine Freundin der Wissenschaften, Sophisten und Rhetoren um sich versammelte, und rhetorische Unterhaltungen jeder Art liebte und begünstigte. Zu dem Kreise dieser gelehrten Umgebungen gehörte auch Philostratus*). Dass für rhetorische und philo-

*) Was Philostratus (I. 3) von der Kaiserin Julia sagt, dass sie einen *κύκλος* von Gelehrten um sich hatte, und *τοὺς ῥητορικοὺς πάντας λόγους ἐπῄνει καὶ ἠσπάζετο*, bezeugt auch Dio Cassius L. LXXV. in dem Auszuge des Xiphi-

sophische Unterhaltungen dieser Art ein religiöser, auf das Verhältniss der alten Religion zum Christenthum sich beziehender, Gegenstand gewählt wurde, kann um so weniger befremden, da ja seit jener Zeit vorzüglich die Sophisten und Rhetoren es waren, die die alte Religion aufrecht zu erhalten und ihr dem Christenthum gegenüber eine höhere Bedeutung zu geben suchten. Wären wir über die religiöse Denkweise der Kaiserin und ihrer Umgebung näher unterrichtet, so würde sich hieraus auch der Zweck, welchen die nach ihrem Auftrage verfasste Lebensbeschreibung des Apollonius hatte, sicherer beurtheilen lassen. Allein hierüber fehlt es uns aus jener überhaupt literarisch so armen Periode an Nachrichten. Doch ist es wohl nicht zu gewagt, den religiösen Synkretismus, der sich um jene Zeit immer mehr verbreitete, und welchem insbesondere mehrere Mitglieder des kaiserlichen Hauses und der Familie der Kaiserin Julia ergeben waren, auch bei ihr vorauszusetzen. Der Gemahl der Julia, der Kaiser Septimius Severus zeigte, obgleich Eusebius K. G. IV. 1 von einer Verfolgung unter seiner Regierung spricht, doch im Ganzen eher

---

linus c. 15. Plautianus, der *Praefectus praetorio*, galt bei dem Kaiser so viel, *ὥστε καὶ τὴν Ἰουλίαν τὴν Αὐγούσταν πρὸς τὸν Σεβῆρον ἀεὶ διέβαλλεν, ἐξετάσεις τε κατ᾽ αὐτῆς καὶ βασάνους κατ᾽ εὐγενῶν γυναικῶν ποιούμενος· καὶ ἡ μὲν αὐτή τε φιλοσοφεῖν διὰ ταῦτ᾽ ἤρξατο καὶ σοφισταῖς συνημέρευσεν.* In den Vitae Sophist., die, wenn auch nicht das Werk desselben Philostratus, doch eines dem ältern sehr nahe stehenden jüngern Philostratus sind, wird c. 30 der Kaiser Antoninus Caracalla ein Sohn *τῆς* (so ist ohne Zweifel statt *τοῦ* zu lesen) *φιλοσόφου Ἰουλίας* genannt, und es ist von *γεωμέτραι* und *φιλόσοφοι* die Rede, die *περὶ τὴν Ἰουλίαν* waren, und zu welchen auch der Sophist Philiskus, dessen Leben a. a. O. beschrieben wird, gehörte. In den in der Sammlung der philostratischen Werke befindlichen Briefen des Philostratus ist der dreizehnte an die Kaiserin Julia gerichtet, in welchem gesagt wird, dass sie kürzlich selbst einen Vortrag über den Sokratiker Aeschines gehalten und von dem Styl seiner Dialogen gesprochen habe. Dürften wir annehmen, dass vielleicht die Kaiserin Julia damals, als Sept. Severus einige Zeit in Tyana krank lag, in seiner Begleitung war, so könnte auch diese äussere Veranlassung dazu beigetragen haben, ihre Aufmerksamkeit auf Apollonius hinzulenken. Vgl. Dio Cass. LXXV. 15.

eine dem Christenthum günstige Gesinnung. Das Gesetz, durch welches er nach Spartian c. 17 den Uebertritt zum Christenthum, wie zum Judenthum, bei schwerer Strafe verbot, enthielt, wie auch Neander urtheilt, im Grunde sogar eine Milderung der ältern Gesetze. Es war den Grundsätzen jenes Synkretismus ganz gemäss, jede der verschiedenen Religionen, um die eine neben der andern bestehen zu lassen, auf den ihr einmal zukommenden Kreis zu beschränken, und die Unterdrückung der einen durch die andere zu verhindern. Es sollten auf diese Weise in der Mannigfaltigkeit der Formen nur verschiedene Modificationen der Einen Religion erscheinen. Vorzüglich aber waren es die dem Geschlecht der Kaiserin Julia näher angehörenden Nachfolger des Sept. Severus, die beiden Kaiser Heliogabalus und Alexander Severus, die uns als ächte Repräsentanten dieses Synkretismus gelten können. Beide waren Schwesterenkel der Kaiserin Julia*), und so durchaus verschieden sie in Hinsicht ihres Charakters und Lebens waren, so hatten sie doch im Ganzen dieselbe religiöse Richtung. Nicht das Ansehen der altrömischen Staatsreligion wollten sie erhalten, sondern als geborne Syrer (auch Julia stammte nach Spartian c. 3 aus Syrien, wo schon seit alter Zeit verschiedene Religionsformen sich vermischten) den orientalischen Sonnencultus als Grundlage und Grundform aller andern Religionsformen einführen. Diese Absicht hatte wenigstens Heliogabalus. Lampridius sagt in dessen Leben c. 3: *Ubi primum ingressus est Urbem, omissis iis, quae in provincia gerebantur, Heliogabalum in Palatino monte juxta aedes imperatorias consecravit, eique templum fecit, studens et Matris typum, et Vestae ignem, et Palladium, et ancilia, et omnia*

---

*) *Fuit quaedam mulier Maesa, sive Varia, ex Emissena urbe, soror Juliae uxoris Severi Pertinacis Afri. Huic erant duae filiae, Semiamira et Mammaea, quarum majori filius erat Heliogabalus.* Julius Capitolinus in dem Leben des Macrinus c. 9. Der Sohn der Mammäa war Alexander Severus. Beide von ihrer Grossmutter erzogen, waren Priester des Sonnengottes Heliogabalus. Herodian V. 3.

Romanis veneranda in illud transferre templum, et id agens, ne quis Romae Deus nisi Heliogabalus coleretur. Dicebat praeterea, Judaeorum et Samaritanorum religiones et Christianam devotionem illuc transferendam, ut omnium culturarum secretum Heliogabali sacerdotium teneret. Vgl. c. 6: *Nec Romanas tantum exstinguere voluit religiones, sed per orbem terrae unum studens, ut Heliogabalus Deus unus ubique coleretur* etc. C. 7: *Omnes sane Deos sui Dei ministros esse ajebat, cum alios ejus cubicularios appellaret, alios servos, alios diversarum rerum ministros**). Derselbe Synkretismus und Eklecticismus

---

*) Heliogabalus hatte denselben Namen mit dem Gott, dessen Priester er war. Heliogabalus ist abzuleiten von אֵל und גְּבַל. Den Namen Gebal (im Arabischen Berg) hatten mehrere phönicische und syrische Städte, namentlich die Stadt Byblus. S. Michaelis Suppl. ad. lex. hebr. S. 251. Der Gott wurde, wie es scheint, besonders auf Bergen verehrt: auch in Rom wies ihm Heliogabalus seinen Sitz auf dem palatinischen Berg an. Da er in jedem Falle ein Sonnengott war, so substituirte man die Form *Heliogabalus*, wofür übrigens auch die Formen Ἐλιγάβαλος und Ἐλαιαγάβαλος bei Dio Cassius und Herodian vorkommen. Der Sonnencultus war in Phönicien sehr vorherrschend. Τοῦτον (θεὸν ἥλιον), sagt Herodian V. 3, οἱ ἐπιχώριοι σέβουσι, τῇ Φοινίκων φωνῇ Ἐλαιαγάβαλον καλοῦντες. Auch die Stadt Emesa, in deren Sonnentempel Heliogabalus Priester war, hatte ihren Namen von der Sonne, von שֶׁמֶשׁ. Der Tempel, welchen Herodian a. a. O. beschreibt, war reich an Gold, Silber und Edelsteinen. Auch die benachbarten Barbaren ehrten den Gott durch jährliche kostbare Geschenke. Es war hier kein durch Menschenhand gemachtes, die Gestalt des Gottes darstellendes Bild, sondern ein grosser, runder, sich zuspitzender Stein, in der Gestalt eines Kegels, von schwarzer Farbe, der vom Himmel gefallen sein sollte, und auf welchem man das Bild der Sonne zu erblicken glaubte (wie der schwarze Stein der Kaaba, der als Symbol des arabischen Dionysos schon eines der vormuhammedanischen Idole war). Der frechen Verhöhnung alles Sittlichen und Anständigen, wodurch Heliogabalus berüchtigt ist, lag derselbe Synkretismus zu Grunde, der moralisch gewendet, zum völligsten Indifferentismus wurde, auf dieselbe Weise, wie wir es bei gnostischen Secten desselben Zeitalters finden, namentlich den Carpocratianern, die mit ihrer monadischen Gnosis, vermöge welcher sie in Pythagoras, Plato, Aristoteles, Christus solche sahen, die sich durch die Kraft ihrer reinen und starken Seele zur Monas erhoben

tritt bei dem Nachfolger des Heliogabalus, dem edlen und frommen Kaiser Alexander Severus, wenigstens darin hervor, dass er, wie Lampridius in seiner Vita c. 29 meldet, *in larario suo et divinos principes, sed optimos, electos, et animas sanctiores, in queis et Apollonium, et, quantum scriptor suorum temporum dicit, Christum, Abraham et Orpheum et hujusmodi ceteros habebat.* Dieses *lararium* war demnach ein *secretum omnium culturarum*, wie der Tempel des Heliogabalus. Wie Heliogabalus alle Gottheiten der verschiedenen Culte auf seinen Gott Heliogabalus zurückführte, so galten ohne Zweifel dem Alexander Severus die von ihm verehrten göttlichen Männer, Apollonius, Christus, Abraham, Orpheus, als Wesen, in welchen das göttliche Lichtprincip, das den Mittelpunkt seiner Wirksamkeit in der Sonne hatte, sich in einem höhern Grade als in andern Menschen manifestirte. Es ist hier nicht zu übersehen, und als ein deutlicher Beweis des Verhältnisses zu betrachten, in welchem die dem Apollonius zugeschriebene Religionslehre zu dem in jener Zeit herrschenden Synkretismus stand, dass auch dem Apollonius der Helios vorzugsweise als die Eine Gottheit, und das von der Sonne aus wirkende Licht als das Princip jeder höhern Erkenntniss und sittlichen Vollkommenheit galt. Es ist diess dieselbe hohe Bedeutung der Sonne, welche nach Plato's Vorgang (De Rep. VI. S. 508, wo Plato die Wirkung der Sonne mit der Wirkung des höchsten Guten in der geistigen Welt vergleicht) in der Folge besonders dem das Heidenthum so viel möglich vergeistigenden und dem Christenthum annähernden Zeitalter des Kaisers Julian eigen war. (Vgl. Neander über den Kaiser Julianus und sein Zeitalter, Leipz. 1812. S. 107). Julian selbst, der den Helios

---

haben, in der Sittenlehre den Grundsatz verbanden: die ganze Natur offenbare Gemeinschaft und Einheit, und zuerst die Satzungen der Menschen, welche diesem Naturgesetze zuwider waren, haben die Sünde hervorgebracht. Neander Gnost. Syst. S. 355 f. [Baur Gesch. d. christlichen Kirche I, 492 f.]

als seinen besondern Schutzgott verehrte, und täglich der aufgehenden und untergehenden Sonne opferte (Neander a. a. O. S. 129), hatte von der Sonne folgende Ansicht: Was für die erste Stufe des Daseins das ewige Gute ist, das alles Leben aus sich erzeugt und in Einheit zusammenhält, das ist für die zweite Stufe die Offenbarung und das Bild des Guten, der Gott Helios, der auf gleiche Weise alle Kräfte und Wirkungen diesen Wesen mittheilt, sie als ihr Mittelpunkt unter einander selbst und mit der höhern Stufe zu Einem Ganzen verbindet, und wieder das Bild und die Offenbarung desselben in dem über den Wandel und die Vergänglichkeit erhabenen Theile der sichtbaren Welt ist die sichtbare Sonne, die in demselben Verhältnisse steht zu den übrigen Gestirnen, als Offenbarungen der übrigen Götter, Leben und Kraft ihnen mittheilt, alle jene Offenbarungen mit ihren ewigen Urbildern verbindet, und ihren gesammten Einfluss auf die materielle Welt verbreitet, in jeder Rücksicht Mittelpunkt des Ganzen, als Offenbarung des Guten auf jeder Stufe des Daseins. Die einfache Ursache alles Daseins erzeugt mitten unter allen schaffenden und geistigen Ursachen den grössten Gott Helios, aus sich selbst und ihr durchaus ähnlich. Was jenes Gute unter den höchsten Göttern wirkt, wirkt er unter den geistigen. Jenes wirkt unter ihnen Schönheit, Dasein, Vollkommenheit und Einheit, und alles dieses wirkt auf der folgenden Stufe Helios. Das dritte ist jene sichtbare Kügel, die Ursache der Erhaltung für alles Sichtbare. „Ihr glaubt," schrieb daher Julian an die Alexandriner, „dass der Jesus Gott sei, den weder eure Väter gesehen haben noch ihr, nicht aber der, welchen seit ewigen Zeiten das ganze Menschengeschlecht sieht und verehrt, und der von den Menschen verehrt ihr Wohlthäter ist, der grosse Helios, das lebendige, beseelte, geistige, wohlthätige Bild des über alle Vernunft erhabenen Vaters." Helios sollte also in diesem System dieselbe Stelle einnehmen, welche im Christenthum Christus inne hat. Um das Heidenthum dem Christenthum noch conformer zu machen, bedurfte es nur noch des Schrittes, welchen der Manichäismus that, den Licht- und Sonnengeist Christus zu nennen. Vgl. meine Schrift: das Manich. Rel. System. Tüb. 1831, S. 204. f.

Dem Synkretismus jener Zeit hatte das Christenthum theils die Duldung, theils die Aufmerksamkeit zu danken, die ihm damals von den Häuptern des Staats zu Theil wurde. Nach Lampridius (c. 43) hatte derselbe Kaiser Alexander Severus, der Christus in seinem Lararium verehrte, sogar im Sinne, Christus einen Tempel zu erbauen und ihn unter die Götter aufzunehmen: nur der Ausspruch der heidnischen Opferwahrsager, die in diesem Falle den allgemeinen Uebertritt zum Christenthum und die Verödung aller heidnischen Tempel ankündigten, hielt ihn davon ab. Von der Mutter desselben Kaisers, Julia Mammäa, erzählt Eusebius (K. G. VI. 21), sie habe als eine sehr religiöse Frau, da der so weit verbreitete Ruf des Origenes auch zu ihr gedrungen war, sehr gewünscht, den Mann persönlich kennen zu lernen, und sich von seiner allgemein bewunderten Einsicht in göttliche Dinge selbst zu überzeugen. Sie liess ihn daher während ihres Aufenthalts in Antiochien durch Soldaten ihrer Leibwache zu sich berufen. Er blieb einige Zeit bei ihr und theilte ihr sehr vieles über die Würde Christi und die Vorzüge der christlichen Religion mit. Kann es nun nach allem diesem unwahrscheinlich sein, dass auch schon einige Zeit früher in demselben Kreise, welchem die genannten Personen angehörten, dieselbe Ansicht vom Christenthum Eingang gefunden hatte, und dass eben damit das gerade damals dem Apollonius von Tyana zugewandte Interesse im Zusammenhang stand? Ungefähr um dieselbe Zeit, in welcher Philostratus das Leben des Apollonius beschrieb, oder wenigstens nicht lange nachher, liess ihm der Kaiser Caracalla ein Heiligthum erbauen (nach Dio Cassius LXXVII. 18 *τοῖς μάγοις καὶ γόησιν οὕτως ἔχαιρεν, ὡς καὶ Ἀπολλώνιον τὸν Καππαδόκην, τον ἐπὶ τοῦ Δομιτιανοῦ ἀνθήσαντα ἐπαινεῖν καὶ τιμᾷν* [*ὅστις καὶ γόης καὶ μάγος ἀκριβὴς ἐγένετο*] *καὶ ἡρῷον αὐτῷ κατασκευάσαι*). Sollte einmal der Versuch gemacht werden, Christus ein solches Gegenbild gegenüber zu stellen, so eignete sich dazu unstreitig die Person des Apollonius am besten, welcher, wie Philostratus selbst (I. 2) bemerkt, weder in sehr alter noch in ganz neuer Zeit lebte*), und da er schon ursprünglich nicht blos ein Magier und Zauberer der gewöhnlichen Art gewesen zu sein scheint, leicht zum vollkommenen Weisen idealisirt werden konnte. Lag die Veranlassung, ein solches Ideal aufzustellen, in der synkretistischen Richtung jener Zeit, so erklärt sich hieraus sehr natürlich, dass in dem Werke des Philostratus jede unmittelbare und absichtlich polemische Beziehung zum Christenthum fehlte, da jener Synkretismus eher in einem friedlichen als feindlichen Verhältniss zum Christenthum stand, und demselben den gleichen Anspruch auf Wahrheit einräumte, welchen auch andere einzelne Religionsformen hatten. Wie sehr aber Philostratus durch das Ideal, zu welchem er den Apollonius erhob, einem im Geiste jener Zeit liegenden Interesse entgegenkam, zeigt die Aufnahme, die seine Idee fand. Die Verehrung des Apollonius stieg auf einen immer höhern Grad: nachdem Caracalla zuerst ihm ein Heiligthum gebaut hatte, wurden ihm bald viele Tempel geweiht, und allgemein bekannt war das in ihnen aufgestellte charakteristische Bild des ehrwürdigen majestätischen Weisen, und dass er auch jetzt noch in gewissen Fällen mit seiner wohlthätigen Wirksamkeit in die menschlichen Dinge eingreife, wurde nicht bezweifelt. Zum Beweise hievon kann dienen, was Flav. Vopiscus in der Vita Aureliani c. 24 erzählt: *Aurelianum de Tyanae civitatis eversione vera dixisse, vera cogitasse; verum Apollonium Tyaneum, celeberrimae famae auctoritatisque sapientem, veterem philosophum, amicum verum Deorum, ipsum etiam pro numine fre-*

*) Auffallend ist, wie genau die Geburt des Apollonius mit der Geburt Christi zusammentrifft. Nach Philostratus erlebte Apollonius noch die Regierung Nerva's, nur ist die Zeit seines Todes nicht genau bekannt, da man ihn bald achtzig, bald neunzig, bald über hundert Jahre alt werden lässt. Olearius setzt seine Geburt in das Jahr 750 a. U. C. in dem *Conspectus chronol. vitae Apoll. praef. XLII.*

quentandum, recipienti se in tentorium, ea forma, qua videtur, subito adstitisse, atque haec latine, ut homo Pannonius intelligeret, verba dixisse: „Aureliane, si vis vincere, nihil est, quod de civium meorum nece cogites! Aureliane, si vis imperare, a cruore innocentium abstine! Aureliane, clementer te age, si vis vincere!" Norat vultum philosophi venerabilis Aurelianus, atque in multis viderat templis ejus imaginem). Denique statim attonitus et imaginem et statuas, et templum eidem promisit, atque in meliorem rediit mentem. Haec ego*, setzt Vopiscus hinzu, *a gravibus viris comperi, et in Ulpiae bibliothecae libris relegi, et pro majestate Apollonii magis credidi. Quid enim illo viro sanctius, venerabilius, diviniusque inter homines fuit? Ille mortuis reddidit vitam: ille multa ultra homines et fecit et dixit, quae qui velit nosse, graecos legat libros, qui de ejus vita scripti sunt. Ipse autem, si vita suppetat, atque ipsius viri favori usquequaque placuerit, breviter saltem tanti viri facta in literas mittam, non quod illius viri gesta munere mei sermonis indigeant, sed ut ea, quae miranda sunt, omnium voce praedicentur.* Wofür anders wurde nach den hier ausgedrückten Vorstellungen der von Philostratus geschilderte Apollonius von den Heiden der folgenden Zeit gehalten, als für ein zu göttlicher Würde erhobenes, die Gottheit repräsentirendes, ihr gleich zu ehrendes Wesen, von dessen Gnade Segen und Heil erwartet wurde? Diese Vorstellung einer Christo parallelen Würde bezeichnete der Philosoph Eunapius (Vit. Soph. Prooem.) mit den Worten: Philostratus hätte seinen *Βίος Ἀπολλωνίου* eigentlich eine *ἐπιδημία εἰς ἀνθρώπους θεοῦ* nennen sollen. Auch schon Philostratus spricht

*) Man stellte ihn als einen jugendlichen Alten dar, wie wir aus Philostratus VIII. 29 sehen: Einige sagen, er sei über hundert Jahre alt geworden, Greis am ganzen Leibe, aber ungeschwächt, und mit grösserer Anmuth begabt, als die Jugend. Denn es gibt eine Blüthe auch bei Runzeln, die ganz vorzüglich bei ihm stattfand, wie die Bildnisse in dem Tempel zu Tyana beweisen, und die Reden, die das Alter des Apollonius höher preisen, als einst die Jugend des Alcibiades.

IV. 31, wo er den Eindruck beschreibt, welchen Apollonius in Olympia machte, von Theophanien, die zu seiner Ehre gefeiert werden sollten, die Apollonius aber, um dem Neide zu entgehen, nicht gestattete. Die Theophanien waren, wie Jacobs zu der genannten Stelle bemerkt, den Epiphanien der christlichen Kirche analoge Feste der sichtbaren Erscheinung eines Gottes, zur Erhaltung des Andenkens einer solchen Begebenheit, mit der Voraussetzung, dass er das Fest, wenn gleich unsichtbar, doch mit seiner Gegenwart beglücke. Man sah darin, sowohl in der Erscheinung des Gottes selbst, als in den Festen, die in der Erinnerung dieselbe gleichsam wieder zurückrufen sollten, Besuche, ἐπιδημίας, die die Gottheit bei den Menschen machte.

Wie Lucian's Alexander von Abonoteichos zur Beurtheilung des Historischen im Leben des Apollonius einen gewissen Maasstab gibt, so kann für die Beziehung, die ihm Philostratus zu Christus gegeben haben mag, eine andere Schrift desselben Schriftstellers nicht ohne einigen Nutzen für unsere Untersuchung verglichen werden. Ich meine Lucian's Schrift über Peregrinus Proteus, welcher, eine ähnliche Gestalt, wie jener Alexander, das excentrische, einer lucianischen Satyre so vielfachen Stoff darbietende, Zeitalter nur von einer andern Seite darstellt, hauptsächlich aber desswegen für uns merkwürdig ist, weil ihn Lucian auch mit den Christen in Berührung kommen, und sogar eine nicht unbedeutende Rolle unter ihnen spielen lässt. Als er nämlich in Palästina die wundersame Weisheit der Christianer, mit deren Priestern und Schriftgelehrten er Umgang pflog, kennen gelernt hatte, brachte er es in kurzer Zeit so weit, dass seine Lehrer nur Kinder gegen ihn zu sein schienen. Er ward Prophet, Gemeindeältester, Synagogenmeister, kurz Alles in Allem, er legte ihre Schriften aus und schrieb selbst welche in grosser Zahl, so dass sie am Ende ein höheres Wesen in ihm zu sehen glaubten, sich Gesetze von ihm geben liessen und ihn zu ihrem Vorsteher (Bischof) ernannten. Die Christianer erweisen nämlich, bemerkt Lucian, noch heute göttliche Verehrung dem bekannten Magier, der in Palästina gekreuzigt worden, weil er diese neuen Mysterien in die Welt eingeführt hatte (C. 11). Es ist eine öfters besprochene Streitfrage, ob Lucian gerade in diesem das Verhältniss des Peregrinus zu den Christen betreffenden Zuge als historischer Referent, oder nur als ein in seiner Weise idealisirender Schriftsteller anzusehen ist, eine Frage, die bei dem Mangel an historischen Daten nur von einem allgemeinen Standpunkt aus beantwortet werden kann *). Ich gestehe offen, dass ich in dem genannten Verhältniss nur eine historische Fiction sehen kann, und dass mich die Gründe insbesondere, durch welche Wieland die Glaubwürdigkeit seines Geistesverwandten zu erweisen sucht, gerade vom Gegentheil überzeugt haben. Welches Gewicht können Gründe, wie folgende, haben: „Was in aller Welt hätte Lucian bewegen können, einem so bekannten und bei Vielen so angesehenen Mann, wie Proteus war, durch vorsätzliche Lügen die Ehre abzuschneiden? Oder was für rechtmässige Ursachen haben wir, ihn einer so schändlichen Bösartigkeit zu beschuldigen, oder für fähig zu halten? Was hatte er dabei zu gewinnen oder zu verlieren, ob Proteus ein lasterhafter, oder ein unbescholtener und unsträflicher Mann war? Was hätte die Quelle eines so wüthenden persönlichen Hasses gegen ihn sein können?" Die treffendste Widerlegung dieser Ansicht scheint mir zu sein, was Wieland selbst unmittelbar nachher hinzusetzt: „Er hasste den Schwärmer, nicht den Menschen, oder er hasste ihn weder mehr noch weniger, als wie er alle Narren, Aufschneider, Heuchler, Betrüger und Prätendenten an übermenschliche Vollkommenheit hasste: er hielt ihn für einen von den Menschen, deren ganzes Leben eine fortdauernde Lüge und aus Selbstbetrug erzeugter Betrug anderer Leute ist; und da Proteus in dieser Classe schwerlich einen seiner Zeitgenossen über sich hatte, und eine Menge schwacher Menschen sich durch die

*) Man vgl. hierüber die der Wieland'schen Uebersetzung beigegebene Abhandlung über die Glaubwürdigkeit Lucian's in seinen Nachrichten von Peregrinus.

Gaukeleien und den moralischen Zauber des ausserordentlichen Menschen bethören liessen: wie hätte der Lucian, der an so vielen Orten seiner Werke allen Leuten dieses Gelichters öffentliche und ewige Fehden ankündigt, diesen Erzschwärmer eine so prunkvolle Tragödie vor seinen Augen zu Olympia spielen lassen können, ohne ihm zu thun, wie er schon so vielen andern weit weniger bedeutenden Afterphilosophen gethan hatte?" Gerade wenn Lucian von dieser Seite die eigenthümliche Erscheinung des Peregrinus auffasste, so lag es ganz in seiner Weise, das Auffallende und Excentrische, das Peregrinus an sich schon darbot, zu steigern und zu verallgemeinern, um ihn zum Träger einer ganzen Reihe gleichartiger Erscheinungen jener Zeit zu machen, und es konnte ihm daher gar nicht darauf ankommen, nur solche Züge in sein Gemälde aufzunehmen, die das Leben des Peregrinus in einem historisch treuen Abbilde darstellen. Es war ihm genug, dass der ächte Peregrinus in jedem Falle in einem Grad überspannt war, der auch anderes, was denselben Charakter an sich trug, wenigstens als vollkommen glaubwürdig erscheinen liess, und je vielseitiger durch eine solche Behandlung das ganze Gemälde wurde, je mehr Gelegenheit dadurch der Schriftsteller erhielt, hervorstehende Blössen seines Zeitalters mit der Geissel seiner Satyre, wie mit Einem Hiebe, zu treffen, desto vollständiger erreichte er den Zweck, welchen er bei einer solchen Darstellung haben konnte. Ich bin daher der Meinung, dass Lucian nur durch die Scene des Feuertods, die Peregrinus in Olympia gab, veranlasst worden ist, ihn auch mit den Christen in Verbindung zu bringen. Der Tod des Peregrinus (wie gewöhnlich angenommen wird, im J. 168) und die Abfassung der lucianischen Schrift, die vielleicht einige Jahre später gesetzt werden darf, fallen in eine Zeit, in welcher die Christen in den Verfolgungen, die unter Marc-Aurels Regierung über sie ergingen, schon manches Beispiel eines Märtyrertodes gegeben hatten, der durch die freudige Standhaftigkeit, mit welcher sie selbst den Scheiterhaufen bestiegen, die Aufmerksamkeit der Heiden auf sie zog, sie aber nur um so mehr als Schwärmer erscheinen liess. Es ist bemerkenswerth, dass Marc-Aurel selbst in der einzigen Stelle in seinen Selbstbetrachtungen, in welchen er die Christen erwähnt (XI. 3), von ihrem Märtyrertod denselben Ausdruck gebraucht, mit welchem Lucian die Schwärmerei des Peregrinus bezeichnet. Marc-Aurel tadelt a. a. O. die Bereitwilligkeit zu sterben, wenn sie nicht Wirkung eigener Ueberzeugung sei, sondern einer blossen Widerspenstigkeit, wie bei den Christen *). Der Weise müsse mit kalter Vernunft und mit Würde, ohne allen tragischen Pomp (*ἀτραγώδως*) aus der Welt gehen. Ebenso nennt Lucian den Tod seines Peregrinus. „Lass dir," redet er seinen Freund Kronius, an welchen die Schrift gerichtet ist, an, „den ganzen Hergang des abenteuerlichen Drama erzählen. Du kanntest ja seinen Urheber persönlich, und weisst also, welche seltsame Rolle der hochtragische Mann, ausserordentlicher noch, als alle Helden eines Sophokles und Aeschylus, während seines ganzen Lebens gespielt hat." Diese in tragischem Pomp sich gefallende Schwärmerei hatte Peregrinus nach Lucians Ansicht ganz mit den Christen gemein, was war also natürlicher, als ihn selbst bei den Christen in die Schule gehen zu lassen, um auf die eigentliche Quelle dieser Schwärmerei zurückzugehen, und sie als eine charakteristische Zeiterscheinung aufzufassen? Es ist daher nicht zu übersehen, dass Lucian gerade diesen auffallendsten Zug in dem Charakter seines Peregrinus ausdrücklich aus dem Verhältniss ableitet, in welches er zu den Christen gekommen war. „Als nämlich," erzählt Lucian C. 12, „aus Veranlassung der zuvor genannten neuen Mysterien einmal auch Proteus von der Obrigkeit festgenommen und in's Gefängniss geworfen wurde, trug gerade dieser Umstand am meisten dazu bei, ihn für die ganze Folgezeit mit einem gewissen Ansehen zu umgeben, und sein Hang, durch Abenteuer zu der Berühmtheit

---

*) *Μὴ κατὰ ψιλὴν παράταξιν, ὡς οἱ χριστιανοί.* Uebrigens vermuthet Eichstädt Exercit. Antoniniana III., die letzten Worte seien später eingeschoben worden, zu welcher Annahme jedoch kein hinreichender Grund vorhanden zu sein scheint.

zu gelangen, nach welcher er von jeher strebte, erhielt dadurch nur noch neue Nahrung. Während er so in Banden lag, machten die Christianer, welchen seine Gefangennehmung ein grosses Unglück dünkte, alle möglichen Versuche, ihn zu befreien. Allein es gelang nicht, und nun wurde ihm von ihnen alle mögliche Pflege mit der ungewöhnlichsten Sorgfalt erwiesen. Mit Tagesanbruch schon sah man alte Mütterchen, Wittwen und junge Waisen vor der Thüre seines Gefängnisses harren; die angesehenern Christianer bestachen sogar die Gefängnisswärter, und brachten ganze Nächte bei ihm zu; sie trugen daselbst ihre Mahlzeiten zusammen, lasen bei ihm ihre heiligen Bücher: kurz, der liebe Peregrinus (denn so hiess er damals noch) war ihnen nichts Geringeres, als ein anderer Sokrates. Sogar aus einigen kleinasiatischen Städten erschienen Abgeordnete der christianischen Gemeinden, ihm hülfreiche Hand zu leisten, ihn zu trösten, und seine Fürsprecher vor Gericht zu sein. Es ist unglaublich, wie schnell diese Leute überall bei der Hand sind, wenn es eine Angelegenheit ihrer Gemeinschaft betrifft: sie sparen alsdann weder Mühe, noch Kosten. Und so kamen auch dem Peregrinus damals Gelder von allen Seiten zu, so dass seine Gefangenschaft für ihn Quelle einer reichlichen Einnahme wurde. Die armen Leute haben sich nämlich beredet, mit Leib und Seele unsterblich zu sein und in alle Ewigkeit zu leben; daher kommt es auch, dass sie den Tod verachten, und viele von ihnen sich demselben sogar freiwillig hingeben. Sodann hat ihnen ihr vornehmster Gesetzgeber die Meinung beigebracht, dass sie alle unter einander Brüder wären, sobald sie übergegangen, d. h. die griechischen Götter verläugnet, und sich zur Anbetung jenes gekreuzigten Sophisten bekannt hätten, und nach dessen Vorschriften lebten. Daher verachten sie alle äussern Güter ohne Unterschied, und besitzen sie gemeinschaftlich, Lehren, die sie auf Treu und Glauben, ohne Prüfung und Beweis angenommen haben. Wenn nun ein geschickter Betrüger an sie kommt, der die Umstände schlau zu benützen weiss, so kann es ihm in Kurzem gelingen, ein reicher Mann zu werden, und die einfältigen Tröpfe in's Fäustchen auszulachen." Diese Stelle zeigt wohl deutlich genug, dass Lucians Satyre in der dem Tode des Peregrinus gewidmeten Schrift nicht blos diesem Schwärmer, sondern ebensogut den Christen gelten sollte. Berechtigen uns nun die angegebenen Gründe vorauszusetzen, dass das Verhältniss, in welches Peregrinus zu den Christen gekommen sein sollte, wohl nur eine freie Zugabe der Composition des Schriftstellers ist*), so können wir aus der lucianischen Schrift nur um so eher entnehmen, nicht blos, wie genau auch diese Classe von Schriftstellern schon damals mit dem Christenthum bekannt war (was in jedem Falle die Schrift beweist), sondern hauptsächlich auch, welches Interesse man hatte, auf das Christenthum Rücksicht zu nehmen, und wie wenig man es in Darstellungen übersehen zu dürfen meinte, die ein allgemeineres Gemälde des Zeitalters geben sollten. Ein Lucian konnte eine Erscheinung, wie das Christenthum war, nur in die Reihe der grossen Verirrungen setzen, die er in seiner Zeit sah, und mit allen Waffen seines gewandten

*) Das Stillschweigen der gleichzeitigen und nachfolgenden Kirchenschriftsteller über das Verhältniss des Peregrinus zu dem Christenthum, das Wieland als ein schweigendes Geständniss der Wahrheit der Lucian'schen Nachrichten angesehen wissen will, müsste befremden, wenn Peregrinus wirklich eine so bedeutende Person unter den damaligen Christen gewesen wäre, wie nach Lucian angenommen werden müsste, es erklärt sich aber leicht daraus, dass sie theils die Schrift Lucians nicht kennen lernten, theils mit der Person des Peregrinus zu wenig bekannt waren, als dass sie etwas Positives zur Widerlegung der dem Christenthum geltenden Vorwürfe hätten vorbringen können. Uebrigens ist auch die Form, in welche Lucian seine Nachrichten über das frühere Leben des Peregrinus eingekleidet hat, zur Beurtheilung ihrer Glaubwürdigkeit kein unbedeutendes Moment. Lucian legt sie einem Fremden in den Mund, welchen er, dem schamlosen Cyniker Theagenes gegenüber, der den marktschreierischen Lobredner des Peregrinus macht, in Elis auftreten lässt. Wieland glaubt nun in dem Berichte des Ungenannten nur den Lucian als historisch treuen Referenten vor sich zu haben, mir ist weit wahrscheinlicher, dass er diese Form der Einkleidung hauptsächlich auch deswegen wählte, um für die Behandlung seines Stoffs freiere Hand zu haben.

Geistes bekämpfen zu müssen glaubte. Hier konnte keine Verhüllung der eigentlichen Tendenz an der Stelle sein, die Absicht des Schriftstellers brachte es vielmehr mit sich, das Eigenthümliche und Auffallende zur Carricatur zu steigern, das Isolirte und Zerstreute auf Einen Punkt zusammenzubringen und zu einer Gruppe zu vereinigen, um es mit den Pfeilen seines Witzes und Spottes um so sicherer treffen zu können *). Ein Philostratus dagegen fasste das Christenthum von einer anderen Seite auf, er wollte das Edle, das im Christenthum

---

*) Man vgl. K. G. Jacob, Charakteristik Lucians von Samosata, Hamb. 1832, wo S. 155 f. auch von Lucians Verhältniss zum Christenthum die Rede ist. Ich stimme dem Verfasser darin bei, dass ich ebenfalls Neanders Urtheil über Lucian (Allg. Gesch. der. chr. Rel. u. Kirche I. S. 249 f.) nicht ganz der Billigkeit gemäss finden kann. Um sich Lucians Ansicht vom Christenthum zu erklären, ist man keineswegs genöthigt, die Quelle derselben nur in innerer Frivolität zu finden. Lucian sah auf dem Standpunkt, auf welchem er mit so vielen achtungswerthen Zeitgenossen stand, in dem Christenthum eine neue Gestalt der jener Zeit eigenen Schwärmerei, und urtheilte über das Christenthum nach dem Eindruck, welchen die Christen des zweiten Jahrhunderts auf ihn machten, zu einer Zeit, in welcher, wie wir nicht vergessen dürfen, sich schon viel Unlauteres mit dem Christenthum vermischt hatte, und insbesondere der oft zu einseitig bewunderte christliche Märtyrer-Heroismus von einer schwärmerischen Richtung nicht ganz freigesprochen werden kann. Darin scheint mir die gerechte Apologie eines Mannes zu liegen, der sonst Beweise genug gibt, dass es ihm nicht an Sinn für das Wahre und Edle fehlte, und bei den satyrischen Sittengemälden, die er von seiner Zeit gab, in gewisser Beziehung wenigstens keine andere, als eine sittlich ernste Tendenz haben konnte, wenn sich auch gleich in ihm selbst, wie mit Recht bemerkt worden ist (s. die Beurtheilung der Jacob'schen Schrift in den Jahrb. für wissensch. Krit. 1832. Nro. 110), der ganze innere Zwiespalt und Widerstreit jenes Zeitalters darstellt. Wenn übrigens Jacob S. 263 sich nicht positiv darüber ausspricht, ob Lucian bei seinem Spotte über die Verbrennung des Peregrinus zu Olympia an die Märtyrer des christlichen Glaubens gedacht habe, so kann ich diesen Zweifel keineswegs theilen. Lucian müsste in der That der scharfe Beobachter der eigenthümlichen Erscheinungen seines Zeitalters nicht gewesen sein, der er unläugbar war, wenn er nicht auch diesen Stoff bei einer Gelegenheit, wie sie ihm sein Peregrinus darbot, nach seiner Weise benützt hätte.

lag, nicht verkennen, sondern ihm nur etwas zum wenigsten ebenso Edles zur Seite setzen, das Edelste, das die heidnische Welt aufzustellen hatte. Die Opposition lag nur in dem Versuch der Parallele, und an die Stelle der offenen Polemik trat ein den Schein der Unbefangenheit und Unabhängigkeit gebendes, recht absichtliches Ignoriren *).

---

*) Dass Lucian das Christenthum und die Schriften der Christen weit genauer kannte, als man gewöhnlich annimmt, scheint mir aus dem Inhalt der obigen Stelle ziemlich klar zu erhellen. Sind die von ihm hervorgehobenen Züge auf Peregrinus nur übergetragen, so werden wir nur um so bestimmter auf die nicht zu ferne liegenden Quellen zurückgewiesen, aus welchen sie Lucian entnommen haben mag. Der Schilderung der Gefangenschaft, in welche Peregrinus gekommen sein soll, scheint ein Hinblick auf die Gefangenschaft des Apostels Paulus vorzuschweben. Ein nicht minder specieller Zug findet sich C. 41, wo von Peregrinus gesagt wird: er hatte sich, wie man behauptet, mit allen Gegenden Griechenlands in briefliche Verbindung gesetzt, und an alle namhafte Städte Sendschreiben erlassen, in welchen er ihnen Anordnungen, Ermahnungen und Vorschriften ertheilte (*φασὶ δὲ πάσαις σχεδὸν ταῖς ἐνδόξοις πόλεσιν ἐπιστολὰς διαπέμψαι αὐτὸν, διαθήκας τινὰς, καὶ παραινέσεις καὶ νόμους*). Er wählte zu diesem Zwecke aus seinen Freunden eine Anzahl Botschafter, die er seine Todesboten nannte (*καί τινας ἐπὶ τούτων πρεσβευτὰς τῶν ἑταίρων ἐχειροτόνησε, νεκραγγέλους καὶ νερτεροδρόμους προσαγορεύσας*). Pearson in der *Vindiciarum P. I. qua argumenta pro S. Ignatii epistolis e veterum testimoniis afferuntur, et a Dallaei exceptionibus vindicantur Cap. II. Patr. Ap. Ed. Cotel. P. II.* S. 277 bemerkt über diese Stelle: *Habemus hic epistolas a jamjam morituro ad insigniores civitates missas, cum exhortationibus: quod fecit S. Ignatius, neque ante Peregrinum praeter eum, opinor, quisquam: habemus viros ex sociis suis institutos, tanquam legatos scilicet ἐχειροτόνησε πρεσβευτὰς, plane ut apud Ignatium Epist. ad Smyrnaeos* [c. 11] *χειροτονῆσαι θεοπρεσβευτήν, et ad Magnesios* [vielmehr Philad. c. 10 Z.] *χειροτονῆσαι διάκονον εἰς τὸ πρεσβεῦσαι ἐκεῖ θεοῦ πρεσβείαν, habemus eos legatos a Peregrino appellatos νερτεροδρόμους ut apud Ignatium* [*ad Polyc.* c. 7] *χειροτονῆσαι τινὰ, ὃς δυνήσεται θεοδρόμος καλεῖσθαι.* Man könnte nur darüber etwa zweifelhaft sein, ob nicht die Briefe des Apostels Paulus gemeint sind, offenbar aber passt das Ganze besser auf die Briefe des Ignatius, und es lässt sich die von Pearson behauptete Beziehung kaum verkennen. Statt aber mit Pearson vorauszusetzen, Peregrinus habe den Ignatius nachgeahmt, in der Absicht, *famam eodem modo acquirere,*

Wie genau Philostratus mit dem Christenthum und der neutestamentlichen Urgeschichte desselben bekannt war, und wie so deutlich aus so manchen Zügen das Original, dessen Abbild sein Werk enthielt, hervorleuchtet, muss nun als ein weiteres Moment unserer Beweisführung in Betracht kommen. Schon die der gegenwärtigen Untersuchung vorangestellte Uebersicht des Wichtigsten aus dem Leben des Apollonius macht anschaulich, wie gross die Uebereinstimmung zwischen Christus und Apollonius ist. Nur vom Gesichtspunkt dieser Parallele aus lassen sich die verschiedenen Seiten, die die ganze merkwürdige Erscheinung des Apollonius darbietet, auf eine befriedigende Weise unter eine das Ganze zusammenfassende Einheit bringen. Er ist Lehrer und Reformator, Prophet und Wunderthäter, durch Leiden erniedrigt und durch Wunder verherrlicht, wie Christus. Um aber die so hervorstechenden Beziehungen noch zu grösserer Anschaulichkeit zu bringen, müssen wir eine Reihe einzelner Züge, die mir keinen geringen Beitrag zur Entscheidung unserer Frage zu geben scheinen, in's Auge fassen.

Die Geburt des ausserordentlichen Mannes erinnert sogleich auf eine auffallende Weise an die Geburt Jesu. Nachdem schon vor der Geburt auch Apollonius der Mutter, die ihn gebären sollte, durch eine himmlische Erscheinung als ein göttliches Wesen kund gethan war, verkündigten bei der Geburt selbst, hier wie dort, Wundererscheinungen die Grösse des Neugebornen, der sowohl dem Himmel, als der Erde angehören sollte. Analog ist aber dabei hauptsächlich auch diess, dass, wie bei der Geburt Jesu Engel Gottes auf der Erde erschienen und bei den Hirten auf dem Felde Chorgesänge der Freude und des Preises anstimmten, so hier die sang-

---

quo acquisivisse Ignatium putavit, ist die Annahme weit natürlicher, nur Lucian habe seinen Peregrinus zur Parodie der christlichen Märtyrer mit einem von dem Märtyrer Ignatius entlehnten Zuge ausgeschmückt. [Später, nachdem er sich von der Unächtheit der ignatianischen Briefe überzeugt hatte, würde der Verfasser diess etwas anders beurtheilt haben. D. H.]

reichen Schwäne, als Diener der Gottheit, über der auf einer Wiese von der Geburt überraschten Mutter einen Chor bildeten und ein freudiges Lied erschallen liessen. Schon in frühen Jahren sprach sich in beiden das Göttliche, das in ihnen wohnte, als eine eigenthümliche Richtung ihrer Natur aus; auch Apollonius weilte am liebsten in dem Tempel des Gottes, welchem er sich weihte, und zog durch die Proben der Weisheit, die er gab, die Bewunderung derer, die ihn kennen lernten, auf sich. Die Art und Weise, wie beide lehrend und umherreisend, und von einem engern Kreise vertrauter Schüler umgeben, wirkten, die Lehrvorträge, die sie in Tempeln und an andern öffentlichen Orten vor dem Volke hielten, die Erinnerungen, die sie Einzelnen gaben, die Wunder, die sie verrichteten, die Weissagungen, die sie vernehmen liessen, alles diess hat im Allgemeinen eine unverkennbare Aehnlichkeit, überraschend ist dann aber besonders die in einzelnen Zügen hervortretende Uebereinstimmung. Dass unter den Wundern, die Apollonius that, namentlich auch einige Dämonen-Austreibungen sind, muss mit Recht Aufmerksamkeit erregen, da der Glaube an dämonische Besitzungen wenigstens in der Form, in welcher er unter den Juden herrschende Volksvorstellung war, bei den griechischen und römischen Schriftstellern zur Zeit des Philostratus sich nicht wohl möchte nachweisen lassen, wie ja der griechischen Religion auch schon die Vorstellung böser Dämonen beinahe ganz fremd blieb *). In dem Leben des Apollonius aber begegnet uns jener Glaube an dämonische Be-

*) Auch nach Creuzer Mythol. und Symb. Th. III. S. 70 war es die eigene, bei den Juden seit dem Exil sich ausbildende Pneumatologie, woraus jene Begriffe von Dämonen (*δαιμόνια*) als Geistern böser Menschen, welche in den Leib anderer fahren und sie plagen, entspringen. Diese Form der Dämonologie ist unstreitig auf den persischen Dualismus zurückzuführen, nach welchem Uebel und Krankheiten aller Art, die den Menschen plagen, eine Wirkung der Dews Ahrimans sind. Nur bei Josephus finden wir dieselben dämonischen Besessenen, wie im N. T. und bei Philostratus. Man vgl. mit der Erzählung IV. 20, was Josephus Antiq. VIII. 2. 3 erzählt: Der Dämonenbeschwörer Eleazar befahl dem Dämon, welchen er aus einem Kranken austrieb, zum Zeichen für die Zuschauer, dass er den

sitzungen ganz auf dieselbe Weise, wie wir ihn bei den jüdischen und neutestamentlichen Schrifstellern, namentlich in den Evangelien, finden. Man nehme aber überdiess noch die schon früher in dieser Beziehung besonders hervorgehobenen Beispiele von Dämonen-Austreibungen, die wir IV. 20, 25 finden. Welche auffallende Aehnlichkeit hat insbesondere die Erzählung von dem Dämon, der dem drohenden Worte des Apollonius weichend den corcyräischen Jüngling verliess, mit der Erzählung von den beiden besessenen Gergesenern (Matth. 8, 28 f. Marc. 5, 1 f. Luc. 8, 26 f.)! Auch Apollonius übt eine die Dämonen quälende, für sie unwiderstehliche Gewalt aus. Wird man doch bei diesem Zuge, der schon an und für sich bemerkenswerth genug ist, sogar auch durch den gebrauchten Ausdruck an die evangelischen Geschichtschreiber erinnert. Wie der Besessene bei Lucas 8, 28 mit lauter Stimme rief: *Τί ἐμοὶ καὶ σοὶ Ἰησοῦ, υἱὲ τοῦ θεοῦ τοῦ ὑψίστου; δέομαί σου, μή με βασανίσῃς*, so wird bei Philostratus IV. 25 von der Empusa, die Apollonius entlarvte, gesagt: *δακρύοντι ἐῴκει τὸ φάσμα, καὶ ἐδεῖτο μὴ βασανίζειν αὐτὸ, μηδὲ ἀναγκάζειν ὁμολογεῖν, ὅ, τι εἴη.* Die Erzählung der Todtenerweckung, die Apollonius in Rom verrichtete, darf man nur lesen, um sogleich in ihr das unverkennbare Nachbild der entsprechenden neutestamentlichen Erzählung Luc. 7, 11. Mark. 5, 39 zu sehen. Wie es nach Luc. 7, 12 ein Jüngling, der einzige Sohn einer Wittwe war, der schon vor die Stadt hinausgetragen wurde, so ist es bei Philostratus ein erwachsenes, schon dem Bräutigam verlobtes Mädchen, dessen Bahre Apollonius begegnet. Der Befehl, die Bahre niederzusetzen, die blosse Berührung, und wenige ausgesprochene Worte reichen hier wie dort hin, den Todten wieder zum Leben zu bringen. Mag man vielleicht auch zugeben, dass solche Züge, wenn sie für sich betrachtet und im Zusammenhang einer Erzählung gefunden werden, die uns, der Natur der Sache nach, in einen ganz

---

Menschen wirklich verlassen habe, ein in der Nähe stehendes, mit Wasser gefülltes Gefäss umzuwerfen.

andern Kreis von Verhältnissen versetzt, nur den Eindruck eines zufälligen Zusammentreffens machen, so dringt sich doch, wenn man eine ganze Reihe so auffallender Analogien vor sich sieht, wenn man die grosse Gleichartigkeit des Gepräges, das das Ganze an sich trägt, nicht läugnen kann, der Gedanke an eine, selbst in das Einzelne gehende, Absichtlichkeit immer wieder unwillkührlich auf. Eben diesen Eindruck muss, nur in einem noch höhern Grade, derjenige Theil der Lebensgeschichte des Apollonius machen, der in den beiden letzten Büchern enthalten ist. Man kann ihn mit Recht die Leidensgeschichte des Apollonius nennen, so vollkommen schliesst er sich in derselben Bedeutung, in welcher die Lebensgeschichte Jesu mit seiner Leidensgeschichte schliesst, an die vorangehende Geschichte der öffentlichen Wirksamkeit des Apollonius an, nur scheinen dem Verfasser des Werks dabei auch einige Züge aus der Geschichte des Apostels Paulus vorgeschwebt zu haben, die er in seine Darstellung verwebte. Der Gedanke, dass der wahre Weise seine Seelengrösse durch eine, selbst die Aufopferung des Lebens nicht scheuende, alle Schrecken des Todes verachtende Gesinnung bewähren müsse, ist der Grundgedanke des Ganzen. Apollonius konnte, da er sich nicht blos, wie Jesus, auf die Grenzen eines einzelnen Landes beschränkt, sondern das römische Reich in dem ganzen Umfange seiner Grenzen zum Schauplatz seines Lebens und Wirkens gemacht hatte, nur vor den Kaiser selbst als den Richter gestellt werden, der das entscheidende Urtheil über ihn sprechen sollte. Auch er ging, voraussehend, was ihm begegnen sollte, ungeachtet der abmahnenden Vorstellungen, durch die ihn kleinmüthige Freunde und Schüler von dem gefährlichen Schritte zurückzuhalten suchten, nur von dem vertrautesten Jünger begleitet, mit freiem Entschlusse seinem Schicksal entgegen, obgleich es ihm ein Leichtes gewesen wäre, demselben auszuweichen. Der Urheber der Anklage war, wie bei Jesus, einer seiner eigenen Jünger, der, ob er sich gleich längere Zeit in der nächsten Umgebung des Lehrers befand, doch schon bei frühern Gelegenheiten die Gesinnung zeigte, die ihn einer solchen Handlung fähig machte. Euphrates, welchen auch Origenes (Contra Cels. VI. 41), dem Möragenes zufolge, als Anhänger des Apollonius nennt, war noch zu der Zeit, als Apollonius in Aegypten sich aufhielt, und mit Vespasian sich besprach, von Apollonius seines besondern Vertrauens gewürdigt, und dem Kaiser neben Dion als einer der weisen Männer, der voll Eifer für seine Sache sei, und von ihm über sein Unternehmen zu Rathe gezogen zu werden verdiene, empfohlen worden (V. 31 f.). Aber schon damals hegte er insgeheim Missgunst gegen Apollonius, da er sah, dass der Kaiser mehr auf ihn hörte, als die ein Orakel Befragenden auf die Göttersprüche, und während Dion den Kaiser bat, ihn mit ihrem Meister Apollonius, wegen seines Widerspruchs gegen ihn, da er ihm nie vorher widersprochen habe, zu versöhnen, liess Euphrates nach der Abreise des Kaisers seinen Zorn in öffentliche Schmähungen ausbrechen, welchen Apollonius als Philosoph nur Gründe der Vernunft entgegensetzte. Als hierauf Apollonius seine Reise zu den äthiopischen Gymnosophisten antrat, war es Euphrates, der durch Ränke und Verläumdungen sie voraus mit Verdacht gegen Apollonius zu erfüllen suchte, damit er, wenn er käme, von ihnen geringgeschätzt würde (VI. 9, 13). Nach der Rückkehr aus Aethiopien wurde der Zwiespalt mit Euphrates immer mehr durch tägliche Unterredungen erweitert (VI. 28), und zuletzt ging Euphrates in seinem Hasse gegen Apollonius so weit, dass er eine, wie es schien, unmittelbar gegen Domitian gerichtete Aeusserung des Apollonius zum Gegenstand einer Anklage vor dem Kaiser machte, die die Gefangennehmung des Apollonius und die gerichtliche Untersuchung, die er vor Domitian zu bestehen hatte, nach sich zog (VII. 9, VIII. 3). Das Motiv einer Anklage, die aller Wahrscheinlichkeit nach nichts anderes, als das Todesurtheil des Apollonius zur Folge haben konnte, war, wie bei dem Verräther Jesu, niedrige Geldgier. Er entzweite sich mit Apollonius, bemerkt Philostratus schon I. 13, weil ihm dieser spottend vorwarf, alles um des Geldes willen zu thun, und ihn zu bewegen suchte, der Geldgier zu entsagen und die

Philosophie nicht feil zu haben. Apollonius selbst erklärte (VI. 13), er habe für seine Person keinen Zwist mit Euphrates gehabt, da er ihn aber von Geldgier heilen und abhalten wollte, nicht jede Art von Gewinn für preiswürdig zu halten, so habe ihm sein Rath nicht angemessen, noch ausführbar für ihn geschienen. Er halte dieses für Tadel, und lasse deswegen nicht ab, dieses oder jenes gegen ihn anzustiften. Einen Beweis seiner Geldgier gab Euphrates, als der Kaiser Vespasian (V. 38) ihn aufforderte, sich etwas von ihm auszubitten. An Euphrates sehe man, sagte ferner Apollonius selbst in seiner Apologie (VIII. 7, 11), was sich ein Philosoph durch Schmeichelei gegen Mächtige zu verschaffen wisse, denn diesem seien dadurch nicht Güter, sondern Ströme des Reichthums zugeflossen, so dass er schon an dem Wechseltische Vorlesungen halte, als Höker und Unterhöker, Zöllner und Oboluskipper, alles zugleich, Verkäufer und Waare. Es gebe keinen schlechtern Menschen, als Euphrates. Ebenso wird Euphrates auch in den dem Apollonius zugeschriebenen Briefen als ein von Habsucht und Gewinnsucht beherrschter, niedrig gesinnter Mensch geschildert (vgl. Br. I—VIII). Unter den Anklagepunkten, wegen welcher Apollonius sich vor Domitian vertheidigen musste, sind für den Zweck unserer Parallele besonders die Beschuldigungen zu bemerken, dass er sich vom Volk Gott nennen lasse, und mit politischen Neuerungen umgehe (VIII. 5, 7, 7. 11). Dass das Benehmen beider vor Gericht den gleichen Charakter ruhiger Würde und unerschrockener Standhaftigkeit an sich trägt, lässt sich von selbst erwarten, doch fehlt es auch hier nicht an einzelnen näher zusammentreffenden Zügen. Dem Benehmen, das Jesus den gegen ihn auftretenden falschen Zeugen entgegensetzte, und der Zurechtweisung, die Jesus von den Dienern wegen verletzter Ehrerbietung gegen den Hohepriester erfuhr, entspricht, was VIII. 2 über das Schweigen vor Gericht als die vierte der daselbst genannten Tugenden bemerkt ist, nebst dem VIII. 4 erzählten Zuge: während dem Kaiser alles daran gelegen war, den Apollonius vor recht vielen Zeugen der ihm gemachten Anschuldigungen zu überführen, achtete

Apollonius so wenig auf den Kaiser, dass er nicht einmal auf ihn blickte, und da ihm der Ankläger den Uebermuth vorwarf, und ihm befahl, auf den Gott aller Menschen zu schauen, erhob Apollonius die Augen nach der Decke, anzeigend, dass er zum Zeus aufschaue, den aber, der sich auf eine so gottlose Weise schmeicheln liess, hielt er für schlechter, als den Schmeichler selbst. Der Misshandlung, die Jesus durch den ihm angelegten Purpurmantel und die ihm aufgesetzte Dornenkrone erlitt, ist die ebenso schimpfliche Behandlung analog, die Domitian gegen Apollonius sich dadurch erlaubte, dass er ihm Bart und Haupthaar abscheeren liess (VII. 24). Mit den Spottreden, die über Jesus ergingen, lässt sich die spöttische Aeusserung vergleichen, die der Tribun, der den Apollonius aus dem Gefängniss führte, gegen ihn that: „Ich habe," sagte der Tribun, „eine Vertheidigung für dich in Bereitschaft, die dich von der Schuld befreien wird. Lass uns vor die Stadt gehen, und wenn ich dir mit dem Schwerte den Hals abhaue, so ist die Klage dadurch widerlegt, und du bist frei; erschreckst du mich aber, so dass ich das Schwert fallen lasse, so musst du nothwendig für etwas Göttliches gelten, und du wirst mit Recht gerichtet." Nicht minder wird man bei den Trostreden, die Apollonius an die Genossen seiner Schicksale richtete, an die Trost- und Ermahnungsworte des leidenden und sterbenden Jesus erinnert. Da Apollonius nach dem Plane des philostratischen Werks nicht wirklich zum Tode verurtheilt werden sollte, so musste der ganze Gang seiner Leidensgeschichte ein anderer sein, aber es scheint nun, wie schon oben bemerkt wurde, dem Verfasser um so mehr neben der Parallele mit Jesus auch die Parallele mit dem Apostel Paulus vorzuschweben, an dessen Schicksal in Rom, wie er es selbst 2 Timoth. 4, 9—18 beschreibt, wir durch die Gefangenschaft des Apollonius, in welcher er nur seinen Gefährten Damis zur Seite hatte, durch seine Apologie vor dem Kaiser und den Erfolg derselben, durch die Freunde, die er an dem Consul Telesinus und dem Praefectus praetorio Aelian, selbst in der nächsten Umgebung des Kaisers, gewann, zu denken veranlasst werden. Ja es könnte sogar die Bemerkung, auf welche (VII. 4) absichtlich Gewicht gelegt wird, es sei etwas ganz anderes gewesen, unter Domitian für das allgemeine Beste aufzutreten, als unter Nero, auf einen Vorzug hinzuweisen scheinen, der dem Apollonius vor dem Paulus gegeben werden soll. Die grösste Verschiedenheit findet in Hinsicht der Katastrophe statt, mit welcher die Leidensgeschichte beider endigt, aber abgesehen von dem Hauptfactum derselben, welchen überraschenden Analogien begegnen wir auch hier wieder! Wie Jesus nicht blos seinen Tod, sondern auch seine auf seinen Tod folgende Auferstehung voraussagt, so ist sich auch Apollonius des siegreichen Ausgangs seiner Sache voraus gewiss. Er behauptet schon VII. 14, dass er für seinen Leib keine Gefahr laufe, und von der Tyrannei nicht sterben werde, wenn er auch es wollte. Vgl. VII. 41. Und wie Jesus schon vor seinem Tode seine Jünger nach Galiläa gehen hiess, und ihnen hier den Ort bezeichnete, wo er mit ihnen wieder zusammentreffen werde (Matth. 26, 32. 28, 7. 10. 16), so befahl Apollonius dem Damis den Tag zuvor, ehe er vor Domitian zur gerichtlichen Untersuchung seiner Sache sich stellen musste, sich auf den Weg nach Puteoli zu begeben, und daselbst an einem bestimmten Orte seiner Erscheinung zu harren. Als ein vom Tode Erstandener konnte freilich Apollonius nicht erscheinen, aber doch erscheint auch er gerade jetzt auf dieselbe momentane Weise, wie Jesus mit seinem nach seinem Tode ätherisch verklärten Leibe seinen Jüngern zu erscheinen pflegte, und sein Erscheinen wird sehr bedeutsam mit dem Erscheinen eines wieder vom Tode Erweckten verglichen. Auf die Frage des Damis: „ob er ihn lebendig wieder sehen werde, oder wie?“ antwortete Apollonius lachend: „wie ich glaube lebendig, wie du aber glaubst, wieder aufgelebt (*ὡς μὲν ἐγὼ οἶμαι ζῶντα, ὡς δὲ σὺ οἴει, ἀναβεβιωκότα* VII. 41).“ Ueberhaupt wird ja der Unterschied zwischen einem Wiedererweckten und Lebenden dadurch ausgeglichen, dass der Tod des wahren Weisen nur ein Scheintod ist. Denn nicht wirklich starb Sokrates, behauptete Apollonius VIII. 2, sondern es schien nur den Athenern so *). Als Damis sich nach der Anweisung des Apollonius in die Gegend von Puteoli begeben, und hier mit dem Philosophen Demetrius, mit welchem er zusammentraf, schon den auf immer entrissenen edlen und trefflichen Freund, welchen er nicht mehr zu sehen glaubte, laut beklagte, erschien plötzlich **) Apollonius mit den Worten: „Ihr werdet ihn sehen, oder vielmehr, ihr sehet ihn schon." „Lebend?" sagte Demetrius. „Bist du aber gestorben, so haben wir noch nicht aufgehört, dich zu beweinen." Da streckte Apollonius die Hand aus und sagte: „Da nimm! Wenn ich dir entschlüpfe, so bin ich ein Schattenbild aus Persephone's

---

*) Ungefähr ebenso, wie die christlichen Doketen Christus nur zum Scheine leiden und sterben liessen.

**) Dass das räthselhafte Verschwinden aus dem Gerichtssaal und das plötzliche Erscheinen in Puteoli nach dem Sinne des Schriftstellers als ein Wunder anzusehen ist, erhellt deutlich aus der Stelle VIII. 12. „Wie hast du," fragt Demetrius, „einen so weiten Weg in so kurzer Frist zurückgelegt?" Apollonius antwortete: „Ausser dem Widder (des Phrixus) und den wächsernen Flügeln (des Dädalus) glaube alles!" und hiedurch legte er seine Sendung einem Gotte bei. „Ueberall," sagte Demetrius, „und zu jeder Zeit glaube ich, dass ein Gott für deine Thaten und Reden sorgt, von dem dann herrührt, was dir widerfährt." Lüderwald freilich in seinem Antihierokles S. 111 meint, aus allen Umständen, da die Gerichte in den warmen Ländern früh vor sich gingen, und noch eine Sache wegen eines Testaments zu entscheiden war (VIII. 9), ergebe sich ganz deutlich, dass Apollonius diese Reise in einer schnellen und begünstigten Schifffahrt gethan habe, zumal da er die Insel Kalypso (sic! vgl. VII. 41) als den ersten Platz seiner Gegenwart bestimmte, aber wegen ihrer glücklichen Kürze erlaubte er es dem Demetrius, sie einem Gott beizumessen. Wenn Apollonius schon in allen vorhergehenden Proben als ein unächter Wunderthäter klar erkannt worden, so könne ihm aus diesem einzigen Umstande die Wunderkraft nicht erhärtet werden. Denn das Verschwinden sei ein blosser Missverstand (es sei nur ein schnelles Hinweggehen gewesen) und wie viele Exemplare habe man von unglaublich schnell bewerkstelligten Reisen! In der That eine Probe von Scharfsinn, aus welcher hinlänglich zu ersehen ist, welches schöne Seitenstück zu den natürlichen Erklärungen der Wunder Christi Lüderwald durch seine natürliche Erklärung der Wunder des Apollonius gegeben hat!

Reiche, dergleichen die unterirdischen Götter den Muthlosen und Trauernden zeigen, wenn ich aber berührt von dir verweile, so überzeuge auch den Damis, dass ich lebe und meinen Leib nicht abgeworfen habe.“ Jetzt konnten sie nun nicht mehr zweifeln, sondern standen auf, und hingen sich an ihn und umarmten ihn (VIII. 12). Wer kann hier umhin, an den zweifelnden Thomas zu denken, dessen Zweifel Jesus dadurch hob, dass er sich an seinen Händen und an seiner Seite von ihm betasten liess (Joh. 20, 24 f.)? Dass auch das irdische Leben des Apollonius mit einer wunderbaren Aufnahme in den Himmel schliesst, fällt nach dem schon oben Angeführten von selbst in die Augen, nicht ganz unbeachtet möchte hier jedoch bleiben dürfen, dass der Himmelfahrt auch eine gewisse Höllenfahrt vorangeht. Es scheint nicht ohne eine besondere Absicht geschehen zu sein, dass Apollonius erst nach der Verurtheilungsscene vor Domitian und nach seinem Wiederauftreten in Olympia auch die Höhle des Trophonius besuchte, dann aber es für nothwendig erklärte, in Lebadea hinabzusteigen, weil er mit dem Trophonius noch nicht zusammengekommen sei, ob er gleich schon einmal in seinem Tempel gewesen sei. Diess war sein Hinabgang in den Hades, und recht eigentlich drang er als siegreicher Held und starker Erbrecher der Pforten der Unterwelt hinab, indem er, als die Priester Schwierigkeiten machten, ihn hinabgehen zu lassen, am Abende mit den ihn begleitenden Jünglingen zu der Mündung gieng, vier der Spiesse herauszog, durch welche der Eingang verschlossen war, und dann mit seinem Philosophen-Mantel, wie zu einer Unterredung bekleidet, unter die Erde gieng. Nach sieben Tagen kam er wieder heraus, so lange noch niemand, der das Orakel besucht hatte, darin geblieben war, und brachte ein seiner Frage vollkommen entsprechendes Buch mit. Denn er hatte den Trophonius gefragt: „welche Tugend hältst du für dei schönste, und welche Philosophie für die reinste?“ Das Buch aber enthielt die Lehrsätze des Pythagoras, so dass also auch das Orakel dieser Weisheit beistimmte (VIII. 19). Die Sagen über sein Lebens-Ende lauten zwar verschieden, dass aber sein Hingang nicht der Hingang eines gewöhnlichen Menschen war, erhellt auch daraus, dass er auch nach dem Tode noch kräftige Zeichen des Lebens gab, und sich auf ähnliche Weise, wie Christus an Saulus, an einem Gegner seiner Hauptlehre, der Lehre von der Unsterblichkeit, verherrlichte. Einem Jünglinge, der der wahren Lehre nicht beistimmte und behauptete, Apollonius sei entschieden todt, erschien er plötzlich, so dass der Jüngling wie wahnsinnig aufsprang, und den Anwesenden zurief: „Sehet ihr nicht den weisen Apollonius, wie er hier unsern Gesprächen zuhört, und bewunderungswürdige Rhapsodien von der Seele singt?“ Da ihn die andern nirgends sahen, sagte der Jüngling: „Es scheint, dass er nur zu mir gekommen ist, um mit mir über das, was ich nicht glaubte, zu sprechen (VIII. 31) *).“

---

*) Es liessen sich noch mehrere einzelne mit dem Obigen zusammenhängende Züge anführen, die einen gewissen Seitenblick auf das Christenthum und die neutestamentlichen Schriften zu verrathen scheinen. Hier nur noch folgende: VIII. 21 wird ausdrücklich bemerkt, in Griechenland habe man die Jünger des Apollonius Apollonier genannt. Wozu diese Bemerkung? Von einer Secte der Apollonier weiss sonst niemand. Die Apollonier sollen wohl nur die Parallele zu den Christianern sein. Christianer waren die Anhänger Christi zuerst in Antiochien genannt worden, und diese Stadt war es, in welcher das Christenthum zuerst in den heidnischen Ländern festen Fuss gewonnen hatte. Aber über eben diese Stadt fällt Philostratus (III. 58) das harte Urtheil, dass Antiochien nach gewohnter Weise frevelte, und an hellenischen Studien keinen Theil nahm. Desswegen wollte Apollonius nach seiner Rückkehr aus Indien nicht in ihr weilen. Was wir unter diesem Frevel (*ὑβρίζειν*) der Antiochener zu verstehen haben, ist wohl am besten durch die Erfahrungen zu erläutern, die der Kaiser Julian in Antiochien machte, als er sich im J. 362 vor seinem Feldzuge gegen die Perser daselbst aufhielt, von welcher Zeit aus wir mit Recht auf die frühere zurückschliessen dürfen. Denn schon so lange waren damals die Tempel in dieser Stadt verschlossen, dass, wie Libanius gesteht, sich nur noch wenige Greise dort befanden, welche der alten Religion kundig waren. Der Kaiser aber zog sich durch seine mit der Gemüthsart der Antiochener durchaus contrastirenden Sitten und Grundsätze den Spott der Vornehmen zu, und machte sich bei dem Volk als ein Feind des Christenthums verhasst, so dass beide das Chi und das Kappa,

So reiht sich beinahe in ununterbrochener Folge das Eine an das Andere an, und es findet sich kaum ein bedeutender

---

die Herrschaft des Constantius und des Christenthums, zurücksehnten. Diese Irreligiosität der Antiochener schmerzte den für das Heidenthum begeisterten Kaiser tief, und er hielt eine Strafrede an den Senat, „dass jeder von ihnen seiner Frau erlaube, was sie habe, den Galiläern zu geben, und dass sie die Armen von ihren Gütern ernährten, und dadurch viel zur Beförderung des Atheismus bei diesen Leuten wirkten, dass sie an ihren Geburtstagen grosse und prächtige Gastmähler anstellten, und an dem jährlichen nach so langer Zeit erst wieder gefeierten Feste (des Apollo von Daphne, dessen Cultus Julian mit allem Glanze erneuern wollte) keiner auch nur Oel zur Anzündung des Lichts oder das geringste Opfer darbringe." S. Neander über den Kaiser Julian S. 168. Ist es unwahrscheinlich, dass sich jenes Urtheil über Antiochien auf die alte Vorliebe der Stadt für das Christenthum bezieht? Unter dieser Voraussetzung ist die obige Stelle um so bemerkenswerther, da sie die einzige ist, in welcher sich die Verstimmung des Philostratus gegen das Christenthum nicht undeutlich ausdrückt. Dagegen kann man nicht umhin, einen neuen Anklang an das N. T. zu vernehmen, wenn er auch seinen Apollonius das bekannte Gleichniss von den Schafen und Wölfen gebrauchen lässt (VIII. 22). Die Schafe waren seine Jünger, diese glaubte er in einsame Orte führen zu müssen, damit nicht die Wölfe (die Geschäftsleute oder Händler, ἀγόραιοι) in die Heerde einfallen. VII. 34 setzt Apollonius seine Hoffnung auf die Zeit, die Liebe zur Weisheit und das θεῶν πνεῦμα. Olearius bemerkt hiezu: *rara apud profanos locutio, quam Babylone didicisse Apollonium puto, sic enim rex Nabuchodonosor in suo edicto Dan.* IV. 8. *Danieli πνεῦμα θεῶν ἅγιον tribuit: adde eod. cap. comm.* 18, *idemque cum σοφίᾳ jungitur ibidem* V. 14. Gewiss dürfen wir nicht so weit zurückgehen. Das allerdings ungewöhnliche Wort ist nach der griechischen Grundbedeutung als der Hauch der Gottheit zu nehmen, kaum aber lässt sich die Anspielung an das neutestamentliche πνεῦμα verkennen, und daraus ist wohl die Wahl gerade dieses Worts zu erklären. Als (I. 18) seine Jünger ihn von dem Vorhaben seiner Reise nach Indien abzubringen suchten, sagte er: „Ich habe mir die Götter zu Berathern genommen, und meinen Beschluss ausgesprochen. Euch aber habe ich prüfen wollen, ob ihr stark wäret zu dem, wozu ich Kraft fühle. Da es euch nun hieran gebricht, so gehabt euch wohl und philosophirt. Ich muss dahin gehen, wohin mich die Weisheit und der Dämon führt." Man vgl. hiemit Matth. 16, 21 f. Jesus fing an seinen Jüngern darzuthun, dass er nach Jerusalem gehen und vieles leiden müsse. Petrus wollte ihn davon abhalten mit den

Zug des Urbildes, der sich nicht auch in dem Nachbilde nachweisen liesse. Kann man, wenn man Bild und Gegenbild vergleicht, und nach dem Eindrucke urtheilt, welchen theils einzelne Züge durch ihre so auffallende Eigenthümlichkeit, theils insbesondere das ganze Gemälde in seiner Einheit machen muss, zweifelhaft sein, nach welchem Ideal Philostratus das Bild seines Helden entwarf, und welche Idee er in seinem Werke ausführen wollte, wenn er auch gleich so wenig als ein Maler bei seinem Gemälde für nöthig erachten konnte, seinem Kunstwerke eine uns über seine Bedeutung mit klaren Worten belehrende Inschrift zu geben? *)

Es gehört nicht zu dem Zweck unserer Untersuchung, nun, nachdem wir die vielfachen Berührungspunkte im Ganzen und Einzelnen dargelegt haben, auch in die Differenzen, die sich zwischen dem Vorbild, das dem Geiste des Philostratus vorschwebte, und dem von ihm gegebenen Nachbilde nachweisen lassen, näher einzugehen. Sie fallen ohnediess von selbst in die Augen. Nur wegen des Uebergangs zum Folgenden ist diese Seite der Sache mit wenigen Worten zu berühren. So

---

Worten: *οὐ μὴ ἔσται σοι τοῦτο. Ὁ δὲ στραφεὶς εἶπε τῷ Πέτρῳ· ὕπαγε ὀπίσω μου, σατανᾶ. σκάνδαλόν μου εἶ· ὅτι οὐ φρονεῖς τοῦ θεοῦ, ἀλλὰ τὰ τῶν ἀνθρώπων.* An die Nothwendigkeit der Selbstverläugnung in seiner Nachfolge (vgl. Matth. 16, 24. f.) erinnert Apollonius sowohl I. 18 als auch besonders V. 43. Doch genug hiemit des Einzelnen!

*) In Beziehung auf die von Hierokles zwischen Christus und Apollonius gezogene Parallele gilt daher ganz, was Huetius *Dem. ev.* S. 671 bemerkt: *Cognoscitur, ecquod sibi exemplum ad imitandum Philostratus in adornando hoc dramate proposuerit. Quamobrem Hierocli comparationem Apollonii cum Christo instituenti argumentum non defuit. Verum scire debuerat, imaginem sese cum eo, ad cujus speciem delineata fuerat, ore composuisse, omnemque a se in elevandis Christi Domini miraculis ac meritis collocatam operam eadem confirmasse, cum virtutum omnium ac mirificorum operum laudes in commentitium suum Heroem conferre cupiens non melius aliunde, quam ex vera Jesu Christi historia arcessere eas potuerit.* Auch schon Huetius hat S. 674 eine grösstentheils passende Zusammenstellung der parallelen Züge aus dem Leben Jesu und dem des Apollonius gegeben.

auffallend die Aehnlichkeit ist, mit welcher der von Philostratus geschilderte Apollonius Christus gegenübertritt, so unverkennbar ist doch, wie sehr wir bei dieser ganzen Erscheinung auf dem Boden der heidnischen Welt festgehalten werden. Wenn wir auch von einzelnen Flecken, die da und dort in dem hier aufgestellten Ideale sich vorfinden mögen, hinwegsehen, da sie ja im Grunde nur als Inconsequenzen des Schriftstellers zu nehmen sind, oder auf Voraussetzungen beruhen, deren Grund sich nicht mit hinlänglicher Sicherheit ermitteln lässt*), so sind doch alle jene Momente, in welchen sich das vom

*) Man vgl. hierüber Tennemann Gesch. der Philos. Bd. V. S. 202. „Apollonius versichert den Damis, seinen Begleiter, dass er alle Sprachen verstehe, ohne sie gelernt zu haben, aber er bedarf eines Dollmetschers bei den Indiern; er versichert alles zu wissen, und weiss nicht, dass er von dem Euphrates bei den ägyptischen Gymnosophisten verläumdet worden. Die Geschichte von der Verbindung des Apollonius mit diesem Euphrates, einem stoischen Philosophen, seine Erbitterung über denselben, als er glaubte, durch diesen Mann verdunkelt zu werden, die gehässige Schilderung von dem Charakter desselben, die dem Urtheil des jüngern Plinius, der den Euphrates persönlich kannte und sehr schätzte, völlig widerspricht, ist so voll von Widersprüchen, Ungereimtheiten, und wirft selbst auf des Apollonius Charakter so viel Schatten, dass hieraus schon allein die unlautere Zusammensetzung des Ganzen und die historische Unzuverlässigkeit des Philostratus erhellet." Mehrere ähnliche Züge, zum Theil dieselben, wie namentlich den den Dollmetscher betreffenden, hat schon Eusebius hervorgehoben (*Contra Hierocl.* c. 14 f.). In Ansehung des Euphrates macht Eusebius c. 33 noch besonders darauf aufmerksam, dass Apollonius denselben nebst dem Dion früher vor dem Kaiser Vespasian gelobt, und diesem ihn als einen guten und weisen Rathgeber empfohlen habe. *Εὖγε, τῆς προγνώσεως τοῦ ἥρωος*! ruft Eusebius aus. Gut und weise sei Euphrates gewesen, solange Apollonius noch keinen Streit mit ihm hatte, sobald er aber in Streit mit ihm gerathen war, sei nach VIII. 7, 11 sogleich etwas ganz anderes aus ihm geworden. Offenbar habe Apollonius den Euphrates sowohl gelobt, als getadelt, und ungeachtet der Kenntniss der Zukunft, welcher er sich rühmte, ihn nicht gekannt. Bei allem Edelmuth, welchen Apollonius sonst bewiesen haben möge, habe er doch gegen Euphrates als Sykophant gehandelt, was um so mehr auffallen müsse, da Euphrates ein zu seiner Zeit sehr berühmter Philosoph gewesen sei, der auch jetzt noch von den Freunden philosophischer Studien sehr

Christenthum angeregte religiöse Leben, seinem tiefern Grunde nach, bewegt, dem Schriftsteller völlig fremd geblieben. Wir

---

geschätzt werde. War Euphrates ein so ausgezeichneter Philosoph, so könne die Ursache, warum Apollonius sich über ihn beschwerte, nur darin gelegen sein, dass Euphrates das Schlechte, das Apollonius that, hasste. Auch darin habe Apollonius seinen Blick in die Zukunft nicht bewährt, dass er eine apologetische Rede, die er vorzutragen keine Gelegenheit hatte, mit aller Sorgfalt ausarbeitete c. 41. Eine schwere Anklage erhebt Eusebius noch in Beziehung auf die beiden Stellen VII. 9. VIII. 7, 26. Nach der ersten Stelle hatte Apollonius vor einem Bilde Domitians die Worte gesprochen: „O Thor, wie wenig begreifst du die Parcen und die Nothwendigkeit! Der Mann, dem nach dir zu herrschen bestimmt ist, wird auch, wenn du ihn tödtetest, wieder aufleben.“ In der zweiten Stelle erklärte er sich hierüber vor Domitian so: „Wenn ich die Schmeichelei liebte, würde ich sagen, ich hätte auch an dich gedacht, als du von Vitellius hier eingeschlossen warest, und der Tempel des Zeus auf der Höhe der Stadt in Brand gesteckt wurde. Vitellius glaubte, seine Sache werde den glücklichsten Erfolg haben. Da es aber den Parcen anders gefiel, kam er mit sammt seinen Planen um, und du bist jetzt an seiner Stelle. Da mir aber die Harmonie der Schmeichelei missfällt, — denn ich meine, es fehlt ihr an Tact und Wohllaut, — so mag mir diese Saite zerschnitten werden, und du magst glauben, ich hätte damals nicht an dich gedacht, sondern allein von den Parcen und der Nothwendigkeit gehandelt; denn diess, behauptet er (der Ankläger), hätte ich gegen dich gesagt. Und doch dulden auch viele der Götter diesen Ausspruch (Il. XVI. 433).“ Dagegen bemerkt nun Eusebius a. a. O. c. 43: „Hier stellt uns jene wahrheitliebende Schrift (so nennt Eusebius das Leben des Apollonius, weil Hierokles in seinem φιλαλ. λόγος den Philostratus wegen seiner Liebe zur Wahrheit rühmte) den Apollonius zugleich als Schmeichler und Lügner und eher als alles andere, denn als Philosophen dar. Denn dieser edle Mann, der sich zuvor so stark gegen Domitian geäussert hat, schmeichelt ihm jetzt, und gibt sich das Ansehen, als ob das, was er in Jonien über die Parcen und die Nothwendigkeit gesagt hatte, gar nicht gegen ihn, sondern vielmehr für ihn gesagt worden wäre. So nimm nun doch, o Schriftsteller, deine Schrift zur Hand, und lies, wenn du für die Wahrheit wieder nüchtern geworden bist, was du zuvor geschrieben hast, mit klarer und wahrheitsliebender Stimme dir selbst vor, wie er während seines Aufenthalts in Ephesus jene Männer, Nerva und seine Freunde, von Domitian abzog u. s. w. VII. 8 — wie er von den Parcen und der Nothwendigkeit sprach und zeigte, dass auch Tyrannen die Beschlüsse des Schicksals nicht ändern können. Wer vermissen hier überall den durchgreifenden Gegensatz der Sünde und der Erlösung, welchen das Christenthum dem reli-

---

nun nach solchen Reden dem Tyrannen schmeichelt, und sich den Schein gibt, es sei in allem diesem nichts gegen ihn gesagt, wie kann ein solcher von dem Vorwurf der Schlechtigkeit und einer unedlen Denkungsart freigesprochen werden?" Sollte es auch nicht gelingen, den Apollonius, wie er uns in der Darstellung des Philostratus erscheint, gegen alles, was ihm in den drei hier hervorgehobenen Haupt-Anklagepunkten zur Last gelegt wird, zu rechtfertigen, so erscheint doch alles bei näherer unpartheiischer Betrachtung in einem weit mildern Lichte. 1) Eines Dollmetschers bedient sich allerdings Apollonius nach II. 26 in der Unterredung, die er in der Stadt Taxila mit dem indischen Könige Phraotes hatte. Es ist aber dabei nicht zu übersehen, dass nach II. 23 der König selbst den Dollmetscher mit den Boten zu Apollonius geschickt hatte, die ihn mit der Meldung, dass ihn der König auf drei Tage zu seinem Gastfreunde mache, in die Hauptstadt führen sollten. Der Gebrauch des Dollmetschers erscheint demnach mehr nur als die an den orientalischen Höfen in Ansehung der ankommenden Fremden gewöhnliche Sitte, und es ist nirgends angedeutet, dass sich Apollonius desswegen eines Dollmetschers habe bedienen müssen, weil er sich sonst mit dem indischen Könige nicht hätte unterreden können. Man kann auf diesen Punkt um so weniger Gewicht legen, da ja doch der Besitz einer ausserordentlichen Gabe nie den Gebrauch der gewöhnlichen natürlichen Mittel ausschliessen kann. Ebenso wenig kann es auch befremden (was Eusebius ebenfalls a. a. O. hervorhebt), dass Apollonius sich wundert und überrascht erscheint, als ihn der indische König plötzlich in griechischer Sprache anredete. Apollonius konnte die höhere Kenntniss, die ihm zugeschrieben wird, besitzen, ohne dass sie gerade in jedem einzelnen Augenblicke, auch dann, wenn er nicht gerade absichtlich davon Gebrauch machen wollte, sich von selbst wirksam äussern musste. 2) Den Euphrates lobt Apollonius gegen Vespasian V. 31 nur in der Beziehung, sofern auch er wie Dion dem Kaiser einen Rath zu geben hatte, der als ein kluger und verständiger angesehen werden konnte, und eine genauere Erwägung verdiente. Mit der Rolle, die Euphrates in dem Leben des Apollonius spielt, contrastirt freilich gar sehr das grosse Lob, das diesem Philosophen andere Schriftsteller, namentlich der jüngere Plinius (Ep. I. 10) ertheilen. Plinius, der ihn in Syrien näher kennen gelernt hatte, spricht mit der grössten Achtung und Bewunderung von ihm, nicht blos als Philosophen, sondern als Menschen. *Vitae sanctitas summa, comitas par. Insectatur vitia, non homines: nec castigat errantes, sed emendat. Sequaris monentem attentus et pendens et persuadebere tibi, etiam, quum*

giösen Verhältniss des Menschen zu Gott zu Grunde legt. Die Aufgabe, die Apollonius realisiren soll, ist zwar allerdings, den

---

persuaserit, cupias. Was berechtigt uns aber, die Schilderung des Plinius für eine in dem Grade treue und unbefangene zu halten, dass wir nicht auch bei Euphrates eine schwache Seite voraussetzen dürfen, von welcher Philostratus, ohne eine zu grosse Ungerechtigkeit gegen ihn zu begehen, wenigstens Anlass nehmen konnte, ihn in das Verhältniss zu Apollonius zu setzen, in welchem er uns erscheint? Wir dürfen nämlich nicht vergessen, dass auch der Euphrates des Philostratus eine rein historische Person schon desswegen nicht sein kann, weil Apollonius selbst diess nicht ist. Beide erscheinen gerade in dem Theile der Geschichte des Apollonius, der hier in Betracht kommt, in blos fingirten Verhältnissen. Der Charakter des Euphrates kann daher in keinem Falle einen Schatten auf den Charakter des Apollonius zurückwerfen, da wir den Euphrates nur so zu nehmen haben, wie ihn Philostratus uns schildert, und, warum er ihn gerade so schilderte, nicht näher beurtheilen können. 3) Scheinbarer ist der den Domitian betreffende Punkt, und doch kommt auch hier alles auf eine blosse Zweideutigkeit zurück, die das Urtheil des Eusebius sogleich als ein sehr ungerechtes erscheinen lässt, Philostratus habe hier die Würde und den Charakter seines Helden so sehr vergessen, dass er ihn als gemeinen Schmeichler und Lügner erscheinen lasse. Dass Apollonius sagt, wenn er dem Domitian schmeicheln wollte, so könnte er seinen Worten die obige Deutung geben, weil er aber nicht schmeicheln wolle, so wolle er von dieser Deutung keinen Gebrauch machen, ist in keinem Falle eine wirkliche Schmeichelei. Hätte aber auch Apollonius von jener Deutung wirklich Gebrauch gemacht, so hätte er doch nichts anders gesagt, als was von selbst in seiner Rede über die Macht des Schicksals lag. Der Vorwurf der Schmeichelei hat um so weniger Grund, da unmittelbar nach jener Stelle die ernste für Domitian gar nicht schmeichelhafte Schlussermahnung folgt. Mit welchem Rechte kann aber Apollonius, nur diess kann noch gefragt werden, in Beziehung auf die Aeusserung, die er that, schlechthin zu Domitian sagen: *μηδὲν ἡγοῦ τῶν σῶν ἐντεθυμῆσθαί με*, da doch jene Aeusserung vor einer Bildsäule Domitians geschah? Man könnte sagen, es sollen auch diese Worte nur auf jene für Domitian schmeichelhafte Deutung gehen, von welcher er keinen Gebrauch machen wolle. So können die Worte in jedem Falle genommen werden, und die Zweideutigkeit liegt demnach nur darin, dass Apollonius zugleich schlechthin zu sagen scheint, er habe den Domitian gar nicht gemeint, auch nicht in nachtheiligem Sinne. Aber auch selbst in dem Falle, wenn die Worte auf VII. 9 sollten bezogen werden müssen, Apollonius demnach zu läugnen scheint, was er zuvor

Zustand der Welt und der Menschen zu verbessern, was aber das Bedürfniss einer Umänderung des sittlich-religiösen Zustands der Menschen begründet, sind nur die einzelnen im Leben des Menschen da und dort hervortretenden Verirrungen und Verkehrtheiten, ohne dass diese auf die tiefer liegende Eine Quelle alles sittlichen Verderbens in demjenigen Sinne zurückgeführt sind, in welchem das Christenthum von dem Begriff der Sünde und der Thatsache der der menschlichen Natur eigenthümlichen Sündhaftigkeit ausgeht. Daher fehlt auch jede Ahnung einer Erlösung, durch welche ein völlig neues Princip des sittlich-religiösen Lebens des Menschen gesetzt werden soll, und das Höchste, was eine solche Ahnung eines die menschliche Natur umbildenden sittlich-religiösen Strebens etwa andeuten mag, ist nur die Forderung einer nicht blos negativen, sondern positiven Gerechtigkeit, oder die Lehre, dass kein Unrecht thun noch nicht Gerechtigkeit sei. Die Grundlehre des Christenthums, dass der Mensch der Vergebung der Sünde bedarf, um in ein, ein neues sittlich-religiöses Leben in ihm begründendes, Verhältniss zur Gottheit treten zu können, ist in ihrer höhern Beziehung so wenig anerkannt, dass sogar die geradezu entgegengesetzte Behauptung aufgestellt wird, es gebe Vergehungen, für welche ihrer Natur nach die Gottheit selbst keine Versöhnung gewähren könne (VIII. 7, 7). Nirgends aber tritt der Mangel einer tiefern sittlich-religiösen Bedeutung in dem Leben dieses Weltreformators auffallender hervor, als in der Beziehung, die ihm auf dem Punkte, auf welchem seine Thätigkeit sich zur Lösung der höchsten Aufgabe concentriren soll, nur zum politischen Zustand der damaligen römischen Welt gegeben wird. Als das allgemeinste, in das Gesammtleben der Menschen verderblich eingreifende, Uebel erscheint

---

nachtheiliges gegen Domitian gesagt hatte, können sie doch immerhin so genommen werden: Glaube nicht, dass ich dabei speciell nur an dich gedacht habe. Ich hatte dabei die Macht des Schicksals überhaupt im Auge. In jedem Fall ist es nur der Vorwurf einer gewissen Zweideutigkeit, der hier gemacht werden kann.

doch nur der von den römischen Imperatoren ausgeübte tyrannische Druck, und die ganze Thätigkeit des Weltreformators zum Besten der Welt besteht demnach, von dieser Seite betrachtet, nur theils in seinen Bemühungen für eine die Freiheit des Einzelnen sichernde Regierungsweise, theils in den Wirkungen des Beispiels, das in der heroischen Charakterstärke eines über die sittliche Erschlaffung seines Zeitalters erhabenen Weisen gegeben wird. So wendet sich die Thätigkeit gerade auf dem Punkte, von welchem aus sie am meisten auf das innere sittliche Leben des Menschen einwirken sollte, mehr nur dem Aeussern und Politischen zu. Wo aber, wie wir es hier wahrnehmen, der Gegensatz der Sünde und Erlösung nicht in dem innersten Mittelpunkt des religiösen Lebens aufgefasst ist, da kann auch der Erlöser, der in die Mitte dieses Gegensatzes vermittelnd hineintreten soll, keine lebendige Gestalt gewinnen. An die Stelle dessen, welchen das Christenthum als den wahrhaft erschienenen Welterlöser vor Augen stellt, tritt daher hier nur ein durch Lehre und Beispiel wirkender Weiser, aber auch dieser ist ja, was hier der Hauptgesichtspunkt sein muss, keine lebendige Gestalt, sondern nur ein der selbstständigen Realität und der Wirklichkeit des Daseins ermangelndes Bild, nur der schwache schattenähnliche Reflex eines lebensvollen Originals, ohne welches jenem Bilde sogar der schöpferische Gedanke, der es hervorrief, fehlen zu müssen scheint. Ist in Christus Göttliches und Menschliches, Urbildliches und Historisches zur vollkommensten Einheit des Wesens vereinigt, so steht dagegen, was in Apollonius Wahrheit und Wirklichkeit hat, tief unter der Idee, welcher es nachgebildet werden soll, und was in ihm dieser Idee sich anzunähern versucht, hat sich alsbald von dem Boden der Wirklichkeit, auf welchem es als lebenskräftiges Princip wirken soll, losgerissen. Jede Vergleichung des Urbilds und Nachbilds kann daher nur dazu dienen, das eigentliche Wesen des Christenthums, dem Heidenthum gegenüber, in ein klares Licht zu setzen, und es ist in dieser Beziehung vollkommen richtig, was G. Olearius in seiner Ausg.

der Werke des Philostratus in der Praef. zu der Vita Apoll. S. XXXIX. urtheilt: *Non male meruisse Henr. Morum existimem, qui in mysterio pietatis (IV. 2, 4) ex instituto demonstrare conatus fuit, quam dissimilem Christo Apollonium extitisse ex ipsa Philostrati historia appareat. Cujus operae a cl. Theologo praestitae vel ille insignis est usus, ut pateat, quam inepta sit humana ratio, lumine fidei destituta, quae vel in idea, ut loquuntur philosophi, veram atque perfectam virtutem, qualis in Jesu Christo refulsit, et in exemplum sequacibus ejus proposita fuit, concipiat atque delineet. Quod quantum ad divinam religionis christianae excellentiam faciat adstruendam, nemo tam coecus est, qui non videat.*

Was daher in der Erscheinung des Apollonius dem Christenthum Analoges, der im Christenthum geoffenbarten Wahrheit Entsprechendes zu sein scheint, ist zuletzt immer nur wieder eine der wahren Realität ermangelnde Idee, ein blosser Schein, ein Erzeugniss des Doketismus. Es ist daher gewiss sehr charakteristisch und zur richtigen Beurtheilung des Verhältnisses des Heidenthums zum Christenthum im Allgemeinen sehr beachtenswerth, dass jener an die Stelle der Realität tretende Schein, wie im Leben des Apollonius überhaupt, so auch auf einzelnen Punkten, in der Darstellung desselben, vor allem in der Art und Weise, wie Philostratus seinen Apollonius, statt ihn, wie man gemäss der Parallele mit Christus erwarten sollte, wirklich sterben zu lassen, nur in Todesgefahr kommen lässt, womit sodann auch das obige, über den wirklichen Tod des Sokrates als einen blossen Scheintod gefällte, Urtheil in einem natürlichen Zusammenhang steht, offen genug hervortritt. Wo die Idee nicht in ihrer wahrhaft substanziellen Bedeutung aufgefasst ist, muss sich ihr Wesen immer wieder in blossen Schein auflösen, und dieser Schein wird sich da am wenigsten verbergen können, wo ihm die Wahrheit der Idee am unmittelbarsten gegenübertritt. Es ist immer nur ein gewisser Schimmer der Idee, der der wahren Substanz und dem vollen Glanz der Idee gegenüber zurückbleiben kann. Ebendarum ist der gnostische Doketismus, wie er gerade auf derjenigen Seite des jener Zeit eigenen Religionssyncretismus sich geltend machte, auf welcher das Heidenthum am meisten dem Christenthum sich anzunähern bestrebte, eine so merkwürdige Erscheinung. Aber ebenso beachtenswerth ist dann auch, wie die alte Religion und Philosophie selbst auf den lichtesten Punkten, auf welchen ihr eine unläugbare Ahnung der reellen Wahrheit des Christenthums aufgieng, sich ihres Doketismus bewusst zu werden begann, seine Nichtigkeit fühlte, und ihn selbst bestritt. Das Merkwürdigste in dieser Beziehung bleibt wohl immer jene bekannte Stelle in Plato's zweitem Buche vom Staate, in welcher man seit alter Zeit eine überraschende, gleichsam prophetische Vorherverkündigung der im Christenthum geoffenbarten Wahrheit zu erblicken glaubte. Plato will (De Rep. S. 360 f.) den Gerechtesten und Ungerechtesten nach der ganzen Strenge des Begriffs gegeneinanderstellen. „Wir wollen nicht das Geringste abnehmen, weder dem Ungerechten von der Ungerechtigkeit, noch dem Gerechten von der Gerechtigkeit, sondern hier jeden in seinem Bestreben vollendet setzen. Zuerst der Ungerechte soll es machen, wie die recht tüchtigen Meister. Er muss, weil er seine Thaten verständig unternimmt, mit seinen Ungerechtigkeiten verborgen bleiben, wenn er uns recht tüchtig ungerecht sein soll; wer sich aber fangen lässt, den muss man nur für einen schlechten für ungeschickt halten. Denn die höchste Ungerechtigkeit ist, dass man gerecht scheine, ohne es zu sein. Dem vollkommen Ungerechten müssen wir also auch die vollkommenste Ungerechtigkeit zugestehen, und ihm nichts davon abziehen. Nachdem wir nun diesen so gesetzt, so lasst uns den Gerechten neben ihn stellen in unserer Rede, den schlichten und biedern Mann nach Aeschylos, der nicht gut scheinen will, sondern sein. Das Scheinen muss man ihm also nehmen. Denn wenn er dafür gilt, gerecht zu sein, so werden ihm Ehren und Gaben zufallen, weil er als ein solcher erscheint*).

*) Ebendarauf beruht denn auch die Wahrheit, dass das Göttliche, um als Göttliches so anerkannt zu werden, wie das Göttliche allein anerkannt

Also wird es ungewiss sein, ob er des Gerechten wegen, oder der Gaben und Ehren wegen ein solcher ist. Er werde also von allem entblösst, ausser der Gerechtigkeit, und in einen ganz entgegengesetzten Zustand versetzt als der vorige. Ohne irgend Unrecht zu thun, habe er nämlich den grössten Schein der Ungerechtigkeit, damit er nur ganz bewährt sei in der Gerechtigkeit, indem er auch durch die üble Nachrede und alles, was daraus entsteht, nicht bewegt wird, sondern unverändert bleibe er uns auch bis zum Tode, indem er sein Lebenlang für ungerecht gehalten wird, und doch gerecht ist, damit beide an das Aeusserste, der eine der Gerechtigkeit, der andere der Ungerechtigkeit gelangt, beurtheilt werden können, welcher von ihnen der glückseligere ist. Da sie nun so beschaffen sind, wird es, denke ich, nichts schweres mehr sein, nachzuweisen, was für ein Leben jeden von ihnen erwartet. Das muss also geschehen, und wenn es zu derb herauskommt, o Sokrates, so bedenke nur, dass ich es nicht sage, sondern die, welche die Ungerechtigkeit vor der Gerechtigkeit loben. Sie sagen aber so, dass der sogesinnte Gerechte wird gefesselt, gegeisselt, gefoltert, geblendet werden an beiden Augen, und zuletzt, nachdem er alles mögliche Uebel erduldet, wird er noch aufgeknüpft werden, und dann einsehen, dass man nicht muss gerecht sein, sondern scheinen wollen." Wird auf diese Weise das Scheinen dem Sein gegenübergestellt *), jenes dem

werden kann, mit einer durch seinen absoluten Werth bedingten, völlig freien Richtung des Gemüths, nur in Knechtsgestalt erscheinen kann. *Εἰ γὰρ ἔγνωσαν (οἱ ἄρχοντες τοῦ αἰῶνος τούτου τὴν ἀποκεκρυμμένην σοφίαν, ἣν προώρισεν ὁ θεὸς πρὸ τῶν αἰώνων εἰς δόξαν ἡμῶν) οὐκ ἂν τὸν κύριον τῆς δόξης ἐσταύρωσαν.* 1. Cor. 2, 8.

*) Zwar sollen die unmittelbar bei Plato folgenden Worte: „des Aeschylus Wort wäre weit richtiger von dem Ungerechten gesagt worden: denn der Ungerechte, werden sie sagen, da er ja einer Sache nachstrebt, in der Wahrheit ist, und nicht auf den Schein hinlebt, will in der That ungerecht nicht scheinen, sondern sein" — das Sein statt des Scheinen auch dem Ungerechten vindiciren, aber das Scheinen bleibt doch auch so für den Ungerechten das nothwendige Mittel, das zu sein, was er ist.

Ungerechten, dieses dem Gerechten zugewiesen, so ist schon dadurch der Doketismus von der Offenbarung der göttlichen Wahrheit ausgeschlossen. Die Wahrheit der Idee ist nur in der Wirklichkeit der Erscheinung. Die Erscheinung ist nur dann nicht blosser Schein, wenn sie der adäquate Ausdruck der Realität der Idee ist. Was uns aber die platonische Stelle in Beziehung auf den oben hervorgehobenen Punkt besonders beachtenswerth macht, ist dasjenige, was von der nothwendigen Verkennung des Gerechten, und den in Folge derselben ihn treffenden leidensvollen Schicksalen gesagt ist. Aus diesem Grunde rechnet auch Schleiermacher (in den Anmerkungen zu seiner Uebersetzung des Staats S. 535) jene Gegeneinanderstellung des Gerechten und Ungerechten ganz vorzüglich zu den Ahndungen des Christlichen im Platon, indem er nämlich zeige, dass die vollkommene Gerechtigkeit, wenn sie zugleich als solche geglaubt werden solle, nothwendig müsse eine leidende Tugend sein. Kann aber die vollkommene Tugend nur eine leidende sein, damit dem Gerechten jedes Scheinen genommen und der Voraussetzung begegnet werde, dass der Gerechte die Gerechtigkeit nicht um der Gerechtigkeit selbst willen liebe, so kann auch das Leiden, das den Gerechten trifft, und ein Tod, in welchem er alles mögliche Uebel duldet, kein blosses Scheinleiden und kein blosser Scheintod sein. Nur ein wahrhaft reeller Tod kann als vollgültiger Beweis der absoluten Liebe zur Gerechtigkeit angesehen werden, und den Zusammenhang der Wahrheit des Göttlichen mit der Wirklichkeit des Menschenlebens verbürgen. Wenn demnach das Idealische und Göttliche, das sich uns in dem Leben des Apollonius darstellt, immer nur das Gepräge des Imaginären und Doketischen an sich trägt, weil ihm die Realität eines wirklichen Menschenlebens fehlt, so ist es nur eine weitere Folge des durch das Ganze sich hindurchziehenden Doketismus, wenn auch das Leiden, welchem Philostratus seinen Apollonius in der Anerkennung, dass die vollkommene Tugend nur eine leidende sein könne, sich unterziehen lässt, ein blosses Scheinleiden ist. Ein solches war es schon desswegen, weil Apollonius nicht wirklich stirbt, und voraus gewiss war, durch sein doketisches Verschwinden dem Tode zu entgehen. In dieser Voraussetzung konnte auch das, was er duldete, nicht den Charakter eines wirklichen Leidens haben.

Demungeachtet dürfen wir nicht blos bei dieser Seite der Sache stehen bleiben. Was vom Christenthum aus nur als ein wesenloses Bild erscheint, hat auf der andern Seite, vom Heidenthum aus betrachtet, doch auch wieder in dem religiösen Interesse, auf welchem es beruht, eine innere Bedeutung, die es uns nicht gestattet, der Erscheinung, die sich uns hier darstellt, die selbstständige Realität und das innere Leben völlig abzusprechen. Man würde den religiösen Gehalt der philostratischen Lebensbeschreibung nicht gehörig zu würdigen wissen, wenn man in ihr nur ein sophistisches Uebungstück, ein blosses Phantasie-Gebilde sehen würde. Wie uns Philostratus selbst seinen Weisen als den vollendeten Pythagoreer darstellt, so kann sein ganzes Werk seiner religiösen Seite nach, in Hinsicht des Verhältnisses, in welchem es sowohl zur Religion des Alterthums, als auch zum Christenthum steht, nur als ein Erzeugniss des Pythagoreismus begriffen werden. Was wir, wenn wir das Christenthum mit andern Religionen vergleichen, als die grösste Eigenthümlichkeit desselben betrachten müssen, der hohe Vorzug, vermöge dessen es in seinem Stifter die concrete Erscheinung des gesammten in ihm sich entwickelnden religiösen Lebens zur Anschauung bringt, oder das Princip dieses Lebens in dem Gottmenschen selbst sich verwirklichen lässt, hängt mit dem Wesen der Religion überhaupt so eng zusammen, dass die Idee davon wenigstens auch andern Religionsformen nicht ganz fremd bleiben konnte. Bei den Griechen insbesondere konnte weder die Religion noch die Philosophie es unterlassen, Ideale zu schaffen, die das Göttliche und Menschliche in gegenseitiger Vereinigung und Durchdringung darstellten. Während die griechische Philosophie, sobald sie sich auf ihrer ethischen Seite zu diesem Grade der Ausbildung erhoben hatte, den wahren und vollkommenen Weisen als eine concrete Erscheinung der Idee des Absoluten, als einen Gott der Erde, auffasste, hatte dagegen die Volksreligion schon längst in einem Apollon, Herakles, Dionysos eine Reihe von Wesen, in welchen der Sterbliche sich seiner Verwandtschaft mit einer in der Menschenwelt und der Menschennatur sich offenbarenden Gottheit bewusst werden und das schönste und erhabenste Ziel seines sittlichen Strebens anschauen konnte. Eben diese Richtung, das Göttliche in der concreten Erscheinung eines wirklichen Menschenlebens zur Anschauung zu bringen, hat sich nirgends bestimmter hervorgethan, als im Pythagoreismus, in welchem uns die altgriechische Philosophie noch in ihrem ursprünglich so engen Zusammenhang mit der altgriechischen, mit orientalischer Weisheit bereicherten, Religion erscheint. Sofern aber der Pythagoreismus ein ächt religiöses Element in sich aufgenommen hat, schliesst er sich an keine Form der griechischen Religion näher an, als an die apollinische. Viele seiner wesentlichsten Ideen führen uns auf die Symbole und Anschauungen der apollinischen Religion zurück, er ist in gewissem Sinne selbst nur als ein Erzeugniss derselben anzusehen, und wenn Pythagoras selbst nach der bekannten Sage nur auf dem Altar der Frommen in Delos dem Apollon reine Opfer darzubringen pflegte, wenn er in dem trojanischen Helden Euphorbos, als einem Diener Apollons, sich selbst in der Erinnerung eines frühern Lebens wiedererkannte, wenn er sogar geradezu ein Sohn des Apollon selbst sein sollte, so stellen uns schon diese äusseren Züge ihn als einen ächten Jünger des Apollon dar. Es kann uns daher nicht befremden, wenn sich uns schon in der apollinischen Religion die Tendenz zeigt, die sich im Pythagoreismus weiter entwickelte, und uns zuletzt in dem von Philostratus geschilderten Leben des Apollonius in ihrer höchsten Ausbildung entgegentritt.

In Apollon und in dem Verhältniss desselben zu dem Vater Zeus stellt sich uns deutlicher als in irgend einer andern Gestalt der griechischen Religion ein Wesen dar, das seiner Idee nach ganz dazu bestimmt ist, als Organ des höchsten Gottes zur Belehrung und zum Heil der Menschen nicht blos in physischer, sondern auch in ethischer Beziehung auf der Erde zu wirken. Das Prädicat, das Aeschylus in seinen Eumeniden (v. 19) dem Apollon gibt, wenn er ihn den Propheten des Vaters Zeus nennt (*Διὸς προφήτης ἐστὶ Λόξιας πατρὸς*), bezeichnet sehr emphatisch den eigentlichen Begriff seines Wesens. Was Zeus, als der höchste Weltregent und Vater der Menschen, will und beschliesst, das offenbart sein Sohn Apollon auf der Erde als Lehrer, Berather und Führer der Menschen. Damit der Mensch in dem Dunkel seines Erdenlebens, in welchem ihm jeder Blick in die Zukunft versagt ist, nicht völlig sich selbst überlassen wäre, ist Apollon in dieser Hinsicht der Vermittler, er ist der Prophet, das Organ des Zeus, gleichsam der redende Mund, durch welchen Gott seinen Willen an die Menschen ausspricht. Für diesen Zweck hat er in seinem delphischen Heiligthum, um welches als einen kirchlich-politischen Mittelpunkt die ihre höheren Bedürfnisse fühlende und an eine Offenbarung des Göttlichen glaubende Menschheit sich sammeln sollte, den heiligen Dreifuss bestiegen, damit nun nicht mehr in dunkeln Ahnungen der geheimnissvollen Erde (der *Γῆ* oder Themis, der frühern Inhaberin des Orakels) das Göttliche kund würde, sondern ein vom göttlichen Geiste erleuchteter, in menschlicher Sprache sich aussprechender Interpret gegeben wäre, um des Zeus fehllosen Rathschluss und die Gesetze einer höhern Weltordnung, als sichere Norm für das menschliche Leben, den Menschen zu verkünden, und alles zu entfernen, was entweder das Leben des Einzelnen, oder das Gesammtleben, welchem der Einzelne angehört, stört und verunreinigt. Was er als Prophet und Orakelgott vor allem andern bewirken will, ist die Reinigung des Menschen von der ihm anhaftenden Schuld und Befleckung. Dazu ertheilt er die Anweisung, und indem er selbst dadurch die Reinigung bewirkt, geht seine *μαντικὴ* in jene *ἰατρικὴ* über, die alle Mittel in sich begreift, die den Menschen rein an Leib und Seele darstellen, und ihn zu seinem natürlich reinen und gesunden Zustand gelangen lassen. In diesem Sinne ist, wie Plato im Cratylus (S. 405) sagt, Apollon der reinigende und abwaschende und von allen Uebeln dieser Art erlösende Gott, so dass er in Beziehung auf die Abwaschungen und Erlösungen von solchen Uebeln als Arzt mit Recht Apolyon heissen könnte. Auf diese reinigende und abwehrende Kraft des Gottes beziehen sich viele seiner Beinamen, wie z. B. Akesios, Epikurios, Alexikakos, Apotropäos u. a., und wenn Pindar von ihm sagte: er sei den Menschen bestimmt zum freundlichsten Gott*), so ist auch dabei besonders daran zu denken, dass er den Menschen von der Blutschuld reinigt, und ihm die Ruhe des Gewissens wiedergibt. Er, der reine, helle, strahlende Gott, dessen klares Selbstbewusstsein keine Verdunklung erleidet**), will auch ausser sich Klarheit und Licht verbreiten, und als der Gott der Harmonie und Musik eine sittlich reine, harmonisch schöne Weltordnung gründen, jenen *κόσμος*, dessen Realisirung der Pythagoreer als die höchste Aufgabe seines Lebens betrachtete. Wie Apollon in allen diesen Beziehungen als Prophet und Sühngott, oder als Erlöser, unter den Menschen wirkte, und für die Zwecke seiner Thätigkeit seinen bleibenden Sitz auf der Erde nahm, so hat er sich auch auf die concreteste Weise dem menschlichen Leben einverleibt, und er stellt in seinem eigenen Leben die Periode dar, die der Mensch zu durchlaufen hat, um einst gereinigt und gesühnt vor der Gottheit zu stehen. Die berühmteste mythische That des Gottes, die Erlegung des Erddrachen Python, wodurch Apollon von dem Orte Besitz nahm, der der Mittelpunkt seiner Offenbarung und Wirksamkeit unter den Menschen sein sollte, unterwarf auch ihn, den reinen Gott, bei seinem Ein-

*) In dem Fragment bei Plutarch *De Ei apud Delphos* c. 21. *Πίνδαρος εἴρηκεν, οὐκ ἀηδῶς, κατεκρίθη θνατοῖς ἀγανώτατος ἔμμεν.* Als *φιλανθρωπότατος θεὸς* wird Apollon von Jambl. *De vita pythag.* c. 10 mit Eros zusammengenannt. Beide, auch Eros (vgl. Plato im Sympos. S. 202 f.), nehmen sich der Menschen in ihren höhern geistigen Bedürfnissen ganz besonders an.

**) Als solcher hiess er vorzugsweise *Φοῖβος* Plut. *De def. orac.* 21 *Φοῖβος δὲ δήπου τὸ καθαρὸν καὶ ἁγνὸν οἱ παλαιοὶ πᾶν ὠνόμαζον.* *De Ei ap. Delph.* 20.

tritt ins Menschenleben demselben Loose der Endlichkeit, von welchem kein menschliches Dasein frei sein kann. Befleckt mit dem Blute des erlegten Python bedarf auch er, wie jeder Mensch mit seiner Geburt in ein unreines, schuldbefleckteș, der Reinigung bedürftiges Dasein eintritt, einer Reinigung von der ihm anhaftenden Schuld *), und er muss eine Reihe von Leiden und Büssungen durchwandern, durch die er, der Erlöser, in denen, die durch ihn von allem Unreinen befreit und erlöst werden, und in ihm ihr göttliches Vorbild anschauen sollen, gleichsam selbst das Gefühl der Erlösungsbedürftigkeit

*) Die Blutschuld dachte sich der alte Mythus als den Inbegriff aller auf dem Menschen liegenden Sündenschuld. Mord und Todtschlag, die Sünde, durch welche der Mensch ein so schweres Verbrechen begeht, zu welcher er sich aber gleichwohl, zumal in der ältesten Zeit, so leicht hinreissen liess, scheint auf einen den Menschen wie von Natur zum Bösen hintreibenden Hang hinzuweisen. Vgl. die Abhandl. über die urspr. Bedeutung des Passahf. [Tüb. Zeitschr. f. Theol. 1832] H. I. S. 54. In eben diesem Sinne repräsentirt nun auch Apollon durch seinen an Python begangenen Mord gleichsam die Ursünde und Urschuld, die an dem Menschen haftet, und von welcher er gereinigt werden muss. In höherer Beziehung kann ich den den Erddrachen tödtenden Apollon nur für ein Symbol gleicher Bedeutung mit dem den Stier erwürgenden Mithras halten. Vgl. Das Manich. Rel. System S. 92. Wie sich der Mithrasstier zu einem Symbol der Materie überhaupt gestaltet, so tritt hier an die Stelle des Stiers der Erddrache oder die Schlange, und in diesem Sinne des Mythus ist es die Materie selbst, durch deren Berührung der dieselbe durchdringende göttliche Geist sich verunreinigt. Die Schlange erscheint in der alten Symbolik bald als ein gutes und heilbringendes, bald als ein bösartiges und schädliches Thier. Ebenso steht nun auch der delphische Python dem Mithrasstier ebenso nahe als der ahrimanischen Schlange. Als Schlange, als Wächter des alten Erdorakels der Gäa, als ein Kind der Erde selbst, entstanden aus dem erwärmten Schlamm, der von der allgemeinen Fluth zurückblieb, gilt der delphische Python allerdings zunächst als tellurisches Wesen (vgl. O. Müller Dorier Th. I. S. 316), aber wie nahe liegt es, in dem tellurischen Symbol im Gegensatz gegen Apollon zugleich eine höhere allgemeinere Bedeutung vorauszusetzen, und es als ein Symbol des dunkeln materiellen Princips zu nehmen, das von dem lichten Princip, dem die Materie durchdringenden Geist, überwältigt und demselben unterworfen werden muss? In allen jenen so vielfach vorkommenden Schlangen- und

wecken will. Unmittelbar nach dem Mord soll der Gott von Delphi nach Tempe geflohen und dort gesühnt worden sein. Davon zeugten in der Folge noch alte Festgebräuche. Alle acht Jahre nämlich stellte zu Delphi ein Knabe den Kampf mit dem Erddrachen dar, und zog dann nach Vollendung desselben auf der heiligen Strasse (κατὰ τὴν ὁδὸν, ἣν νῦν ἱερὰν καλοῦμεν *Plut. Quaest. gr. 12*) nach Tempe in Nordthessalien, um dort gereinigt zu werden, und mit einem Lorbeerzweige aus dem heiligen Thale an der Spitze einer Theorie nach Delphi zurückzukehren. Auf dem Wege nach Tempe stellte der Knabe auch die Dienstbarkeit des Gottes dar (nach Plutarch *De def. orac. 15* αἵ τε πλάναι καὶ ἡ λατρεία τοῦ παιδὸς οἵ τε γενόμενοι περὶ τὰ Τέμπη καθαρμοί). Die bekannte Knechtschaft nämlich, welcher sich Apollon bei Admetos in Pherä unterzogen haben soll, war die Hauptbegebenheit auf seiner Wanderung nach Tempe. Er sollte dadurch die wegen des begangenen Mords auf ihm liegende Schuld abbüssen. Auch diess ahmte nun der Knabe nach, indem er ohne Zweifel darstellte, wie der Gott als Hirte und Sklave in den niedrigsten Geschäften gedient habe. Was aber die Bedeutung

---

Drachenkämpfen, von dem Kampfe an, in welchem der indische Sonnengott Krischna mit dem Drachen ringt, ihn überwindet und ihm den Kopf zertritt, bis zu dem Abenteuer, das der nordische Sigfried mit dem Lindwurm besteht, scheinen die Ideen einer dualistischen Religion durchzublicken, die sich in dem Gegensatz der höchsten Principien, des Lichtes und der Finsterniss, des Geistes und der Materie, des Guten und Bösen bewegte. Wenn der Zendavesta den Winter die grosse von Ahriman geschaffene Schlange nennt (Zendav. Th. II. S. 299), die die Sonne besiegt, bis diese im Frühjahr das Böse ausrottet (wesswegen bei den Persern das Fest der Schlangentödtung im Herbst und im Frühling als das Fest der Zerstörung der Uebel [ἡ τῶν κακῶν ἀναίρεσις] eine sehr heilige Bedeutung hatte), so kann uns auch diess als Beispiel davon dienen, wie der der religiösen Weltanschauung vorschwebende Gegensatz unter denselben Symbolen in den verschiedensten Beziehungen aufgefasst wurde, so jedoch, dass in dem Niedern und Untergeordneten nur wieder das Höhere und Allgemeinere sich reflectirte. Man vgl. über die hier erwähnten Drachenkämpfe Bohlen, Das alte Indien Th. I. S. 248 f.

dieser Knechtschaft selbst betrifft, so war, wie O. Müller in den Prolegom. zu einer wissensch. Mythol. S. 306 bemerkt, "Ἄδμητος, der Unbezwingliche, wie ἀδάμαστος Il IX. 158, höchst wahrscheinlich ein alter Beiname des Hades selbst, und in das thessalische Pherä, durch welches jener heilige Weg führte, ist die Scene verlegt, weil daselbst vorzüglich die Gottheiten der Unterwelt verehrt wurden. Desswegen nimmt auch O. Müller an, dass nach dem ursprünglichen grossartigen Sinn des Mythus der reine Gott, der Flüchtling vom Olympos, wie Aeschylus sagt, zur Strafe für die Tödtung der Erdgeburt Python selbst in den Hades hinabteigen und dem Könige der Unterirdischen dienen musste, damit dadurch seine Erniedrigung auf das allerstärkste ausgedrückt würde, da sonst dem Gott nichts mehr zuwider ist, als Tod und Unterwelt. Aber eben desswegen sollte die Knechtschaft des Gottes gewiss nicht blos eine Strafe für einen begangenen Mord gewöhnlicher Art sein, so dass er nur das nothwendige Gesetz an sich darstellt, wie jeder, der Blut vergossen, das Vaterland meiden müsse, bis er die Schuld gebüsst und gesühnt habe, und von ihr gereinigt wäre. Das acht- oder neunjährige Jahr, oder der ἀΐδιος ἐνιαυτός, welchen auch Kadmos, nachdem er den Drachen erschlagen, in Dienstbarkeit zubringen musste, war ohne Zweifel, wie solche Mythen überhaupt eine höhere Beziehung zu haben pflegen, ein Bild der Lebensperiode des Menschen. Man bedenke nur, wie sich in den verwandten Mythen von Kadmos Ideen über das menschliche Leben ausdrücken. Ist einmal der Mensch in das materielle irdische Leben eingetreten, so ist er auch einer Befleckung unterworfen, sein ganzes Leben muss eine Reinigung und Sühne von der Schuld sein, er muss sich der Busse und Dienstbarkeit unterziehen, bis er nach einer bestimmten Periode wiederum gereinigt und geläutert ist. Diese gleichsam angeborne Schuld des Lebens, und das im Bewusstsein derselben sich aussprechende Bedürfniss einer Erlösung und Reinigung von derselben stellt die mythische Geschichte des Apollon dar. Hiemit stimmt ganz zusammen, was sich bei Plutarch *De def. orac.* 21

zur Erklärung des Mythus findet: *δαιμόνων εἶναι πάθη μεγάλα καὶ ταῦτα δὴ περὶ Πύθωνα· τῷ δ' ἀποκτείναντι μήτ' ἐννέα ἐτῶν, μήτ' εἰς τὰ Τέμπη γενέσθαι τὴν φυγὴν, ἀλλ' ἐκπεσόντα ἐλθεῖν εἰς ἕτερον κόσμον· ὕστερον ἐκεῖθεν ἐνιαυτῶν μεγάλων ἐννέαπεριόδοις ἁγνὸν γενόμενον καὶ φοῖβον ἀληθῶς κατελθόντα τὸ χρηστήριον παραλαβεῖν, τέως ὑπὸ Θέμιδος φυλαττόμενον.* Verstehen wir das hier Gesagte zwar nicht von etwas wirklich Geschehenem, aber doch von der ursprünglichen Idee, die durch den Mythus ausgedrückt werden sollte, so kann eine neunjährige Periode, auf welche eine Wanderung in die andre Welt, und eine Periode der Reinigung folgt, nur die Periode des Menschenlebens sein. Das Mangelhafte, Unvollkommene, einer Ergänzung und Vollendung Bedürftige desselben soll die der vollkommenen Zehnzahl vorangehende unvollkommene Neunzahl andeuten *).

Wie der Gott durch eine solche Theilnahme am Loose der Menschen sich selbst in die nächste Beziehung zum Menschenleben setzt, so drückt sich dieselbe Tendenz der apollinischen Religion, vermöge welcher sie das Göttliche dem

*) Unter dem obigen *ἐλθεῖν εἰς ἕτερον κόσμον* ist nichts anders zu verstehen, als der Hinabgang in den Hades, wovon nach der gegebenen Erklärung der Mythus von der Dienstbarkeit Apollons bei Admet verstanden werden muss. Die *ἐννέα περίοδοι ἐνιαυτῶν μεγάλων* (man vgl. Plato im Phädrus S. 248 u. 257, wo neun Jahrtausende der Wanderung angenommen werden und ins zehnte die Rückkehr gesetzt wird) sind nur ein bestimmter Ausdruck für die Idee der Reinigung, deren das menschliche Leben bedarf. Was sich in dem obigen Mythus von Apollon nach seinem ursprünglichen Sinn nur auf den überhaupt im Leben sich offenbarenden Gegensatz bezieht, sofern es eine doppelte Seite hat, eine unreine, der Reinigung bedürfende, und eine andere, vermöge welcher der Mensch dieser Reinigung wirklich theilhaftig wird, ist in der obigen plutarchischen Stelle so gewendet, dass jene zwei Seiten des Lebens zu zwei Perioden werden, von welchen die eine auf die andere folgt. Die erste Periode ist das irdische Leben des Menschen, die zweite Periode ist die lange Zeit der Wanderung und Reinigung, die auf jene folgt. Nur darin besteht der Unterschied zwischen der ursprünglichen Form des Mythus und der demselben bei Plutarch gegebenen. Die Idee aber ist dieselbe: die von dem menschlichen Leben nicht zu trennende Reinigungsbedürftigkeit.

Menschenleben sich einverleiben lassen will, in jenen Apollojüngern aus, in welchen gleichsam der Gott selbst von Zeit zu Zeit da und dort auftritt, um das Bewusstsein des Göttlichen aufs neue zu erwecken, und die der apollinischen Religion eigenthümlichen Ideen, vor allem die Grundidee eines über die engen Schranken des Menschenlebens weit hinausgehenden höhern Seins zur Anschauung zu bringen. In die Reihe dieser Apollo-Jünger, in welchen Apollo selbst fort und fort unter den Menschen einheimisch bleiben will, gehören vor allem der Proconnesier Aristeas, der Hyperboreer Abaris und Pythagoras. Dass der von Herodot IV. 14. 15 geschilderte Aristeas ein Repräsentant derselben Lehre ist, wegen welcher Pythagoras und der platonisirende Sokrates im Phädon als Diener Apollons anzusehen sind, der Lehre von der Präexistenz, oder von einem durch stete Wiedergeburt sich erneuernden über den Tod erhabenen Dasein, leidet keinen Zweifel. Darauf weist Herodots ganze Beschreibung hin, aber eben so deutlich Aristeas selbst, wenn er dem Gott als Rabe folgt und ihm in Metapont einen Altar erbauen heisst, als Diener Apollons. Eine ähnliche Gestalt ist der schon von Herodot IV. 36 und von Plato im Charmides S. 158 erwähnte Hyperboreer Abaris, der als Diener und Priester des hyperboreischen Apollon aus dem Hyperboreerlande zu den Griechen kam, und von diesen wieder zu den Hyperboreern zurückkehrte *). Er hatte von Apollon Wundergaben und Weissagung, vorzüglich aber einen wunderbaren Pfeil erhalten, auf welchem er wie

*) Nicht ohne Grund ist es gerade der hyperboreische Apollon, dessen Diener Abaris gewesen sein soll. So gewiss es ist, dass in den nördlich von Griechenland gelegenen Ländern der Apollocultus sehr vorherrschend war, so gewiss ist auch, dass sich bei den Völkern dieser Länder viele Spuren einer reinern vorzüglich auf die Idee der Unsterblichkeit und Seelenwanderung gebauten Religionslehre vorfinden. Die Beweise dafür liegen in Herodots viertem Buch und in dem Commentar, welchen Ritter in seiner Vorhalle der europ. Völkergesch. zu demselben gegeben hat, in Menge vor. Aus demselben religionsgeschichtlichen Zusammenhang ist das Verhältniss zu erklären, in welches der getische Zalmoxis zu Pythagoras gesetzt wird.

ein Luftwandler (*αἰθροβάτης*) die Welt durchfuhr, und sich überall einen Durchgang bahnte. Desselben Pfeils bediente er sich, um Reinigungen vorzunehmen, Seuchen zu vertreiben, Städte, die seine Hülfe angerufen hatten, vor verderblichen

---

Die Lehre, die Zalmoxis zugeschrieben wird, soll auch schon die Erklärung, die von seinem Namen gegeben wird, andeuten. Nach Porphyrius *De vita Pythag.* [14] Ausg. von Kiessl. S. 26 hiess Zalmoxis so, *ἐπεὶ γεννηθέντι αὐτῷ δορὰ ἐπεβλήθη· τὴν γὰρ δορὰν οἱ Θρᾶκες ζαλμὸν καλοῦσι.* Wie es sich auch mit dieser in keinem Falle sehr wahrscheinlichen Etymologie verhalten mag, so ist doch dadurch eine ganz hierher gehörige Idee ausgedrückt. Das über den Neugeborenen geworfene Thierfell kann nur von der Einhüllung der Seelen in den materiellen Körper verstanden werden, wie nach derselben Idee, dass der Körper nur das wechselnde Kleid der Seele sei, Gnostiker und Origenes die Bekleidung des ersten Menschenpaares mit Thierfellen von der Einkleidung der Seele in irdische Körper erklärten (S. Münscher Handb. der christl. Dogmengesch. Bd. II. S. 134). Es ist demnach dadurch die pythagoreische Form bezeichnet, in welcher Zalmoxis die Lehre von der Unsterblichkeit vorgetragen haben soll, sofern er sie mit der Lehre von einem Zustand der Präexistenz verband, aus welchem die Seele in den Körper herabgekommen sein soll. Was den hyperboreischen Apollon oder den in den nördlich von Griechenland gelegenen Ländern herrschenden Apollocultus betrifft, so liegt, wie ich glaube, ein unmittelbares Zeugniss für denselben in dem jenen Ländern gegebenen Namen Pannonien. Der Name Pannonien, oder Päonien, kann doch nur von Päan oder Päon, dem alten Namen Apollons selbst (Müller Dorier Th. I. S. 297), abgeleitet werden. Nach Herodot V. 13 behaupteten die Päonen selbst, sie seien *Τευκρῶν τῶν ἐκ Τροίης ἄποικοι.* Sie stammten demnach aus einem Lande, in welchem mehr als sonst irgendwo die Verehrung Apollons einheimisch war. Müller a. a. O. S. 218. Der in Inschriften bei Gruterus (S. 37 u. 38) und bei Muratori (S. 22) vorkommende Beiname des Apollo Grannus wird von dem pannonischen Völkernamen Granni abgeleitet. Dieser Name (bei welchem auch an den Flussnamen Granicus am troischen Ida, und Granuas im Quadenlande nach Antonin *Πρὸς ἑαυτ* I. fin., so wie an den Städtenamen Gran zu denken ist) scheint sich auf das wallende Haupthaar des Apollon (das auch Pythagoras und die Pythagoreer, wie Apollonius, zu der sie auszeichnenden Tracht machten, Philostr. *Vita Apoll. I. 8. VII.* 34 Jambl. *de vita pyth. c.* 2) zu beziehen, und dasselbe zu bedeuten, wie das bekannte *crinitus Apollo.* Denn *grani* waren nach Isidor *Orig. XIX.* 23 bei den Gothen *capilli discriminati*, gescheitelte Haare.

Winden zu schützen und Uebel verschiedener Art abzuwehren. Jamblichus *De vita pythag. c. 19.* So wirkte er auf eine der Wirksamkeit Apollons nicht unähnliche Weise als Diener des Gottes, und als sichtbare Manifestation desselben unter den Menschen. Was aber in Aristeas und Abaris nur noch eine mythische, im Grunde doketische *) Erscheinung ist, hat erst in Pythagoras festen Bestand und eine wahrhaft menschliche Gestalt gewonnen. In ihm hat gleichsam der Gott selbst sich in menschlicher Gestalt verkörpert, um als menschgewordener Gott auf Erden zu wandeln, und eine neue Ordnung der Dinge zu gründen. Diese Ansicht hatten wenigstens die spätern Pythagoreer von Pythagoras, und wir dürfen sie auch in dieser Form nicht unbeachtet lassen, um das philostratische Leben des Apollonius aus dem ihm gebührenden religiösen Gesichtspunkt aufzufassen **). Jamblichus scheint in der merkwürdigen Schrift *De vita pythagorica* recht absichtlich darauf auszugehen, den göttlichen Pythagoras nicht blos als das höchste

---

*) Wie die Doketen von Christus behaupteten, dass er nur zum Schein gegessen und getrunken habe, so sagt man von Abaris geradezu: *οὔτε πίνων οὔτε ἐσθίων ὤφθη ποτὲ οὐδέν.* Jambl. *De vita pyth. c.* 28. S. 296. Ueber seinen Pfeil vgl. Das Manich. Rel. System. S. 480.

**) Vgl. Jamblichus *De vita pythagorica* und Porphyrius *De vita Pythagorae.* Beide Lebensbeschreibungen, die von Jambl. als P. I., die von Porphyr. als P. II. herausgegeben von Kiessling. Leipz. 1815. (*Ἰαμβλίχου Χαλκιδέως περὶ βίου πυθαγορικοῦ λόγος*). Ich folge im Obigen dem Jamblichus, da die kürzere Schrift des Porphyrius beinahe nichts enthält, was sich nicht ausführlicher bei Jamblichus findet. Da meine Absicht hier nur ist, die Hauptpunkte der Ansicht, nach welcher Pythagoras von den spätern Pythagoreern aufgefasst worden ist, hervorzuheben, so versteht sich von selbst, dass es sich hier nicht um die Frage handeln kann, wie viel oder wie wenig historisch wahres in den genannten Lebensbeschreibungen vorauszusetzen ist. Nur diess glaube ich bemerken zu müssen, dass ich der Meinung derer nicht beistimmen kann, die alles Ausserordentliche und Wundervolle, das sich in diesen Lebensbeschreibungen findet, nur auf Rechnung ihrer Verfasser bringen, und als eine nur von ihnen herrührende willkührliche Erdichtung betrachten. Schon Meiners Gesch. der Wissensch. Th. I. S. 259 f. hat mit Recht gezeigt, dass schon die ältesten Geschichtschreiber des Pythagoras dieselben Wunder erzählen, die sich bei Porphyr

Ideal der Weisheit, sondern auch als einen menschgewordenen Gott darzustellen. Schon als Jüngling machte er, wie Jamblichus c. 2 meldet, den Eindruck eines Gottes. Alle, die ihn sahen und hörten, richteten voll Bewunderung ihre Blicke auf ihn, und viele sprachen mit gutem Grunde die Ueberzeugung aus, er sei der Sohn eines Gottes. Er aber, mit Zuversicht gestützt auf die Meinung, die man von ihm hatte, auf die von Kindheit an erhaltene Bildung und auf die natürliche Gottähnlichkeit seines Wesens, zeigte sich der Vorzüge, die er besass, nur um so würdiger. Er zeichnete sich aus durch Religiosität, durch Kenntniss, durch das Eigenthümliche seiner Lebensweise, durch die gesunde Beschaffenheit seiner Seele, durch Anstand des Körpers und in allem, was er redete und that, durch eine innerlich heitere unnachahmliche Seelenruhe,

---

und Jamblich finden, und dass diese beiden Biographen selbst sich auf ältere Schriftsteller berufen, welchen sie, wie auch die Beschaffenheit ihrer Schriften deutlich zeigt, gefolgt seien. Wie frühe schon es gewöhnlich wurde, an die Person des Pythagoras verschiedenes anzuknüpfen, was sie immer mehr in die Sphäre des Mythischen und Idealischen hinüberzog, und zur Trägerin einer ganzen Reihe gleichartiger Erscheinungen machte, davon kann uns als merkwürdiges Beispiel die schon von Herodot IV. 94 erwähnte Sage gelten, der von den thrakischen Geten als Religionsstifter verehrte Zalmoxis sei in Samos ein Sklave des Pythagoras gewesen, und habe, von ihm belehrt, den Thrakern die Lehre von der Unsterblichkeit der Seele mitgetheilt, eine Sage, die offenbar nur die innere Verwandtschaft der pythagoreischen und getischen Lehre mit dem altorientalischen Religionsdogma von der Seelenwanderung andeutet, und den Pythagoras als Vermittler zwischen dem Orient und den westlichen Ländern darstellt. Wurde auf solcher Grundlage weiter fortgebaut, so kann man sich über den Stoff nicht wundern, welchen Porphyrius und Jamblichus bereits vorfanden, und bei welchem sie kaum etwas weiteres zu thun hatten, als ihn in einen gewissen äussern Zusammenhang zu bringen, und mit den Lehren, deren Vehikel er sein sollte, in eine nähere Verbindung zu setzen. Man setze also nur an die Stelle des willkührlich Erdichteten den Begriff des mythisch Traditionellen, um in dem Inhalt dieser Lebensbeschreibungen, und in dem Ganzen, wie es nun vor uns liegt, eine aus dem Geiste der Zeit und der Nation hervorgegangene philosophisch-religiöse Richtung anzuerkennen.

die er sich durch keine Anwandlung von Zorn und Lachen, oder Neid und Streitsucht, oder irgend einer andern Leidenschaft, trüben liess. Und so lebte er in Samos wie ein unter den Menschen erschienener guter Dämon (*ὡς δὴ δαίμων τις ἀγαθὸς ἐπιδημῶν τῇ Σάμῳ*) *). Als er in Italien auftrat (c. 6), und daselbst das von allen gefeierte Grosgriechenland stiftete, erschien er auch hier, wie ein Gott. Die Einwohner nahmen seine Gesetze und Vorschriften wie göttliche Befehle an, von welchen nicht im Geringsten abzuweichen erlaubt sei. In vollkommener Eintracht lebte der ganze Verein seiner Schule zusammen, gerühmt und glücklich gepriesen von allen, die um sie herumwohnten. Sie hatten unter sich Gütergemeinschaft eingeführt. Den Pythagoras rechneten sie schon zu dem Kreise der Götter, als einen guten menschenfreundlichen Dämon (*ὡς ἀγαθόν τινα δαίμονα καὶ φιλανθρωπότατον*). Einige sagten, er sei der pythische, Andere, der hyperboreische Apollon, Andere, der Päon, wieder Andere, einer der Dämonen, die den Mond bewohnen, und noch Andere, einer der olympischen Götter, der zum Heil und zur Wiederherstellung des Lebens der Sterblichen in menschlicher Gestalt den damals Lebenden erschienen sei, damit er das heilbringende Licht der Glückseligkeit und der Philosophie (der seligmachenden Philosophie) der sterblichen Natur zu Theil werden lasse (*εἰς ὠφέλειαν καὶ ἐπανόρθωσιν τοῦ θνητοῦ βίου ἐν ἀνθρωπίνῃ μορφῇ φανῆναι*

*) Küster bemerkt zu den obigen Worten: *Qui considerabit, Jamblichum non solum fuisse gentilem, sed etiam ethnicae religionis antistitem suo tempore primarium, non mirabitur, cum de Pythagora tam magnifice sensisse et scripsisse. Nimirum Pythagoram Christo opponere voluit, quod videret, religionem nostram nulla alia ratione magis subrui posse, quam si hominibus persuaderet, extitisse etiam aliquos inter gentiles, qui Christum Dominum nostrum tam sanctitate vitae et doctrinae, quam miraculis non solum aequassent, sed etiam vicissent. — Uti autem Jamblichus Pythagoram, ita Philostratus impostorem Apollonium Tyaneum ob divinam, qua eum praeditum fingebat, virtutem ultra reliquorum hominum sortem longe evexit. — Adeo verum est, gentilium philosophos, praecipue, qui exspirante jam gentilismo vixerunt, ob eam,*

τοῖς τότε, ἵνα τὸ τῆς εὐδαιμονίας τε καὶ φιλοσοφίας σωτήριον ἔναυσμα χαρίσηται τῇ θνητῇ φύσει) *). Ein grösseres Gut, fährt Jamblichus fort, als von den Göttern durch diesen Pythagoras geschenkt worden ist, ist noch nie gekommen, noch wird es jemals kommen, wesswegen auch jetzt noch das Sprüchwort von dem Hauptumlockten aus Samos mit der grössten Ehrfurcht spricht. Es meldet auch Aristoteles in den Büchern über die pythagoreische Philosophie, jene Männer haben folgende Eintheilung unter ihre grössten Geheimnisse gezählt, dass die vernünftigen Wesen entweder Götter oder Menschen seien, oder etwas wie Pythagoras. Dass übrigens Apollon selbst den Pythagoras gezeugt habe, hält Jamblichus (c. 2) für keine des Gottes, oder auch des Pythagoras selbst würdige Vorstellung. Es sei zwar diess eine alte Sage, sie sei aber nur daraus entstanden, dass der Vater des Pythagoras, Mnesarchos, als er mit seiner Gattin Parthenis das delphische Orakel wegen einer Seefahrt, die er als Kaufmann nach Syrien machen wollte, befragte, zugleich auch die Antwort erhielt, seine schon damals schwangere Gattin werde einen Sohn gebären, der alle, die jemals gelebt haben, an Schönheit und Weisheit übertreffen, und dem Geschlecht der Menschen für alle Verhältnisse des Lebens zum grössten Heile gereichen werde. Mnesarchos schloss hieraus, dass der Gott, ohne gefragt zu sein, keinen Ausspruch über den Sohn gethan haben würde, wenn demselben nicht ein ganz ausgezeichneter und wahrhaft von Gott verliehener Vorzug bestimmt wäre. Desswegen gab er nun seiner Gattin Parthenis den Namen Pythais, und den in Sidon in Phönicien gebornen Sohn nannte er

---

quam dixi, rationem, impostores quosdam servatori nostro opponere conatos esse. Nur ist die Voraussetzung einer rein polemischen Opposition in solchen Stellen ebenso einseitig, als die entgegengesetzte Behauptung von Meiners (Gesch. des Ursprungs etc. I. Th. S. 258), dass sie gar keine Beziehung auf das Christenthum gehabt haben.

*) Vgl. Tit. 2, 11 f. Ἐπεφάνη ἡ χάρις τοῦ θεοῦ, ἡ σωτήριος πᾶσιν ἀνθρώποις, παιδεύουσα ὑμᾶς, ἵνα — σωφρόνως καὶ δικαίως καὶ εὐσεβῶς ζήσωμεν ἐν τῷ νῦν αἰῶνι.

Pythagoras (*ὅτι ἄρα ὑπὸ τοῦ Πυθίου προηγορεύθη αὐτῷ*). Epimenides, Eudoxus und Xenokrates verdienen daher kein Gehör, wenn sie behaupten, Apollo selbst habe damals mit der Parthenis den Pythagoras erzeugt, und darauf habe sich der Ausspruch der Prophetin bezogen *). So wenig diess geglaubt werden dürfe, so gewiss möchte dagegen doch jeder, der die Art und Weise, wie Pythagoras geboren worden, und die vielfache Bildung seines Geistes betrachte, überzeugt sein, dass seine unter Apollons Leitung stehende Seele, sei es nun, dass sie im Gefolge des Gottes war, oder in einem andern noch engern Verhältniss zu diesem Gott stund, dazu bestimmt war, von ihm zu den Menschen herabgesandt zu werden **). Wie klar und lebendig Pythagoras selbst seiner göttlichen Natur sich bewusst war, soll folgende Erzählung c. 19 darthun: Als

---

*) Die Ehe war nach pythagoreischer Ansicht nicht verwerflich, Pythagoras lebte selbst in der Ehe, und die Pythagoreer billigten nach Jamblich c. 31 S. 424 *τὰς ἐπὶ τεκνοποιΐᾳ σώφρονί τε καὶ νομίμῳ γενομένας γεννήσεις*. Der religiöse Zweck sollte der Ehe ihre Sanction geben. Desswegen war eines ihrer *ἀκούσματα* auch dieses: *ὅτι δεῖ τεκνοποιεῖσθαι ἕνεκα τοῦ καταλιπεῖν ἕτερον ἀνθ' ἑαυτοῦ θεῶν θεραπευτήν* (ebenso wie Bellarmin *De sacram. II. 26* von dem Sacrament der Ehe sagt: *requiritur matrimonium, quo propagentur homines ad cultum Dei deputandi*). Auf der andern Seite lag aber doch wieder bei der pythagoreischen Ansicht von der Ehe die orientalische Vorstellung von der Unreinheit des ehelichen Lebens im Hintergrunde, sofern es das Mittel ist, die reinen Seelen an die unreine materielle Körperwelt zu fesseln. Daher das pythagoreische Gebot: *μὴ τίκτειν ἐν ἱερῷ· οὐ γὰρ εἶναι ὅσιον, ἐν ἱερῷ καταδεῖσθαι τὸ θεῖον τῆς ψυχῆς εἰς τὸ σῶμα.* Jambl. c. 28 S. 322. Aus demselben Grunde durfte auf der heiligen Insel Delos nicht blos niemand sterben, sondern auch niemand geboren werden. Vgl. Das Manich. Rel. System S. 24. Diese Begriffe vom Reinen und Unreinen waren der apollinischen Religion eigenthümlich. Desswegen war es nun nach dem Obigen eine des Gottes Apollo nicht ganz würdige Vorstellung, dass er selbst den Pythagoras, so nahe dieser sonst mit ihm verbunden war, erzeugt haben sollte.

**) Es ist diess im Ganzen dieselbe Vorstellung, die Origenes von dem Verhältniss der menschlichen Seele Jesu zu dem göttlichen Logos hatte. Die Seele Jesu hatte es nach Origenes durch ihre treue Willensrichtung zu dem göttlichen Logos hin, durch die Liebe zu ihm, wodurch sie stets

der zuvor erwähnte Hyperboreer Abaris auf der Rückkehr aus Griechenland ins Hyperboreerland durch Italien kam, und den Pythagoras sah, erkannte er in ihm sogleich ein Bild des Gottes, dessen Diener er war, und war sowohl wegen des Eindrucks der Ehrwürdigkeit, welchen alles, was er an ihm sah, auf ihn machte, als auch wegen der Merkmale, die er als Priester Apollons voraus schon kannte, überzeugt, dass er kein anderer, noch ein jenem ähnlicher Mensch, sondern der wahre Apollon selbst sei. Daher übergab er ihm den wundervollen, ihn aus jeder Noth auf seiner Reise rettenden Pfeil, mit welchem er von dem Tempel des Gottes ausgegangen war. Pythagoras aber nahm den Pfeil an, ohne dass es ihn befremdete, und ohne nach dem Grunde zu fragen, warum er ihn ihm gebe, vielmehr im Bewusstsein, dass er wirklich der

---

mit ihm verbunden geblieben war, verdient, dass sie auf solche Weise ganz Eins mit ihm wurde. Neander Gesch. der chr. Rel. u. Kirche, I. Th. S. 1067. [Baur d. christl. Lehre v. d. Dreieinigk. I. 222 f. Dogmengesch. I. 620 f.] Wenn Origenes nach seinem System alles in der Geisterwelt durch die Verschiedenheit der moralischen Willensrichtung bedingt sein lassen wollte, so sollte nach der pythagoreisch-platonischen Lehre die Willensmeinung [?-richtung] selbst dadurch bedingt sein, dass jede Seele in dem Gefolge eines bestimmten Gottes ist, und unter der Leitung desselben steht. Man vgl. hierüber Plato's Phädrus S. 246 f. besonders S. 252 u. 253. Plutarch *De def. orac. c. 21*: ᾧ γὰρ ἕκαστος θεῷ συντέτακται, καὶ παρ' οὗ δυνάμεως καὶ τιμῆς εἴληχεν, ἀπὸ τούτου φιλεῖ καλεῖσθαι· καὶ γὰρ ἡμῶν ὁ μέν τις ἐστὶ Δΐϊος, ὁ δὲ Ἀθηναῖος, ὁ δ' Ἀπολλώνιος, ἢ Διονύσιος, ἢ Ἑρμαῖος (dasselbe, was auch unsere von Heiligen und Personen der heiligen Geschichte genommenen Vornamen sagen wollen). An und für sich aber treffen beide Vorstellungen, von welchen die eine von der Idee der Freiheit, die andere von der Idee der göttlichen Vorherbestimmung ausgeht, darin zusammen, dass ja doch der Dämon oder Gott, welchem der Mensch folgt, und von welchem er geleitet wird, nichts anderes ist, als die eigene Individualität des Einzelnen, wie sie durch ihn selbst und durch die Richtung seines Willens bestimmt ist, obgleich die Sache ebenso gut auch wieder aus dem entgegengesetzten Gesichtspunkt betrachtet werden kann. Nach der einen Ansicht wie nach der andern wurde eine ursprüngliche, unzertrennliche, geheimnissvolle Verbindung der Seele mit der Gottheit in Ansehung Jesu von Origenes ebenso behauptet, wie von den Pythagoreern in Ansehung des Pythagoras. Wie Origenes *De princ. II.*

Gott selbst sei, nahm er den Abaris auf die Seite, und zeigte ihm seine goldene Hüfte zum Beweise, dass er nichts Falsches gesagt habe. Auch zählte er alles Einzelne, was in dem Tempel lag, der Reihe nach auf, um auch dadurch zu beurkunden, dass er nicht mit Unrecht in ihm den Apollon erblickt habe. Dabei setzte er hinzu, dass er zum Heil und Wohl der Menschen gekommen sei, und zwar desswegen in Menschengestalt, damit die Menschen nicht durch den ungewohnten Eindruck der göttlichen Majestät in Verwirrung geriethen (*ἵνα μὴ ξενιζόμενοι πρὸς τὸ ὑπερέχον ταράσσωνται*) und dadurch abgeschreckt würden, sich von ihm belehren zu lassen. Die goldene Hüfte sollte ein Zeichen der unter der sterblichen Hülle verborgenen göttlichen Schönheit sein, die Pythagoras, obgleich auch schon seiner äusseren Erscheinung nach der Schönste und den Göttern Aehnlichste (*εὐμορφότατός τε τῶν πώποτε ἱστορηθέντων, καὶ θεοπρεπέστατος ἐντυχηθεὶς* c. 2), doch nicht in ihrem vollen Glanze hervorstrahlen lassen konnte, jener Schönheit, die als Urbild dem Eintritt ins zeitliche Leben voranging, und nach der Wanderung durch dasselbe in dem gleichsam erneuerten, wiedergebornen und verklärten Menschen hergestellt werden soll*). Dasselbe Bewusstsein, vermöge dessen Pythagoras sich selbst für den in Menschengestalt erschienenen Gott Apollon halten konnte, sprach sich, nur in anderer Form, in dem Bewusstsein der Präexistenz

---

6, 3. von der Seele Jesu mit Beziehung auf Joh. 10, 18 sagt, sie war *ab initio creaturae et deinceps inseparabiliter ei atque indissociabiliter inhaerens, utpote sapientiae et verbo Dei et veritati ac luci verae, et tota totum recipiens, atque in ejus lucem splendoremque ipsa cedens, facta est cum ipso principaliter unus spiritus;* so gebraucht Jamblich c. 32. S. 442 von dem Verhältniss des Pythagoras zu Apollon den Ausdruck: *ἦν αὐτοφυῶς συνηρτημένος ἀπὸ τῆς ἐξ ἀρχῆς γενέσεως τοῖς χρησμοῖς τοῦ Ἀπόλλωνος* (die Orakelsprüche des Apollon stehen hier für den Gott selbst in jedem Fall bezeichnen sie sein eigentlichstes Wesen).

*) Parallel der goldenen Hüfte des Pythagoras ist die glänzende elfenbeinerne Schulter, mit welcher Klotho den zerstückelten Pelops aus dem reinen Kessel wieder hervorgehen liess, um ihn als einen Wiedergebornen

aus, das in ihm einen solchen Grad der Klarheit hatte, dass er, wie Jamblich c. 14 meldet, mit unwidersprechlichen Beweisen darthun konnte, er sei der Sohn des Panthos, Euphorbos, welchen Menelaos tödtete, gewesen. Aus diesem Grunde führte er die darauf sich beziehenden epitaphischen Verse Homers häufig im Munde:

Blutig trof ihm das Haar, wie der Huldgöttinnen Gekräusel
Schöngelockt, und zierlich mit Gold und Silber durchflochten.
Gleich dem stattlichen Sprössling des Oelbaums, welchen ein Landmann
Nährt am einsamen Ort, wo genug vorquillt des Gewässers.
Lieblich sprosst er empor, und sanft bewegt ihn die Kühlung
Aller Wind' umher, und schimmernde Blüthe bedeckt ihn;
Aber ein Sturm, der sich plötzlich erhebt mit gewaltigen Wirbeln,
Reisst aus der Grube den Stamm, und streckt ihn lang auf die Erde:
Also erschlug den Euphorbos, den panthoidischen Kämpfer,
Atreus Sohn Menelaos, und raubt' ihm die prangende Rüstung.

(Il. XVII. 51—60) *).

So sehr sich Pythagoras durch dieses ihm inwohnende Bewusstsein über andere Menschen erhob, so wenig sollte es doch ein Vorzug sein, welchen nicht jeder in seinem Theile mit ihm gemein haben konnte. Denn wie er selbst sich der verschiedenen Perioden, die er früher durchlebt hatte, klar bewusst war, so begann er den Unterricht anderer damit, dass er in ihnen die Erinnerung an ihr früheres Leben wieder-

---

darzustellen. Man vgl. meine Myth. u. Symb. I. S. 272. Golden wird übrigens die Hüfte genannt, wie nach altgriechischer Ansicht alles, was die Götter haben, golden ist. Desswegen ist sie ein Merkmal der göttlichen Schönheit seiner Leibesgestalt.

*) Der Grund, warum sich Pythagoras unter den homerischen Helden gerade den Euphorbos als den erwählte, in dessen Leben er sein eigenes früheres erkannte, ist, wie O. Müller Dorier I. S. 221 treffend bemerkt, darin zu suchen, dass er ihn, wie sich selbst, als Apollopriester betrachtete. Der Vater des Euphorbos, Panthos, war Priester des Apollon (Virg. Aen. II. 430) und seine Söhne werden daher im Kampfe von Apollon auf alle Weise behütet (Il. XV. 522). Schienen doch selbst die gefühlvollen Verse des Dichters, der mit so sichtbarer Theilnahme bei seinem Falle verweilte, und ihm ein solches Denkmal setzen wollte, dem Euphorbos eine höhere Bedeutung zu geben.

erweckte. Viele von denen, die in seinen Umgang kamen, erinnerte er aufs deutlichste und bestimmteste an ihr früheres Leben, das ihre Seele, ehe sie in den gegenwärtigen Leib eingeschlossen wurde, verlebt hatte (c. 14). Je heller ein solches, über die enge Sphäre des zeitlichen Lebens hinausgehendes, Bewusstsein in dem Menschen ist, desto enger ist die Verbindung, in welcher er mit dem Göttlichen steht. Pythagoras aber wurde eben dadurch, dass sich in ihm, wie in keinem andern, die Kraft des Gottesbewusstseins aussprach, nicht blos das Urbild aller sittlichen Vollkommenheit, die der Mensch erstreben kann (der *ὁσιότης* c. 28, der *σοφία* c. 29, der *δικαιοσύνη* c. 30, der *σωφροσύνη* c. 31, der *ἀνδρεία* c. 32), sondern er war auch vor allen andern berufen, der Vermittler zwischen den Menschen und der Gottheit zu sein. Wie in ihm, als dem lichten Mittelpunkt, alle Geheimnisse des Weltalls offenbar wurden, alle Töne der Sphärenharmonie ihr empfängliches Organ fanden, überhaupt der ganze Kosmos zum lebendigen allumfassenden Bewusstsein wurde, so sollte er für alles diess auch wieder der Durchgangspunkt sein, damit es in einem Reflexe wenigstens auch zu andern gelange. Er allein vermochte es, behauptet Jamblichus c. 15, durch eine unaussprechliche, unbegreifliche Göttergabe, seinen Sinn auf jene erhabene, den Einklang des Weltalls verkündende Töne zu richten; er allein hörte und vernahm die allgemeine Harmonie der Sphären, und der in denselben sich bewegenden Gestirne, deren Melodie voller und herrlicher ist, als irgend eine irdische, durch die Mischung der mannigfaltigsten Töne, indem die Geschwindigkeiten, Grössen und Entfernungen im vollkommensten musikalischen Verhältniss zu einander stehen, und die schönste Bewegung des Ganzen hervorbringen. Davon selbst gesättigt, wollte er auch seinen Schülern ein gewisses Abbild zu Theil werden lassen. Denn ihm allein unter allen auf der Erde, glaubte er, sei es gegeben, die kosmischen Töne aus ihrem natürlichen Quell und Ursprung zu vernehmen und zu hören, und sich hielt er für würdig, diesen Unterricht zu empfangen, und strebend und nachahmend den Himmlischen ähnlich zu werden, da er allein von dem ihn erzeugenden Dämon aufs glücklichste dazu gebildet worden sei. Für die übrigen Menschen aber genüge es, im Hinblick auf ihn und seine Wohlthaten aus Bildern und Reflexen Nutzen und Belehrung zu ziehen, da sie die ursprünglichen und reinen Urbilder nicht vollkommen auffassen können, ungefähr so wie wir denen, die wegen des zu grossen Glanzes der Strahlen nicht unmittelbar in die Sonne sehen können *), die Verfinsterungen derselben in einem tiefen Wasser, oder vermittelst geschmolzenen Pechs, oder in einem dunkeln Spiegel zu zeigen pflegen, um die Schwäche ihres Gesichts zu schonen, und ihnen dadurch, wenn sie solches lieben, eine entsprechende, wenn auch schwächere Anschauung zu verschaffen. Eben diess deutete auch Empedokles an, wenn er von ihm und seiner ausserordentlichen, durch der Gottheit Geschenk ihn so hoch über andere erhebenden, Organisation sagte:

Unter ihnen lebte ein Mann mit überschwänglicher Kenntniss,
Der im Innern barg den allumfassendsten Reichthum,
Wohlbekannt mit jedem Erzeugniss der tiefesten Weisheit.
Wenn er einmal anstrengte des Geistes sämmtliche Kräfte,
Leicht durchschaut' er alles, was ist, in jeglichem Wesen,
Zehen oder auch zwanzig Alter im Geiste umfassend.

---

*) Eben diese, das Göttliche unmittelbar ins Auge fassende Natur des Pythagoras soll die Sage veranschaulichen, die Porphyrius *De vita Pythag. c. 20* nach Diogenes anführt, der in seiner Schrift über die ὑπὲρ Θούλην ἄπιστα (vgl. Photius Biblioth. Cod. 166) genau von dem Philosophen gehandelt habe. Mnesarchos, der Vater des Pythagoras, sei ein Tyrrhener aus dem Geschlechte der in Lemnos, Imbros, und Scyros wohnenden Tyrrhener gewesen. Als er nun von da hinweggieng, und viele Städte und Länder bereiste, habe er einst ein kleines Kind gefunden, das unter einer hohen und schönen Pappel lag. Nahe bei ihm stehend habe er bemerkt, wie es auf dem Rücken liegend, und zum Himmel gewandt, mit unverwandtem Auge in die Sonne sah, und ein kleines zartes Röhrchen im Munde hatte, vermittelst dessen es mit dem von der Pappel herabträufelnden Thau genährt wurde. Mnesarchos, der daraus die göttliche Abkunft des Kindes erkannte, nahm es mit sich, und gab ihm den Namen Asträus. Ἀστραῖος, Sternenmann, hiess demnach Pythagoras (denn offenbar ist Asträus, ob er gleich der Genosse und Schüler des Pythagoras genannt wird, doch Eine

Dadurch bezeichnete man seine höhere ausserordentliche Natur, wodurch er alle andere im Sehen, Hören und Erkennen weit übertraf. Die Art und Weise, wie Pythagoras zum Besten der Menschheit wirkte, bezeichnet Jamblichus in der schon früher angeführten Stelle c. 6 näher so: Nicht ohne Grund sehe man in Pythagoras ein Wesen, das weder Gott noch Mensch sei, sondern eine zwischen beiden mitten inne stehende (also gottmenschliche) Natur habe, da er über Götter, Heroen und Dämonen, die Welt, die verschiedenen Bewegungen der Sphären und Gestirne, über alles in der Welt, am Himmel und auf der Erde, und über die Zwischennaturen, über das Offenbare und Verborgene, eine richtige der Wahrheit angemessene Vorstellung mittheilte *), die weder mit dem in die Sinne Fallenden noch dem blos Vorstellbaren in irgend einen Widerspruch kommt. Durch ihn wurden Kenntnisse und Speculation, und die Wissenschaften, die das Auge der Seele schärfen und von der Geistes-Erblindung, die eine Folge der übrigen Beschäftigungen ist, reinigen, um die wahren Anfänge und Ursachen des Alls zu durschauen, bei den Hellenen einheimisch. Ferner kam durch ihn die beste Verfassung des

---

Person mit ihm selbst), wie auch der Name Zoroaster, Zeretoschtro, den Goldstern, Stern des Glanzes (Zendav. von Kleuker Th. III. S. 4 Rhode über Alter und Werth einiger morgenl. Urk. Bresl. 1817 S. 42) bedeuten soll. Die Erkenntniss, die er der Menschheit brachte, war das Sternenlicht, das in ihm vom Himmel der Erde leuchtete.

*) Ungefähr ebenso bestimmte der Manichäismus die höchste Aufgabe, die die wahre Religion zu lösen hat. *Venit Manichaeus*, sagt der Manichäer Felix bei Augustin *Acta cum Felice Manich. I. 9*, *et per suam praedicationem docuit nos initium, medium et finem: docuit nos de fabrica mundi, quare facta est, et unde facta est, et qui fecerunt: docuit nos quare dies et quare nox: docuit nos de cursu solis et lunae.* Derselbe Gegensatz gegen das Christenthum, das auf den Menschen vorzugsweise gerichtet, die Beziehung der Religion auf die Natur als etwas untergeordnetes betrachtete. Doch war der Pythagoreismus nicht so einseitig wie der Manichäismus, dass er nicht, wie das in der obigen Stelle unmittelbar Folgende zeigt, mit dem Speculativen das Ethische wenigstens verbunden hätte.

Staats, Eintracht des Volks, Gütergemeinschaft unter Freunden, Gottesverehrung, Religiosität gegen die Dahingegangenen, Gesetzgebung, Erziehung, Verschwiegenheit, Schonung der übrigen Geschöpfe, Enthaltsamkeit, Mässigung, Geistesschärfe, Richtung aufs Göttliche, und mit Einem Worte alles Gute, alles was für Lernbegierige wünschenswerth und Gegenstand des Strebens ist, ans Licht (*δι᾽ αὐτὸν ἐφάνη*), und alles diess ist mit Recht die Ursache der ausserordentlichen Bewunderung, die dem Pythagoras erwiesen wird *).

Es lassen sich mit Rücksicht auf das hier im Allgemeinen Angedeutete folgende verschiedene Beziehungen unterscheiden, in welchen Pythagoras, wie er seiner Natur nach ein Mittelwesen zwischen Gott und den Menschen war, zum Besten der Menschen vermittelnd wirkte:

---

*) Auch hier ist es wiederum das ganz besonders platonisirende System des Origenes, das mit dem Obigen vielfache Berührungspunkte darbietet. Auch nach Origenes concentrirte sich in der Seele Jesu, die der Logos zur persönlichen Verbindung mit sich annahm, das Bewusstsein des Kosmos oder Universums. Origenes drückt sich hierüber sogar ganz platonisch so aus: *ἡ ψυχὴ τοῦ Ἰησοῦ ἐμπολιτευομένη τῷ ὅλῳ κόσμῳ ἐκείνῳ* (dem *κόσμος νοητὸς, τῶν ἰδεῶν*, gleichbedeutend mit dem *νοῦς* oder dem *λόγος* selbst) *καὶ πάντα αὐτὸν ἐμπεριερχομένη καὶ χειραγωγοῦσα ἐπ᾽ αὐτὸν τοὺς μαθητευομένους.* Neander a. a. O. S. 1067. Die Seele Jesu wurde daher auch das Organ, von welchem aus das Göttliche durch die innige Gemeinschaft mit dem Logos sich auch auf alle andere Seelen verbreiten soll. Nach dem Verhältniss, das sich Origenes zwischen der Seele und dem ihr als Organ dienenden Körper dachte, musste die herrlichste Seele auch in dem herrlichsten Körper erscheinen, der das reinste, freieste Organ des Geistes war. Aber diese Würde des Leibes Christi war, wie die Herrlichkeit des erscheinenden Logos, eine verhüllte. Neander a. a. O. Ebenso war Pythagoras auch körperlich der Schönste, aber nur in einzelnen Momenten der Verklärung offenbarte er vor Vertrauten und Auserwählten, dergleichen Abaris einer war, den verborgenen Glanz seiner göttlichen Gestalt (die goldene Hüfte). Wie die Pythagoreer nach dem Obigen von Pythagoras sagten, er sei ein *δαίμων ἀγαθὸς καὶ φιλανθρωπότατος, ἐνδημῶν*, so sagt Origenes *Contra Cels. IV. 18: Τί ἄτοπον ἀπαντᾷ τῷ λόγῳ ἀπὸ πολλῆς φιλανθρωπίας καταβιβάζοντι σωτῆρα τῷ γένει τῶν ἀνθρώπων;* Vgl. VII. 17: *Ἄξιον θεοῦ ἐστι τὸ προφητευθὲν ὑπὸ τῶν προφητῶν, ὅτι*

1) Er theilte den Menschen, wie in der zuvor angeführten Stelle sehr bestimmt hervorgehoben wird, eine höhere religiöse und speculative Erkenntniss mit. Ihr Gegenstand musste nach der Richtung der pythagoreischen Philosophie vor allem der Kosmos sein, in welchem der Mensch selbst als ein einzelnes Glied des grossen, das Göttliche und Sterbliche umfassenden, Ganzen begriffen ist.

2) Er wollte den Menschen durch die religiös-ethischen Grundsätze, die er für das praktische Leben aufstellte, in das seiner Verwandtschaft mit der Gottheit entsprechende religiös-sittliche Verhältniss zu ihr setzen. Auf die Religion hatte bei Pythagoras alles seine nächste und höchste Beziehung. Das ganze Leben des Menschen sollte eine *ὁμιλία πρὸς τὸ θεῖον* sein: alle Tugenden, in deren Verein das Ideal der Vollkommenheit besteht, haben ihren Quell und Ursprung in der Richtung des Menschen auf das Göttliche (*ἅπαντα ὅσα περὶ τοῦ πράττειν ἢ μὴ πράττειν διορίζουσιν, ἐστόχασται τῆς πρὸς τὸ θεῖον ὁμιλίας, καὶ ἀρχὴ αὕτη ἐστί, καὶ ὁ βίος ἅπας συντέτακται πρὸς τὸ ἀκολουθεῖν τῷ θεῷ, καὶ ὁ λόγος αὐτὸς ταῦτ' ἔστι* [at. *οὗτος ταύτης*] *τῆς φιλοσοφίας* c. 18 [§ 86]). Das Hauptmittel aber zur Begründung oder Wiederherstellung eines solchen der Natur des Menschen angemessenen Verhältnisses soll die von Pythagoras gelehrte und eingeführte Lebensweise sein. Sie soll die intellectuelle Kraft des Menschen von allem sie Störenden und Trübenden, die Klarheit des Bewusstseins Verdunkelnden, die Erkenntniss des Göttlichen Hemmenden, reinigen, und den Menschen

---

τῆς θείας φύσεως ἀπαύγασμα καὶ χαρακτήρ τις ἐνανθρωπούσῃ ψυχῇ ἱερᾷ τῇ τοῦ Ἰησοῦ συνεπιδημήσει τῷ βίῳ. Auch der Gedanke (vgl. oben S. 180), dass durch die Menschengestalt die Strahlen der göttlichen Majestät verhüllt werden müssen, liegt durchaus den Ansichten der Kirchenlehrer von den Zwecken der Menschwerdung zu Grunde, besonders aber spricht Origenes davon, Christus habe den Glanz seiner Gottheit zurückhalten müssen, damit die Menschen nicht zu sehr davon geblendet würden. Nach seiner Auferstehung seien selbst die Apostel nicht im Stande gewesen, *αὐτοῦ χωρῆσαι τὴν θεωρίαν διηνεκῶς· λαμπροτέρα γὰρ τὴν οἰκονομίαν τελέσαντος ἡ θειότης ἦν αὐτοῦ. Contra Cels. II. 65.*

ethisch in eine solche Verfassung des Gemüths versetzen, in welcher er alle Triebe und Leidenschaften seiner sinnlichen Natur beherrschen kann. Denn das sollte, wie Jamblichus c. 32 sagt, der wichtigste Zweck sein, den Geist von allen Banden, in welchen er von Kindheit an festgehalten wird, loszumachen und zu befreien, weil er sonst nicht im Stande ist, irgend etwas Gesundes und Wahres zu lernen und zu begreifen, welche Sinnesorgane es auch sein mögen, deren er sich bedient, denn der Geist ist es allein, der alles sieht und hört, alles übrige aber ist stumm und blind. Sodann sollte das Hauptstreben darauf gerichtet sein, dem durch die heiligen Weihen der Wissenschaft Gereinigten und vielfach Gebildeten das Nützliche und Göttliche derselben so mitzutheilen, dass er sich weder scheut, sich vom Körperlichen abzuziehen, noch wenn er Unkörperlichem naht, geblendet von dem hellen Glanze die Augen abwendet, oder den die Seele wie mit Nägeln an den Körper heftenden Leidenschaften *) sich zuwendet, sondern sich von nichts, was der Sphäre der Zeugung angehört, und uns hinabzieht, überwältigen lässt. Darauf sollte die ganze pythagoreische Lebensweise und Ascese, darauf insbesondere auch das den Pythagoreern so sorgfältig empfohlene Verbot des Genusses des Fleisches der Thiere sich beziehen, wobei Pythagoras nicht blos die Enthaltung von einer die Reinheit und Nüchternheit des Geistes störenden Nahrung, sondern auch noch etwas anderes, was für ihn grosse Wichtigkeit hatte, beabsichtigte, die Schonung des Thierlebens, mit welchem der Mensch durch die heiligen Bande einer natürlichen Verwandtschaft sich verbunden fühlen sollte. In welchem engen Zusammenhang alles, was sich auf das Eigenthümliche der pythagoreischen Lebensweise bezieht, mit der Hauptaufgabe steht, die Pythagoras durch seine das Heil der Welt bezweckende Wirksamkeit realisiren wollte, lehrt am besten folgende Stelle des Jamblichus c. 16: Auf Reinigung der

*) Ein platonisches Bild. S. Phädon c. 33 und Wyttenbach zu der Stelle S. 220.

Seele und des ganzen Gemüths suchte Pythagoras auf verschiedene Weise hinzuwirken. Im Allgemeinen waren ihm das Erste, wovon er ausgehen zu müssen glaubte, die Anstrengungen, die die Beschäftigung mit den Wissenschaften erfordert, und die vielfachen und strengen Prüfungen, durch die er seinen Schülern die dem Menschen angeborne Sinnlichkeit und Selbstsucht, wie mit Feuer und Schwerdt, auszurotten befahl *), Prüfungen, welchen der Feige sich gar nicht zu

---

*) Die Pythagoreer nahmen einen ursprünglichen Hang der menschlichen Natur zum Bösen an, der vor allem durch Lehre und Erziehung bekämpft werden müsse. Sie verglichen ihn mit Dornen, die das Herz umwuchern, und sahen die *ἀκρασία* und *πλεονεξία* als die Mutter oder die Wurzel alles Bösen an. Es verdient hier die schöne Stelle aus einem Briefe des Pythagoreers Lysis bei Jambl. c. 17 S. 159, (auch bei Diogenes von Laerte S. 875. Ausg. v. Steph.) angeführt zu werden: *Πυκιναὶ καὶ λάσιαι λόχμαι περὶ τὰς φρένας καὶ τὰν καρδίαν πεφύκαντι τῶν μὴ καθαρῶς τοῖς μαθήμασιν ὀργιασθέντων, πᾶν τὸ ἅμερον καὶ πρᾶον καὶ λογιστικὸν τᾶς ψυχᾶς ἐπισκιάζουσαι καὶ κωλύουσαι προφανῶς μὲν [μὴ] αὐξηθῆμεν καὶ προκύψαι τὸ νοητικόν* (bei Diogenes von Laerte [richtiger: bei Stephanus a. a. O.] heisst die Stelle nach *αὐξηθῆμεν* vollständiger: *ἐγκαταδεδύκαντι δὲ τῷ δάσει τουτῷ παντοῖαι κακότητες ἐκβοσκόμεναι, καὶ κωλύουσαι καὶ μηδαμῶς ἐῶσαι προκύψαι τὸν λόγον*). *Ὀνομάξαιμι δὲ καὶ πρᾶτον ἐπελθὼν αὐτῶν τὰς ματέρας, ἀκρασίαν τε καὶ πλεονεξίαν, ἄμφω δὲ πολύγονοι πεφύκαντι. Τᾶς μὲν οὖν ἀκρασίας ἐκβεβλαστάκαντι ἄθεσμοι γάμοι, καὶ φθοραὶ, καὶ μέθαι, καὶ παρὰ φύσιν ἁδοναὶ, καὶ σφοδραί τινες ἐπιθυμίαι μέχρι βαράθρων καὶ κρημνῶν διώκουσαι. Ἤδη γάρ τινας ἀνάγκαξαν ἐπιθυμίαι μήτε ματέρων μήτε θυγατέρων ἀποσχέσθαι. καὶ δὴ παρεωσάμενοι πόλιν καὶ νόμως, ὥσπερ τύραννος, ἐκπεριαγαγοῦσαι τοὺς ἀγκῶνας, ὥσπερ αἰχμάλωτον ἐπὶ τὸν ἔσχατον ὄλεθρον μετὰ βίας ἄγουσαι κατέστασαν. Τᾶς δὲ πλεονεξίας ἐκπεφύκαντι ἁρπαγαί τε καὶ λαστεῖαι, πατροκτονίαι, ἱεροσυλίαι, φαρμακεῖαι, καὶ ὅσα τούτων ἀδελφά. Δεῖ οὖν πρᾶτον μὲν τὰς ὕλας, ταῖς ἐνδιατῆται ταῦτα τὸ πάθη, πυρὶ καὶ σιδάρῳ καὶ πάσαις μαθημάτων μηχαναῖς ἐκκαθάραντα καὶ εὑρόμενον* (oder nach der Lesart bei Diog. von Laerte *ῥυσάμενον* [Westerm. *εἱρομένως*]) *τὸν λογισμὸν ἐλεύθερον τῶν τοσούτων κακῶν, τοτηνικάδε ἐμφυτεύεν τι χρήσιμον αὐτῷ καὶ παραδίδομεν.* Ebendesswegen beobachteten die Pythagoreer bei der Mittheilung ihrer Lehren eine strenge Stufenfolge, und Hipparchus, an welchen der Brief des Lysis gerichtet ist, wird getadelt, dass er pythagoreische Lehren mitgetheilt habe *τοῖς ἀνεισάκτοις καὶ ἄνευ μαθημάτων καὶ θεωρίας ἐπιφυομένοις* (solchen, die zur Aufnahme derselben noch

unterziehen im Stande ist. Ueberdiess gebot er ihnen Enthaltung von allem Lebendigen und von allen Speisen, die der Klarheit und Lauterkeit des Geistes hinderlich sind, Verschlossenheit und völliges, viele Jahre in der Beherrschung der Zunge übendes, Stillschweigen, angestrengte und ununterbrochene Beschäftigung mit schwierigen Untersuchungen, ebendesswegen auch Enthaltung von Wein, Mässigkeit im Genusse der Speisen und des Schlafes, aufrichtige Unterdrückung der Begierde nach Ruhm, Reichthum und anderem dgl., wahre

---

nicht gehörig vorbereitet waren). Die ganze Stelle erinnert an die neutestamentlichen Stellen Matth. 15, 19: *ἐκ τῆς καρδίας ἐξέρχονται διαλογισμοὶ πονηροὶ, φόνοι, μοιχεῖαι, πορνεῖαι, κλοπαὶ, ψευδομαρτυρίαι, βλασφημίαι, ταῦτά ἐστι τὰ κοινοῦντα τὸν ἄνθρωπον* u. Gal. 5, 19: *φανερά ἐστι τὰ ἔργα τῆς σαρκός, ἅτινά ἐστι μοιχεία, πορνεία, ἀκαθαρσία, ἀσέλγεια, εἰδωλολατρεία, φαρμακεία, ἔχθραι, ἔρεις, ζῆλοι, θυμοὶ, ἐριθεῖαι, διχοστασίαι, αἱρέσεις, φθόνοι, φόνοι, μέθαι, κῶμοι καὶ τὰ ὅμοια τούτοις.* Ebenso ist, was in der angeführten Stelle von dem sinnlichen Trieb gesagt ist, der wie ein Tyrann den Menschen wie einen Gefangenen mit sich fortführt, und ihn ins äusserste Verderben stürzt, ganz parallel der paulinischen Stelle Röm. 7, 23: *βλέπω ἕτερον νόμον ἐν τοῖς μέλεσί μου — αἰχμαλωτίζοντά με τῷ νόμῳ τῆς ἁμαρτίας. τῷ ὄντι ἐν τοῖς μέλεσί μου.* Auch darin trifft der pythagoreische Sprachgebrauch mit dem neutestamentlichen ganz zusammen, dass, wie das N. T. von dem Zustande der Sünde als einem geistigen Tode spricht (Röm. 6, 13. 11, 15. Eph. 5, 14 u. s. w.), die Pythagoreer solche, welchen es an Empfänglichkeit für ihre Lehren, und an Würdigkeit, in den geweihten Kreis des pythagoreischen Lebens einzutreten fehlte, als geistig todte betrachteten und behandelten. *Μνῆμα αὐτοῖς ὡς νεκροῖς ἐχώννυτο ὑπὸ τῶν ὁμακόων (οὕτω γὰρ ἐκαλοῦντο πάντες οἱ περὶ τὸν ἄνδρα)· συντυγχάνοντες δὲ αὐτοῖς οὕτω συνετύγχανον, ὡς ἄλλοις τισίν· ἐκείνους δὲ ἔφασαν τεθνάναι, οὓς αὐτοὶ ἀνεπλάσαντο* (umbilden, zu einer neuen Creatur machen wollten) *καλοὺς κἀγαθοὺς προσδοκῶντες ἔσεσθαι ἐκ τῶν μαθημάτων.* Jambl. c. 17 S. 155. — Nach der pythagoreischen Lehre lag der Keim der Sünde in der Verbindung der Seele mit einem materiellen Leibe. Schon desswegen wurde der Mensch unrein geboren, aber auch weil die Schuld eines früheren Lebens an ihm haftet. Desswegen sagt Porphyrius *De vita Pyth.* S. 24 von Pythagoras selbst, als er in Babylon bei den Chaldäern war, *καὶ πρὸς Ζάβρατον* (Zaradas, Zoroaster) *ἀφίκετο, παρ᾽ οὗ καὶ ἐκαθάρθη τὰ τοῦ προτέρου βίου λύματα.*

Achtung gegen Verwandte, ungeheucheltes Wohlwollen gegen Altersgenossen, ferner Freundschaft aller gegen alle, sei es der Götter gegen die Menschen durch Frömmigkeit und speculative Erkenntniss, sei es der Principien*) gegen einander, und im Allgemeinen der Seele gegen den Leib, des vernünftigen Theils gegen den vernunftlosen, durch Philosophie und die darauf sich beziehende Speculation, sei es der Menschen gegen einander, der Bürger durch eine gesunde Gesetzgebung, der Fremden durch eine richtige Einsicht in die Verhältnisse der Natur, und des Einzelnen gegen seine Frau, seine Brüder und Verwandte, durch eine unzertrennliche Gemeinschaft, und überhaupt aller gegen alle und selbst die vernunftlosen Thiere durch Gerechtigkeit und das Band einer natürlichen Verwandtschaft. Selbst in Ansehung des sterblichen Leibes für sich, und der in ihm verborgenen, einander entgegengesetzten Kräfte lehrte er Frieden und Eintracht, durch Gesundheit und eine darauf hinzielende mässige Lebensweise, so dass dabei die rechte Temperatur der kosmischen Elemente nachgeahmt würde. In allem diesem ist es Eines und dasselbe, was er stiftete und sanctionirte, nämlich das, was unter dem allgemeinen Namen der Freundschaft zusammengefasst werden kann. Er wollte überhaupt seine Schüler wachend und schlafend in den vertrautesten Umgang mit den Göttern bringen, was nicht möglich ist, wenn die Seele durch Zorn, oder Traurigkeit, oder Vergnügungssucht, oder eine andere schändliche Begierde getrübt und gestört ist, oder durch Unwissenheit, was unter allem diesem das Gottloseste und Misslichste ist. Von allem diesem heilte und reinigte er auf göttliche Weise die Seele,

---

*) Die Worte des griechischen Textes sind: *φιλίαν (κατέδειξε) πάντων πρὸς ἅπαντας, εἴτε θεῶν πρὸς ἀνθρώπους — εἴτε δογμάτων πρὸς ἄλληλα — εἴτε ἀνθρώπων πρὸς ἀλλήλους. Δόγματα* kann in diesem Zusammenhang nichts anderes bedeuten, als Principien, sofern sie Inhalt und Gegenstand von Lehrsätzen oder Dogmen sind. Uebrigens ist diese rein objective Bedeutung des Worts *δόγμα* (nach welcher *δόγματα* gleichbedeutend mit *στοιχεῖα*) so ungewöhnlich, dass die Erklärer sie nicht mit Stillschweigen hätten übergehen sollen.

frischte das Göttliche in ihr wieder auf, und stellte es wieder her, und führte zum Intelligibeln das göttliche Auge zurück, an dessen gesunder Beschaffenheit, wie Plato sagt, mehr gelegen ist, als an tausend leiblichen Augen. Denn nur wenn man mit diesem Auge sieht, und seine Sehkraft durch die geeigneten Hülfsmittel geschärft und gestärkt ist, kann die Wahrheit alles Seienden durchschaut werden. Darauf alles beziehend bewirkte er die Reinigung des Geistes. Diess war seine Lehrmethode, diess sein Zweck." Offenbar stellt sich uns in der weiten und umfassenden Bedeutung, die die Pythagoreer der *φιλία* gaben, die Aufgabe, die sie durch ihre religiös-sittliche Heilsordnung realisiren wollten, auf ihrem höchsten und erhabensten Punkte dar. In der Freundschaft, die ihnen im gewöhnlichen Leben der Menschen als die heiligste Pflicht erschien, sahen sie zugleich den Reflex der kosmischen Harmonie, und wenn Proben der Freundschaft, wie sie Damis und Phintias gaben, mit Recht bewundert werden, so verdient doch, wie Jamblichus c. 33 sagt, noch weit grössere Bewunderung, was sie über die Gemeinschaft der göttlichen Güter, über die Geistes-Eintracht und über die göttliche Seele lehrten. Denn oft ermahnten sie einander, den in ihnen wohnenden Gott nicht zu zerreissen (*μὴ διασπᾷν τὸν ἐν ἑαυτοῖς θεόν*) *). Denn auf eine Verbindung mit dem Göttlichen, auf

*) Vgl. Ephes. 4, 30: *Μὴ λυπεῖτε τὸ πνεῦμα τὸ ἅγιον τοῦ θεοῦ, ἐν ᾧ ἐσφραγίσθητε*, und 1. Kor. 3, 16. 17: *Οὐκ οἴδατε, ὅτι ναὸς θεοῦ ἐστε, καὶ τὸ πνεῦμα τοῦ θεοῦ οἰκεῖ ἐν ὑμῖν; Εἴ τις τὸν ναὸν τοῦ θεοῦ φθείρει. φθερεῖ τοῦτον ὁ θεός· ὁ γὰρ ναὸς τοῦ θεοῦ ἅγιός ἐστιν, οἵτινές ἐστε ὑμεῖς.* Eben dieser in den Christen wohnende Geist ist es ja auch, in welchem die Christen Eins sein sollten als *σπουδάζοντες τηρεῖν τὴν ἑνότητα τοῦ πνεύματος ἐν τῷ συνδέσμῳ τῆς εἰρήνης.* Eph. 4, 3 vgl. 2, 18. 1 Kor. 12, 13. Auch was der Apostel Eph. 2, 14 f. von Christus sagt, dass er sei *ἡ εἰρήνη ἡμῶν, ὁ ποιήσας τὰ ἀμφότερα ἓν — ἵνα τοὺς δύο κτίσῃ ἐν ἑαυτῷ εἰς ἕνα καινὸν ἄνθρωπον, ποιῶν εἰρήνην, καὶ ἀποκαταλλάξῃ τοὺς ἀμφοτέρους ἐν ἑνὶ σώματι τῷ θεῷ. — Καὶ ἐλθὼν εὐηγγελίσατο εἰρήνην ἡμῖν τοῖς μακρὰν καὶ τοῖς ἐγγὺς, ὅτι δι᾽ αὐτοῦ ἔχομεν τὴν προσαγωγὴν οἱ ἀμφότεροι ἐν ἑνὶ πνεύματι πρὸς τὸν πατέρα* — ist sehr verwandt mit demjenigen, was nach dem Obigen die Pythagoreer über die *φιλία* und so-

das Einswerden mit der Gottheit (*εἰς θεοκρασίαν τινὰ, καὶ τὴν πρὸς τὸν θεὸν ἕνωσιν*), auf die Gemeinschaft des Geistes und der göttlichen Seele, strebte ihre ganze Freundschaft in Worten und Werken hin, und nichts trefflicheres als dieses schien ihnen weder in Worten dargestellt, noch durch die That verwirklicht zu werden. Was die pythagoreische *φιλία* in sich begreift, ist in der That nichts Geringeres, als dasselbe, was das Christenthum, nur von seinem Standpunkt aus, als ein *ἀνακεφαλαιώσασθαι τὰ πάντα ἐν τῷ χριστῷ, τά τε ἐν τοῖς οὐρανοῖς καὶ τὰ ἐπὶ τῆς γῆς* Ephes. 1, 10 bezeichnet. Es ist hier wie dort die erhabene Idee einer durch alle Theile der Schöpfung hindurchgehenden lebendigen Einheit ausgesprochen, welche, sobald sie in dem Einzelnen zum Bewusstsein ge-

---

mit auch über Pythagoras als den Stifter derselben lehrten. Ich erinnere hier an die kürzlich von D. C. Ullmann (Theol. Studien und Kritiken Jahrg. 1832 2s H. S. 376 f.) gegebenen Parallelen aus den Schriften des Porphyrius zu neutestamentlichen Stellen, als Beweis von dem merkwürdigen Einfluss des Christenthums auf einen Gegner desselben. Ich stimme ganz den Bemerkungen meines verehrten Freundes (S. 384) bei, dass gewisse Ideen durch die gewaltige Einwirkung des Christenthums auf jene Zeit schon in Umlauf gesetzt und in das allgemeine religiöse Leben übergegangen waren, dass das Christenthum damals zum Theil schon die geistige Atmosphäre bildete, aus welcher Manches in die Seele des Einzelnen eindrang, ohne dass die Quelle, aus der es floss, von ihm selbst oder andern wahrgenommen wurde, dass sich die Erscheinung einer Analogie mancher Gedanken mit biblischen Aussprüchen häufiger, als man gemeinhin annimmt, in den Schriften der Platoniker, welche dem Christenthum entgegenstanden, würde nachweisen lassen; nur glaube ich, dass die einzelnen Erscheinungen einer solchen Analogie erst dann eine höhere Bedeutung und eine sicherere Grundlage gewinnen können, wenn das Verhältniss, in das der Pythagoreismus nach seiner ganzen Tendenz und Anlage, und nach der schon dadurch bedingten innern Verwandtschaft mit dem Christenthum zu demselben sich setzte, auf dem in dieser Schrift versuchten Wege in ein helleres Licht gesetzt ist. Der merkwürdigste Beweis des Einflusses, welchen das Christenthum auf die ihm näher verwandte heidnische Welt hatte, bleibt doch immer die ganze Gestaltung überhaupt, die der Pythagoreismus in den Schriften eines Philostratus, Porphyrius, Jamblichus ebensosehr durch seine innere Fortbildung als durch die Einwirkung des Christenthums erhielt.

kommen ist, in ihm zugleich das Bewusstsein eines Zusammenhangs weckt, in welchem er als lebendiges Glied eines grossen organischen Ganzen begriffen ist, und ihn die höchste Aufgabe seines Lebens darin erkennen lässt, diese Einheit durch sein Wirken und Streben zu einem höhern Grad von Realität in sich zu erheben, als eine Einheit, die vermittelt durch den in jedem Einzelnen wohnenden göttlichen Geist, das Höchste mit dem Niedrigsten, die Götter mit den Menschen, alle Wesen des Kosmos zur schönsten und unauflöslichsten Harmonie verbindet. Wenn der Pythagoreer von dieser ihn beseelenden Weltansicht auch die Thierwelt nicht ausschloss, weil er auch in den Thieren ein den Menschen verwandtes Geschlecht erblickte (*ἅπερ διὰ τὴν τῆς ζωῆς καὶ τῶν στοιχείων τῶν αὐτῶν κοινωνίαν, καὶ τῆς ἀπὸ τούτων συνισταμένης συγκράσεως ὡσανεὶ ἀδελφότητι πρὸς ἡμᾶς συνέζευκται* c. 24), so tritt hier zwar der Zusammenhang des Pythagoreismus mit dem religiösen Glauben der alten Welt überhaupt sehr deutlich hervor, aber nur um so bestimmter drückt sich gerade hierin die Idee der organischen Einheit aus, ohne welche sich der Pythagoreer den Kosmos nicht denken kann *).

---

*) In dem Zusammenhang der religiösen Ideen, in welchem dem pythagoreischen Verbot, Thiere zu tödten, seine Stelle auf die oben angegebene Weise zu bestimmen ist, ist die Zurückführung desselben auf die Idee der Gerechtigkeit noch besonders beachtenswerth. Jamblich sagt in dieser Beziehung c. 30 S. 355: „das Princip der Gerechtigkeit ist das Gemeinsame und Gleiche, das Gemeingefühl, das Alle zu Einem Körper und zu Einer Seele verbindet, so dass man von einem Unterschied zwischen Mein und Dein nichts hört, wie auch Plato bezeugt, der diess von den Pythagoreern gelernt hat. Diess hat nun Pythagoras aufs beste dadurch bewirkt, dass er alles Eigenthum im Leben aufhob, und Gemeinschaft einführte, und sie auf allen und jeden Besitz, die Ursache der Uneinigkeit und Verwirrung, ausdehnte. Denn allen sollte alles gemein sein, und keiner ein Eigenthum besitzen. Sodann beruht die Gerechtigkeit auch auf der Anerkennung des engen Verhältnisses, in welchem die Menschen zu einander stehen: Entfremdung aber und Verachtung des eigenen Geschlechts bewirkt Ungerechtigkeit. Indem er nun dieses enge Verhältniss unter den Menschen im weitesten Umfange begründen wollte, vereinigte er sie auch mit den ihnen

3) Wie die Idee des Kosmos der Hauptinhalt und Mittelpunkt der religiösen und philosophischen Erkenntniss war,

---

verwandten Thieren, indem er sie belehrte, dass sie auch diese als befreundete und mit ihnen verbundene Wesen anzusehen haben, so dass sie keinem von ihnen ein Unrecht zufügen, keines tödten, keines essen dürfen. Wenn er nun die Menschen auch zu den Thieren, desswegen, weil sie aus denselben Elementen mit uns bestehen, und an demselben gemeinsamen Leben mit uns Theil haben, in ein so enges Verhältniss setzte, wie viel mehr wird er ein solches Verhältniss unter denen begründet haben, die dieselbe gleichartige und zwar vernünftige Seele mit einander gemein haben? Auch daraus erhellt, dass er die Gerechtigkeit auf ihr eigentlichstes Princip zurückführte.“ Auf dieselbe Weise leitet Porphyrius *De abstinentia ab esu animalium III. 1* die Heiligkeit des Gebots, Thiere nicht zu tödten und zu essen, aus der Idee der Gerechtigkeit ab. Weil nämlich diejenigen, die diesem Gebot widersprechen, behaupten, die Gerechtigkeit erstrecke sich nur auf das Gleiche, und desswegen die vernunftlosen Thiere von ihr ausschliessen, so müsse nach der wahren und ächt pythagoreischen Lehre dargethan werden, dass jede Seele, welcher Empfindung und Erinnerung zukommt, auch eine vernünftige sei. Wenn diess dargethan sei, so müssen auch jene zugeben, dass die Gerechtigkeit sich auch auf alle Thiere beziehe. Wenn neuere Theologen, wie namentlich Usteri Entwickl. des paul. Lehrb. S. 79 (2te Ausg. 1829), um den Begriff der *δικαιοσύνη ἐκ πίστεως* genauer zu bestimmen, auf die Stammwurzel des Wortes *δίκαιος* zurückgiengen, sie mit Aristoteles in *δίχα*, *διχάζειν*, *δικάζειν* (in zwei gleiche Theile zerlegen, zweien Parteien Recht sprechen) fanden, und demnach, wie Aristoteles selbst die beiden Hauptbedeutungen *ἴσος* und *νόμιμος* aufstellt, die Gesetzmässigkeit und die Gleichheit als die Hauptbestandtheile des Begriffs *δίκαιος* betrachteten, so haben wir hier in der That eine der christlichen ganz analoge pythagoreische Justificationstheorie. Gerechtfertigt oder gerecht wird der Mensch nach der paulinischen Lehre von der *δικαιοσύνη ἐκ πίστεως*, wenn er in das rechte Verhältniss zu Gott dadurch gesetzt wird, dass er das von Gott gegebene oberste Gesetz, nämlich die vollkommene Liebe zu Gott und dem Nächsten, treu hält, vermittelst der *πίστις*, die als die wahrhaft christliche Frömmigkeit das innere Princip ist, welches den Menschen in das rechte Verhältniss zu Gott setzt. Ebenso besteht nun die pythagoreische Justification darin, dass der Mensch in das rechte Verhältniss zu Gott gesetzt wird, nur fällt der Begriff Gottes mit dem Begriff der Natur, des ganzen von der Gottheit beseelten Kosmos, zusammen. In das rechte, angemessene, harmonische Verhältniss zur Natur wird der Mensch dadurch gesetzt, dass er alles beobachtet, was die Andie Pythagoras mittheilte, wie die religiös-ethischen Grundsätze, die er für das Leben aufstellte, die Idee des Kosmos in der menschlichen Gesellschaft realisiren sollten, so bezog sich auf dieselbe Idee auch der Verein von Schülern, welchen Pythagoras stiftete. Er sollte das nächste und unmittelbarste Mittel zur Realisirung dieser Ideen sein, das seiner ganzen Tendenz nach mit nichts anderm besser verglichen werden kann, als mit dem Institut der christlichen Kirche. Wie die christliche Kirche die Aufgabe hat, die von Christus verkündigte *βασιλεία τοῦ οὐρανοῦ* in einer objectiven Erscheinung darzustellen, so sollte im Kreise des pythagoreischen Vereins durch die Verhältnisse, die unter den Mitgliedern desselben stattfanden, durch die Tugenden, die hier geübt wurden, durch die Beziehung, die alles auf Einen höchsten Endzweck hatte, durch die Unterordnung aller unter den Stifter des Vereins, als das Oberhaupt, dessen Person so heilig geachtet wurde, dass keiner seinen Namen aussprach, indem man ihn, solange er lebte, den Göttlichen nannte, und nach seinem Tode nur als den „Er" (*ἐκεῖνον, ἐκεῖνον τὸν ἄνδρα*) bezeichnete (c. 35 vgl. c. 18), ein organisches Ganzes sich gestalten, dessen höchstes Urbild nur die von Pythagoras aufgestellte Idee des Kosmos sein konnte. Die religiös-ethische Wirksamkeit des Pythagoras wurde auf diese Weise auch eine ethisch-politische, um Anarchie und Tyrannei, die grössten Uebel (c. 30, 32) zu

erkennung, dass alle lebende Wesen, alle *ζῶα* mit ihm verwandt, gleichen Geschlechts (*ὁμογενῆ*) mit ihm sind, ihm zur Pflicht macht, und daher insbesondere die Heiligkeit des allen gemeinsamen Naturlebens nicht durch Tödtung der Thiere verletzt. Das Princip dieser *δικαιοσύνη* ist der *βίος πυθαγόρειος*, die von Pythagoras gelehrte eigenthümliche Lebensweise, sofern der Mensch durch die Befolgung derselben sich von jeder Schuld rein hält, die er sich durch Verletzung des Naturlebens zuziehen würde, und sein Verhältniss zur ganzen Natur aus dem Gesichtspunkte betrachtet, aus welchem er es betrachten soll. Er sieht nämlich in der ganzen Natur, in allen *ζῶα*, *τὸ κοινὸν καὶ ἴσον*, und eben diess ist die *ἀρχὴ κυριωτάτη* der *δικαιοσύνη*. *Δίκαιος* wird er demnach, oder im rechten Verhältniss zur Natur oder zu Gott steht er, wenn er so lebt, wie Pythagoras lebt.

verbannen, und der bürgerlichen Gesellschaft eine solche Verfassung zu geben, in welcher allein das von der Idee des Kosmos bedingte Gesetz herrschte. Daher das grosse Lob, das der politischen Wirksamkeit des Pythagoras (des *εὑρετὴς τῆς πολιτικῆς ὅλης παιδείας* c. 27) und der Pythagoreer ertheilt wird, c. 27 *).

Es darf nach allem, was hier dargelegt worden ist, nicht

---

*) Zur Rechtfertigung der obigen Ansicht von dem sog. pythagoreischen Bunde, dessen Wirksamkeit weder eine blos moralische, noch eine blos politische, sondern nur beides zugleich war, aber eben darum den Staat in ein ethisch-religiöses Institut umzuschaffen suchte, berufe ich mich auf O. Müllers wohlbegründetes Urtheil Dor. II. S. 179: „Es ist eine der grössten Erscheinungen in der Geschichte des öffentlichen Lebens der Hellenen, dass die Philosophie des Maasses, der Einheit, des *κόσμος*, das unbewusste Streben der Bessern der Zeit aussprechend und daher an sich anschliessend die Leitung des gemeinsamen Handelns übernahm, und auf eine geraume Zeit in Händen behielt; so dass die vorhandenen Elemente jegliches in seinem Wesen erkannt und jedem der gebührende Platz angewiesen, die durch äusseres und inneres Recht Befähigten an die Spitze gestellt, aber ihnen, wie den platonischen *φύλακες*, zuerst strenge Selbsterziehung zur Hauptpflicht gemacht wurde, um so auch die Erziehung der übrigen allgemach vorzubereiten. Jetzt zweifelt niemand mehr, dass der pythagoreische Bund grossentheils politischer Natur, dass sein Zweck förmliche Leitung der Staaten, und dass sein heilsamer Einfluss auf dieselben von der tiefgreifendsten Art und auch nach der Zerstörung des Ganzen in Grossgriechenland durch mehrere Geschlechter fortdauernd war." Man vgl. über den pythagoreischen Bund ferner H. Ritter Gesch. der pyth. Philos. Hamb. 1826 S. 37. Krische *Comm. de societ. a Pyth. in urbe Crot. conditae scopo polit.* Gött. 1831. Ist der Kosmos seinem Begriff nach die Einigung des Mannigfaltigen (welchen Grundgedanken des Dorismus Thucydides II. 11 den König Archidamos in den Worten aussprechen lässt: das ist das schönste und beständigste, dass die Vielheit einem *κόσμος* dienend sich zeige), so ergibt sich daraus von selbst das aristokratische Element des dorisch-pythagoreischen Kosmos. Die Einheit der Vielen kann ohne eine Unterordnung des Einen unter den Andern, ohne eine Priorität der Zeit und des Rangs nicht gedacht werden, und es gilt daher ganz allgemein der Satz: *ἔν τε τῷ κόσμῳ καὶ τῷ βίῳ καὶ ταῖς πόλεσι καὶ τῇ φύσει μᾶλλον τιμώμενον τὸ προηγούμενον ἢ τῷ χρόνῳ ἑπόμενον.* Jambl. *De vita pyth. c. 8.*

erst darauf aufmerksam gemacht werden, welche nahe Uebereinstimmung zwischen dem von Jamblichus geschilderten Pythagoras und unserem Apollonius stattfindet. Beide erscheinen in demselben Kreise der Wirksamkeit, es sind dieselben Grundsätze, die sie geltend machen, derselbe Endzweck, auf dessen Realisirung ihre ganze Thätigkeit gerichtet ist. Die Bedeutung, die der Person beider gegeben wird, ist dieselbe, es wird uns in dem einen, wie in dem andern ein höheres über die gewöhnliche Sphäre der Menschenwelt sich erhebendes und darum auch die Menschheit mit der Gottheit vermittelndes Wesen zur Anschauung gebracht. Unter allen die Person des Apollonius auf eine so eigenthümliche Weise auszeichnenden Zügen gibt es kaum einen, der sich nicht auch bei Pythagoras nachweisen liesse. Ich stelle, um diess noch anschaulicher zu machen, hier nur noch folgende parallele Züge kurz zusammen:

1) In welcher Beziehung zu der Hauptidee, die in dem Leben des Apollonius dargestellt werden soll, die von ihm erzählten weiten Reisen stehen, ist oben gezeigt worden. Auch Pythagoras musste auf dieselbe Weise alle Weisheit seiner Zeit in sich vereinigen. Es wurden daher nicht blos die berühmtesten griechischen Weisen, Pherecydes, Anaximander, Thales, seine Lehrer, sondern auch keine auswärtige Weisheit durfte dem zwar von griechischen Eltern Abstammenden, aber schon durch seine Geburt in Sidon in einen weitern Gesichtskreis Gestellten fremd bleiben. Zur Weisheit des alten Aegypten, zu den Priestern in Memphis und Diospolis, soll Pythagoras schon von Thales gewiesen worden sein, zunächst aber zog Phönicien, das Land seiner Geburt, seine Aufmerksamkeit auf sich, und erst, nachdem er bei den phönicischen Propheten und Hierophanten einige Zeit zugebracht hatte, und in die heiligsten Weihen, die in Byblos und Tyrus und in vielen andern Städten begangen wurden, eingeweiht worden war, begab er sich zu der Quelle, aus welcher auch die phönicische Weisheit geflossen, nach Aegypten, wo er alle Tempel besuchte, und von den Priestern und Propheten, mit welchen er zusammen war, alles Heilige und Wissenswürdige mit dem

grössten Eifer und Fleiss zwei und zwanzig Jahre lang zu erforschen suchte. Von Aegypten aus kam er unter den Gefangenen, die Kambyses aus Aegypten hinwegführen liess, nach Babylon, und wurde daselbst, in derselben Absicht, zwölf Jahre lang ein Schüler der dortigen Magier, und als er endlich in einem Alter von sechzig Jahren nach Samos zurückgekehrt war, besuchte er nun erst alle griechischen Orakel und machte sich mit den Gesetzen Kreta's und Sparta's näher bekannt c. 2—6. Welchen Grad historischer Glaubwürdigkeit diese weiten und langdauernden Reisen haben mögen, ist für unsern Zweck gleichgültig, in dem Zusammenhange, in welchem sie bei Jamblichus und Porphyrius dem Pythagoras zugeschrieben werden, sind sie in jedem Falle zunächst aus dem Gesichtspunkte zu betrachten, den Mann, der zum Heile der Menschen einen so grossen und wohlthätigen Einfluss haben sollte, mit aller Weisheit seiner Zeit bereichert in seinen Wirkungskreis eintreten zu lassen. Eine so tiefe Quelle der Weisheit Pythagoras in seiner eigenen, durch der Götter Huld so reich ausgestatteten, Natur in sich trug, so sollte doch auch bei ihm erst auf diese Weise, durch die äussere Verbindung, in welche man ihn mit allen von Alters her berühmten Sitzen der Weisheit kommen liess, das Universelle und Welthistorische seiner ganzen Erscheinung ins helle Licht gesetzt werden.

2) Weissagungen und Wunder derselben Art, wie Philostratus von Apollonius erzählt, werden auch von Pythagoras gemeldet. Man vgl. hierüber Jambl. c. 8 u. 18. Philostratus selbst bemerkt IV. 10, was Apollonius gethan haben soll, sei dasselbe, was auch von Pythagoras erzählt werde. Den Gesichtspunkt, aus welchem wir solche Wunder in Beziehung auf die der Person dieser Männer beigelegte Bedeutung und Würde zu betrachten haben, bezeichnet uns Jamblichus selbst, wenn er c. 18 sagt, sie seien Beweise der Frömmigkeit des Pythagoras (*τεκμήρια τῆς εὐσεβείας αὐτοῦ*), der nähern Verbindung, in welcher er mit der Gottheit stund. Alle Pythagoreer seien sehr geneigt, ausserordentliche Dinge, wie von dem Proconnesier Aristäus und dem Hyperboreer Abaris erzählt werden,

zu glauben. Alles dergleichen glauben sie, und manches versuchen sie selbst. So mythisch auch alles dieser Art laute, so sprechen sie doch davon, wie von wirklich Geschehenem, weil ihnen nichts unglaublich erscheine, was irgend eine Beziehung auf das Göttliche habe (ὡς οὐδὲν ἀπιστοῦντες ὅ τι ἂν εἰς τὸ θεῖον ἀνάγηται). In allem, was dahin gehört, halten sie nicht sich selbst für schwach und thöricht, sondern die, die es nicht glauben. Denn den Göttern sei nicht das eine möglich, das andere unmöglich, wie die Klüglinge (σοφιζόμενοι) meinen, sondern kein Ding sei ihnen unmöglich. Darauf beziehe sich auch der Anfang eines epischen Gedichts, das sie dem Linos zuschreiben, aber wohl selbst verfasst haben:

Alles muss man glauben, denn nichts unglaubliches gibt es,
Alles ist leicht der Gottheit zu thun, und zum Ende zu bringen.

Zum Beweise für diese Ansicht berufen sie sich darauf, dass der, der diess zuerst behauptet habe, kein gewöhnlicher Mensch gewesen sei, sondern ein Gott, denn auf die Frage: wer Pythagoras sei? erwiedern sie: er sei der hyperboreische Apollon. In so engem Zusammenhang stehen demnach, wie hieraus zu sehen ist, auch die ausserordentlichen und wundervollen Dinge, die von Pythagoras und Apollonius erzählt werden, mit der idealisirenden Tendenz, die überhaupt über das Leben dieser Männer das Licht einer aus der höhern Welt in die Menschenwelt eingetretenen Erscheinung verbreiten wollte. Wir sehen in ihnen immer nur wieder Reflexe derselben allgemeinen Idee, deren Träger und Repräsentanten diese göttlichen Männer sein sollten, und ihre grössten Bewunderer und Verehrer selbst, wie Jamblichus, wollen in ihnen nicht sowohl das Factische, als vielmehr nur das Ideelle festgehalten wissen.

3) Wenn man die Verhältnisse der Zeit erwägt, in welchen Philostratus den Apollonius auftreten lässt, so scheint der Gegensatz, in welchen Apollonius zu der Tyrannei eines Domitian gesetzt ist, nur ein dem Gemälde des Philostratus angehörender Zug zu sein. Allein auch hierin war ohne Zweifel das Vorbild schon in Pythagoras gegeben. Jamblichus wenigstens

lässt dieselbe Scene, die nach Philostratus zwischen Apollonius und Domitian vorfiel, zwischen Pythagoras und Phalaris sich ereignen. So viele Beweise auch von Muth und Seelenstärke, sagt Jamblichus c. 32, Pythagoras gegeben habe, indem er Tyrannen stürzte, zerrüttete Staatsverfassungen wieder in Ordnung brachte, Staaten, die in Knechtschaft gerathen waren, zur Freiheit zurückführte, und der Ungerechtigkeit und tyrannischen Gewaltthätigkeit entgegentrat, so sei doch das Grösste, was er mit unbesiegbarer Freimüthigkeit vor Phalaris sagte und that. Während er von diesem grausamsten aller Tyrannen gefangen gehalten wurde, kam der Hyperboreer Abaris, um sich mit ihm zu unterreden. Er legte ihm verschiedene Fragen vor, auf welche Pythagoras mit lebhafter Begeisterung, der Wahrheit gemäss, so antwortete, dass er sich den Beifall aller, die ihn hörten, gewann. Phalaris aber gerieth darüber gegen Pythagoras und den den Pythagoras lobenden Abaris in den heftigsten Zorn, er stiess die gottlosesten Reden aus, und läugnete alles, was Pythagoras und Abaris über göttliche Dinge behauptet hatten. Als Abaris hierauf von solchen Dingen sprach, die von dem Menschen nicht abgewendet werden können, von Krieg, Krankheiten, Misswachs und anderm dergleichen, und zu beweisen suchte, dass dadurch der Glaube an eine über die Vorstellung und Kraft des Menschen weit hinausgehende göttliche Vorsehung nicht aufgehoben werde, erhob Phalaris denselben frechen Widerspruch wie zuvor, Pythagoras aber liess sich dadurch nicht abhalten, indem er zwar vermuthete, dass es Phalaris auf seinen Tod abgesehen habe, aber auch wusste, dass sein Leben nicht von ihm abhänge, aufs kräftigste vor ihm zu reden. Zu Abaris gewandt sprach er der Reihe nach über verschiedene Gegenstände der Religion und Philosophie. Und indem er nun so mitten in der Gefahr mit festem Sinne philosophirend erschien, standhaft und unerschrocken dem Schicksal entgegentrat, und gegen den, der ihn in Todesgefahr brachte, sich mit aller Kraft und Freimüthigkeit benahm, bewies er, wie sehr er alles, was sonst für schrecklich gehalten wird, als bedeutungslos verachte. Und wenn er den Tod, welchen er menschlicher Wahrscheinlichkeit nach zu erwarten hatte, ganz gering achtete, und mit seinen Gedanken gar nicht bei dem, was er zu erwarten hatte, war, so ist doch klar, wie vollkommen er von aller Furcht vor dem Tode frei war. Aber auf eine noch edlere Weise bewies er diess durch die That dadurch, dass er den Sturz der Tyrannei bewirkte, den Tyrannen, der gerade unerträgliches Unglück über die Menschen zu bringen im Begriff war, hemmte, und Sicilien von der grausamsten Tyrannei befreite. Dass aber er es war, der diess vollbrachte, beweisen auch die Aussprüche des Apollon, die verkündigten, dann werde die Herrschaft des Phalaris ein Ende nehmen, wenn die Bürger besser, gleichgesinnter und einträchtiger würden. Und diess wurden sie damals, als Pythagoras erschien, durch seine Ermahnungen und Belehrungen. Noch deutlicher zeigt diess die Zeit. Denn an demselben Tage, an welchem Phalaris über Pythagoras und Abaris die Gefahr des Todes verhängte, wurde er von denen, die sich gegen sein Leben verbunden hatten, getödtet. — Das Historische der Erzählung mag auch hier auf sich beruhen, welches Interesse aber einer solchen Darstellung zu Grunde liegt, und in welcher nahen Beziehung sie zu der Scene steht, in welcher Philostratus den Apollonius dem Domitian gegenüber auftreten lässt, bedarf keiner weitern Erörterung *).

Wir können demnach aus unserer Parallele kein anderes Resultat ziehen, als nur dieses, dass sich uns in dem Leben des Pythagoras, wie es die spätern Pythagoreer, Porphyrius

*) Auch dem Inhalt nach stimmt das, was Pythagoras nach Jamblichus vor Phalaris gesprochen haben soll, mit der Rede, die Apollonius vor Domitian halten wollte, überein. Apollonius folgt zwar in seiner Rede den gegen ihn vorgebrachten Anklagepunkten, hat aber dabei zugleich die Absicht, ein klares Bild seiner ganzen Denk- und Handlungsweise zu geben. Ebenso umfassend sprach sich Pythagoras über seine Lehren und Grundsätze vor Phalaris aus. Insbesondere sprach auch er von der göttlichen Vorherbestimmung, in welcher Beziehung namentlich die Anspielung auf die homerische Stelle Il. XXII. 13 bemerkenswerth ist. Apollon sagt in

und Jamblichus insbesondere, geschildert haben, dieselbe Erscheinung darstellt, die uns in dem philostratischen Leben des Apollonius begegnet. In der Reihe der Apollojünger, in welcher Pythagoras eine so ausgezeichnete Stelle einnimmt, stellt sich ihm Apollonius in gleicher Würde und Bedeutung zur Seite*), er ist selbst nur die verjüngte, dem Charakter und den Verhältnissen einer spätern Zeit angepasste Gestalt des Pythagoras, zugleich aber sollte er nach der Absicht seines Biographen das in Pythagoras sich darstellende Bild des göttlichen Weisen sogar auf einer noch höhern Stufe zur Anschauung bringen. Denn noch göttlicher als Pythagoras, sagt Philostratus I. 2 ausdrücklich, näherte sich der Weisheit, und erhob sich über die Tyrannei Apollonius, der verwandte Zwecke, wie Pythagoras, verfolgte, und weder in sehr alter noch in ganz neuer Zeit lebte. Diess war also wenigstens die Absicht des Philostratus, und er war um so mehr berechtigt, seinen Apollonius selbst noch über Pythagoras zu stellen, da die Biographen des Pythagoras, aus deren Werken wir ihn in der idealischen Gestalt kennen, vermöge welcher wir ihn dem Apollonius zur Seite stellen können, erst nach Philostratus lebten, und die schon von Andern überlieferten Züge aus dem

---

derselben zu dem ihn verfolgenden Achilles: *Οὐ μέν με κτανέεις, ἐπεὶ οὔ τοι μόρσιμός εἰμι.* Ebenso sagt Jamblich. c. 32: Pythagoras habe wohl gewusst, *ὡς οὐκ εἴη Φαλάριδι μόρσιμος*, und nach Philostratus hatte Apollonius mit jenem homerischen Verse seine Apologie vor Domitian geschlossen. VIII. 5. 7. 8.

*) Dass auch Apollonius die Person des Apollon in sich repräsentiren sollte, liegt der Natur der Sache nach in der Bedeutung seines Lebens im Ganzen, es erhellt aber auch, wenn noch einzelne Beweise nöthig sind, theils aus der Erscheinung bei seiner Geburt (s. oben S. 97) theils aus der schon S. 84 angeführten Stelle III. 42. Damit streitet das Verhältniss, in das sich Apollonius selbst nach dem Obigen (S. 100) zu Herakles setzte, keineswegs. Denn Herakles selbst leistete in demjenigen, was er der Menschheit als *Ἀλεξίκακος* wurde, nur der bei dem Eintritt inseine Laufbahn von Apollo in Delphi erhaltenen Weisung Folge. Apollod. II. 11, 12. Es wird dadurch nur der Begriff, welchen wir uns von der Bestimmung und der Wirksamkeit des Apollonius zu machen haben, vervollständigt.

Leben des Pythagoras, die sie in ihre Darstellung aufnahmen, wenigstens noch nicht auf die Weise, wie von ihnen geschehen ist, zu Einem Ganzen verbunden waren. Wenn wir aber auch das von ihnen gegebene Bild des Pythagoras mit dem philostratischen Apollonius vergleichen, so stellt sich uns doch in dem letztern alles, was jenen auszeichnet, in einer vollkommnern Gestalt und mit einem höhern Grade von Anschaulichkeit und Lebendigkeit dar, und wir müssen gestehen, dass das Ideal des vollkommenen Weisen selbst von Pythagoras nicht auf solche Weise realisirt worden ist, wie es nach Philostratus von Apollonius realisirt worden sein soll. Dass übrigens Porphyrius und Jamblichus zu ihrer idealisirenden Darstellung des Lebens des Pythagoras durch die Verhältnisse veranlasst wurden, in welche damals das Christenthum zu der heidnischen Religion gekommen war, ist mit Recht längst angenommen. „Was durch die meisten ihrer übrigen Schriften," sagt Tzschirner (der Fall des Heidenth. I. S. 466) „eben das beabsichtigten sie unstreitig auch durch ihre Schilderung des Pythagoras, wie Philostratus den Apollonius; so hielten sie diesen Weisen in der Absicht ihren Zeitgenossen vor, damit sie durch ihn den wahren Geist der väterlichen Religion fassen lernen, in seinem Ansehen eine Bestätigung ihres Glaubens finden und in dem Anschauen seines frommen Wandels und seiner wunderbaren Thaten eine Nahrung ihrer Frömmigkeit suchen möchten." Indem sie aber diesen Zweck am sichersten dadurch zu erreichen glaubten, dass sie der gottmenschlichen Person des Stifters des Christenthums ein gleiches, auf analoge Weise Göttliches und Menschliches in sich vereinigendes, und dem Gebiet der heidnischen Religion angehörendes Wesen entgegenstellten, kann uns diess nur als ein Zeugniss des tiefen Eindrucks gelten, mit welchem das Christenthum durch die innere Macht seiner Wahrheit auf Männer zu wirken vermochte, die ihm zwar ihrer ganzen Richtung nach ihren vollen Beifall nicht schenken zu können glaubten, aber doch einen für das wahre Wesen der Religion so empfänglichen Sinn hatten, dass sie das Eigenthümliche des Christenthums wenigstens auf diese mittelbare Weise anzuerkennen sich gedrungen fühlten *).

Eine weitere der Beachtung nicht unwerthe Seite des philostratischen Werks scheint mir noch alles dasjenige darzubieten, was sich in demselben über das historische Verhältniss findet, in welchem die bedeutendsten Formen der alten Religion zu einander stehen. Indem Philostratus in seinem Apollonius die grösste, auf dem Gebiete der alten Religion hervorgetretene, Erscheinung darstellen wollte, gieng er dabei mit gutem Grunde von der Voraussetzung aus, dass die Hauptformen der alten Religion, so weit sie auch räumlich auseinander liegen, doch ihrem wahren Wesen nach sehr nahe mit einander verwandt seien. Apollonius muss daher die welthistorische Wichtigkeit seiner Erscheinung auch dadurch beurkunden, dass er nicht blos der Religion eines einzelnen Volkes und Landes angehört, sondern der gemeinsame Vereinigungspunkt für die wesentlichsten Elemente der Haupt-

*) Es kann auffallen, dass Porphyrius und Jamblichus den ihnen ohne Zweifel wohlbekannten Apollonius nirgends erwähnen, obgleich bei der nahen Verwandtschaft ihrer Biographien mit der des Philostratus die Veranlassung dazu nicht fehlen konnte. Wollten sie vielleicht in ihrem Pythagoras dem nach ihrer Ansicht der historischen Realität zu sehr ermangelnden philostratischen Apollonius eine zwar gleiche, aber auf festerem historischem Boden stehende Persönlichkeit entgegensetzen? Eine Bestätigung dieser Vermuthung würde in der Sorgfalt zu liegen scheinen, mit welcher sie sich auf die Auctorität früherer Schriftsteller berufen. [Die Voraussetzung, von welcher der Verf. hier ausgeht, dass Porphyr und Jamblich des Apollonius nicht erwähnen, ist unrichtig: jener nennt ihn v. Pyth. 2, dieser berichtet v. Pyth. 254 ff. ausführlich über seine Darstellung der Vorgänge, welche die Zersprengung des pythagoreischen Bundes herbeiführten. Wahrscheinlich hat er ihm aber auch noch anderes entnommen; in Betreff der Reden v. P. 37—57 habe ich diess schon Phil. d. Gr. I. 267, 2 3. Aufl. vermuthet; ebenso mag der Auftritt mit Phalaris v. P. 215—221 von Jamblich aus Apollonius' Leben des Pythagoras entlehnt, und aus der Benützung der gleichen Schrift durch Philostratus die Aehnlichkeit dieser Scene mit dem zu erklären sein, was Philostr. v. Apoll. VIII, 1 ff. über das Verhör des Apollonius vor Domitian erzählt. Z.]

formen der alten Religion ist. Wir sehen in der Geschichte seines Lebens, in welchem historischen Zusammenhang sie stehen, und von welchem Anfangspunkt das Bessere und Edlere in dem religiösen Glauben und Leben der alten Welt ausgegangen ist. Während Porphyrius und Jamblichus den Pythagoras nur nach Babylon zu den Magiern oder Chaldäern gelangen lassen, schöpft dagegen Apollonius, wie schon früher gezeigt worden ist, aus der reinsten und reichsten Quelle der indischen Weisheit. Es gibt keine andere Schrift des Alterthums, in welcher auf die Lehren und Grundsätze der indischen Religion und Philosophie so grosses Gewicht gelegt und die Behauptung so bestimmt ausgesprochen wäre, dass die Indier in dieser Beziehung einen sehr wichtigen Einfluss auf die übrigen Hauptvölker der alten Welt gehabt haben. Wir können diese Ansicht nur als eine Folge des in der Zeit, in welcher Philostratus lebte, schon so bedeutend erweiterten Gesichtskreises betrachten, und je grössere Bedeutung ihr Philostratus in seiner ganzen Darstellung gegeben hat, desto grösser wird dadurch die Wahrscheinlichkeit, dass er sie als eine historisch begründete geltend machen wollte. In der Unterredung mit den ägyptischen Weisen (VI. 11) lässt Philostratus den Apollonius die ägyptische Weisheit namentlich mit der indischen auf eine Weise vergleichen, die deutlich genug die Absicht zu verrathen scheint, die früher allgemein angenommene Meinung, die ägyptische Weisheit sei die älteste und ächteste, und was den Griechen von auswärtiger Weisheit zugekommen, sei nur aus dieser Quelle abzuleiten, als eine zu beschränkte und einseitige zurückzuweisen. „Es ist Zeit", sagt Apollonius (VI. 11) zu den ägyptischen Weisen, oder den äthiopischen Gymnosophisten, „zu vernehmen, wie sehr mit Recht ich die indischen Weisen bewundert habe, wie mit Recht ich sie für weise und selig halte. Ich sah Männer, die auf der Erde wohnten und nicht auf der Erde, die ohne Mauer ummauert und ohne Habe im Besitze aller Habe waren (vgl. III. 15). Wenn ich in Räthseln spreche, so gestattet dieses die Weisheit des Pythagoras, denn dieser lehrte zu räthseln, indem er die Rede zur

Lehrerin des Schweigens machte. Auch Ihr selbst seid Jünger dieser Weisheit und Mitberather des Pythagoras gewesen, zu der Zeit, wo ihr den Lehren der Inder Beifall gabet, indem ihr selbst von Alters her Inder seid. Nachdem ihr aber aus Scham über die Veranlassung, die Euch durch den Zorn der Erde hieher geführt hat, lieber alles andere als Aethiopier, die von den Indern gekommen, habt scheinen wollen, habt Ihr alles in dieser Beziehung gethan. Daher habt Ihr Euch aller Bekleidung, die von dort stammt, entledigt, als ob Ihr damit Eure äthiopische Abkunft auszöget. Die Götter aber habt Ihr lieber nach der ägyptischen als nach Eurer Weise zu verehren beschlossen, und sprecht über die Inder auf eine nicht geeignete Weise, als ob das, was Euren Stammvätern zum Nachtheil gereicht, nicht auch Euch nachtheilig wäre. Und noch habt Ihr darin keine Veränderung gemacht, und Ihr handeltet so aus demselben Grunde, um dessentwillen Ihr Euch der Bekleidung entledigt habt. Auch heute habt Ihr hievon einen Beweis gegeben, tadelsüchtig und spottend, indem Ihr behauptet, dass die Inder nicht nach dem Guten strebten, sondern nach Staunen und Täuschung der Ohren und Augen. Ohne meine Weisheit zu kennen, zeigt Ihr Euch unempfindlich gegen die von ihr herrschende Meinung. Von mir will ich nicht sprechen; möge ich nur sein, wofür mich die Inder halten. Angriffe auf die Inder aber gestatte ich nicht. Wenn Ihr etwas von der Weisheit jenes himeräischen Mannes (des Stesichorus) habt, welcher anders als in einem frühern Liede von der Helena sang, und dieses seine Palinodie nannte (die er mit den Worten begann: Nicht wahr ist jene Rede), so ist es Zeit, Eure frühere Meinung von ihnen zu ändern, und eine bessere Sprache zu führen. Seid Ihr aber ohne Geschick für eine Palinodie, so müsst Ihr doch Männer schonen, welche die Götter ihrer Gaben würdigen und sich selbst nicht entwürdigt glauben durch das, was jene besitzen. — Ihr erscheint mir in Vergleichung mit der Weisheit der Inder, die göttlicher Art sind, wie die alten Weiber, die weiser sein wollen, als die wirklichen Wahrsager *).“ So bestimmt ist hier die Behauptung ausgesprochen, dass die ägyptischen oder äthiopischen Weisen aus Indien stammen, und die Verkennung dieses Ursprungs nur auf Irrthum beruhe. Auch mit der Veranlassung, die sie aus Indien nach Aethiopien geführt haben soll, macht uns Philostratus bekannt. „Es gab eine Zeit,“ lässt er den Inder Jarchas (III. 20) erzählen, „wo Aethiopier hier wohnten, ein indisches Geschlecht. Ein Aethiopien gab es noch nicht, sondern die Grenzen Aegyptens streckten sich bis über Meroe und die Wasserfälle hinaus; und wie es die Quellen des Nil in sich schloss, so endigte es mit dem Ausflusse desselben. Zu der Zeit nun, wo die Aethiopier hier als Unterthanen des Königs Ganges wohnten, nährte das Land sie reichlich, und die Götter sorgten für sie. Als sie aber diesen König getödtet hatten, galten sie den andern Indern nicht mehr für rein, und die Erde selbst duldete ihr Weilen nicht. Sie verdarb die Früchte, die sie säeten, bevor sie Aehren gewannen; die Geburten der Weiber liess sie nicht zur Reife kommen, und ihre Heerden nährte sie nur kümmerlich. Und wo sie eine Stadt gründeten, wich der Boden und senkte sich hinab. Wo sie hingingen, verfolgte sie die Gestalt des Ganges, und erfüllte ihre Versammlungen mit Schrecknissen; was auch nicht eher nachliess, als bis wir die Thäter und die, welche den Mord begangen hatten, der Erde opferten.“ So wenig wir diese Erzählung als treuen Bericht einer historischen Thatsache nehmen können, so unverkennbar trägt sie doch den Charakter

---

*) Man vgl. auch noch die Stelle VI. 16, wo Philostratus einen ägyptischen Jüngling dem Apollonius erzählen lässt: Sein Vater habe einst die Fahrt nach dem rothen Meer gemacht, indem er das Schiff führte, das die Aegypter zu den Indern zu schicken pflegen. Indem er nun mit den Indern am Meere verkehrte, habe er von den dortigen Weisen Nachrichten mitgebracht, die dem nahe kamen, was Apollonius gegen sie gesprochen habe, und er habe auch dieses von ihm gehört, dass die Inder die weisesten Menschen, die Aethiopier aber ihre Abkömmlinge wären, und, der angestammten Weisheit ergeben, mit ihren Blicken an der alten Heimath hängen.

einer ächt alterthümlichen Sage an sich. Von einem unreinen, der Erde verhassten Geschlecht ist auch sonst bisweilen in alten Sagen die Rede, die sich auf uralte, aus religiösem Anlass entstandene, Völkerzwiste zu beziehen scheinen. Ich erinnere hier nur an die ägyptischen Sagen über die Hyksos, die Josephus *Contra Ap. I. 14 f.* aus der Geschichte Manethos aufbewahrt hat. Vielleicht war dem Philostratus in der von ihm mitgetheilten Sage eine ähnliche der indischen Vorzeit angehörende Kunde zugekommen, die er zur Erklärung der Abkunft der Aethiopier aus Indien benützte.

Wenn uns aber auch die Betrachtung des philostratischen Werks an und für sich über die Beantwortung der Frage im Zweifel lassen mag, wie weit wir in demjenigen, was Philostratus über Indien meldet, entweder nur romanhafte Dichtung oder historische Wahrheit vorauszusetzen haben, so muss uns doch, wie es scheint, unsere jetzige Kunde Indiens eine ziemlich sichere Antwort auf diese Frage geben. Die Uebereinstimmung des Werkes mit dem anderswoher Beurkundeten, kann als die beste Widerlegung des Vorwurfs angesehen werden, welchen selbst noch einer der neuesten Schriftsteller über Indien wiederholt, „Philostratus habe alles, was er in seinem Leben des Apollonius von Indien vorbringt, aus ähnlichen Romanen compilirt, nach Art der Sophisten ausgeschmückt, und mit Ungereimtheiten erstickt“ *). Wie ungerecht dieser Vorwurf, wenigstens in solcher Allgemeinheit und Unbestimmtheit, ist, lässt sich, wie ich glaube, ohne grosse Mühe nachweisen, nur muss auch dabei an den Beurtheiler die Forderung, die bei einem Werke, das seinem Grundcharakter nach aus Wahrheit und Dichtung besteht, nie unbeachtet bleiben darf, gemacht werden, die dem Schriftsteller zur blossen Einkleidung dienende Form von der Sache selbst wohl zu unterscheiden. Die Schilderung, die uns Philostratus von den indischen Weisen gibt, erscheint allerdings, wie schon oben bemerkt.

---

*) Bohlen, das alte Indien, Th. I. S. 118. Das treffliche Werk gibt selbst die besten Belege zur Milderung des obigen Urtheils.

wurde, als ein phantastisches, märchenhaftes Gemälde, gibt er uns aber nicht ebendadurch, wofern wir nur seine Darstellung als das zu nehmen wissen, wofür sie sich schon bei dem ersten Anblick gibt, die beste Veranschaulichung dessen, wofür die Indier ihre Brahmanen halten, wenn sie ihnen eine Würde beilegen, die selbst die Würde der Könige weit übertrifft, und sie als höhere übermenschliche Wesen verehren, die wie Götter unter dem Volke walten, sich durch die Kraft ihrer religiösen Meditation, gleichsam frei von den Banden der Körperwelt, in ätherische Regionen erheben, und eine dämonische Gewalt über die materielle Natur ausüben können *)? Halten wir diese Ansicht bei der philostratischen Darstellung fest, so können wir in ihr nur die mythisch-poetische Einkleidung eines Dogma's sehen, das der Schriftsteller mit historischer Treue dem religiösen Glauben der Indier entnommen hat. Dieselbe historische Treue des Schriftstellers lässt sich aber auch bei allem nachweisen, was er in Beziehung auf die Dogmen der indischen Religion und Philosophie, und über die dem Indier eigenthümliche religiöse Welt- und Lebens-Ansicht mittheilt. Dass die Lehre von der Unsterblichkeit der Seele, in Verbindung mit der Lehre von der Präexistenz und einer durch eine Reihe von Geburten hindurchgehenden Wanderung, in dem religiösen Glauben der Indier wirklich die grosse einflussreiche Bedeutung hatte, die sie auch nach Philostratus bei ihnen gehabt haben soll, und dass in dieser Lehre die den Indiern, wie den Pythagoreern, eigenthümliche Ansicht

*) Die Brahmanen sind, wie es schon das Gesetzbuch (Manu 1, 98. 4, 40. 9, 317) ausspricht, mächtige Götter auf Erden. Sie können daher, sagt Bohlen a. a. O. Th. II. S. 13, obwohl selbst unter dem weltlichen Gesetze, durch ihr Anathema, durch Opfer, Flüche und Segnungen die grössten Wunder in der Natur verrichten, und das jetzige Volk führt desshalb folgenden Syllogismus im Munde: die Welt kann ohne Götter nicht bestehen, die Götter lieben Gebete, diese werden gesprochen von Brahmanen, und so sind mir die Brahmanen Götter. — Der Stab, welchen nach Philostr. III. 15 die indischen Weisen tragen, ist auch nach Manu 2, 45 bei den Brahmanen das äussere Kennzeichen des Rangs.

von dem Körper als einem Kerker der Seele ihren Grund hatte, ist zu bekannt, als dass die Glaubwürdigkeit des Schriftstellers in diesem Punkte erst einer Rechtfertigung bedürfte. Aecht indisch ist ferner die Verehrung der Sonne als der höchsten Gottheit. Als höchste Gottheit gilt bei den Indiern, sagt Bohlen a. a. O. Th. I. S. 139, wie allenthalben, wo bereits der Sabäismus vorherrscht, die Sonne, deren Dienst in Indien niemals aufgehört: noch gegenwärtig empfängt sie, wie im Alterthum, bei dem Aufgange das Homaopfer, und eine eigene Secte, die der Sauras, verehrt einzig dieses Gestirn; es darf wie bei den Essenern, niemals die Blösse eines Menschen sehen, und was die Pythagoreer streng untersagten, gilt auch im Ramayana als Lästerung, nämlich gegen die Sonne sein Wasser zu lassen. Als mythische Gottheit und erste Person der nachmaligen Trias führt die Sonne den Namen Brahman (der Leuchtende). Die drei Tageszeiten, die wir bei Philostratus als die nach indischer Sitte der Verehrung der Sonne vorzugsweise bestimmten angegeben finden (s. oben S. 57), bei Tagesanbruch, um Mittag, und nach Sonnenuntergang, sollen noch jetzt ebenso in Indien gewöhnlich sein. Die Sonnenanbeter. (Sauras), bemerkt Hammer in den Wiener Jahrb. Bd. LI. S. 22 in der Relation aus Wilsons Abhandlung über die Religions-Secten der Hindus As. Res. Bd. XVI, beten die Sonne beim Aufgang, Mittag oder Untergang an, die aufgehende als das Symbol der schaffenden Kraft (Brahma), die mittägige als das Symbol der zerstörenden und wiedererzeugenden Kraft (Iswara oder Siwa) *), die untergehende als Symbol der erhaltenden Kraft (Wischnu). Die, welche die Sonne zu allen diesen Zeiten anbeten, sind die Bekenner der Trimurti oder indischen Dreifaltigkeit. Eine fünfte Classe der Sauras betet in der Sonne blos die in die Sinne fallende Gestalt

---

*) Ebenso singen die Inder bei Philostratus III. 14 dem Feuer, das sie als heilig verehren, und von welchem sie behaupten, dass es unmittelbar aus der Sonne komme (das sie demnach wie die Siwaiten als Grundprincip verehrten), Tag für Tag den Hymnus zur Mittagszeit.

derselben, eine sechste dieselbe blos als Sinnbild einer höheren, geistigen, die Seele und das Gemüth erleuchtenden Sonne an. Dass auch diese letztere Ansicht der indisch-pythagoreischen Verehrung der Sonne nicht fremd ist, lässt sich nicht wohl bezweifeln. Die, wie VIII. 6, 7 ausdrücklich gesagt wird, von den Indiern stammende Lehre, dass die Welt von der Gottheit geschaffen ist und von der Gottheit regiert wird, liegt der indischen Religionslehre, wie sie uns aus den heiligen Schriften der Indier selbst bekannt ist, sehr wesentlich zu Grunde *), und die eben darauf sich beziehende Vergleichung der Welt mit einem Schiff (s. oben S. 59) trägt ganz das Gepräge indischer Weltanschauung an sich. In den Vedas wird ausdrücklich von der Gottheit gesagt, sie lenke die Welt, wie der Steuermann das Schiff **), und die mystische Opferschale (*argha* oder *arya*, das Verehrungswürdige), die in der Figur eines Lotus, eines Schiffes, oder der Erde, die Yoni der Bhavani vorstellt, bezeichnet dieselbe Idee symbolisch. Der Inder dachte sich jedes Meer als eine Yoni, und die ganze Erde desshalb in der Gestalt eines Lotus, dessen Linga der Meru, oder als Schiff, dessen Mast und Phallus ebenfalls der Meru ist; Siva leitet dasselbe, und heisst daher *Arghanatha*, Herr der Argha. Bohlen a. a. O. Th. I. S. 209, 273. Es ist dieselbe

---

*) B. III. c. 35 wird das enge Verhältniss der Gottheit zur Welt ganz im Geiste des indischen Polytheismus so bezeichnet: die Inder stimmen mit dem Dichter zusammen, wenn sie sagen, dass viele Götter im Himmel seien, viele im Meere, viele in den Quellen und Gewässern, viele auch auf der Erde und selbst unter der Erde einige. Es ist diess die poetisch-polytheistische Bezeichnung des indischen Naturpantheismus, über welchen sich Onesikritus bei Strabo XV, 5 in der Sprache der Philosophie so ausdrückt: *ὁ διοικῶν τὸν κόσμον θεὸς δι' ὅλου διαπεφοίτηκεν αὐτοῦ.* Das ist, wie in den Vedas gesagt wird, der eingekörperte Geist mit tausend Köpfen, tausend Augen, tausend Füssen, der in der menschlichen Brust steht, während er die ganze Erde durchdringt. Dieses Wesen ist das Weltall: er ist der vortrefflichste eingekörperte Geist, die Elemente des Weltalls sind Theile von ihm. Hammer Wien. Jahrb. Bd. II. S. 305.

**) S. die Stelle in *Carey Sanscrit Grammar* S. 893. Bohlen a. a. O. Thl. II. S. 44.

symbolisch ausgedrückte Idee, die uns auch in dem ägyptischen Cultus in den Prozessionen der Priester, die ein heiliges Schiff (ein *navigium auratum* Curtius IV. 7) mit dem Götterbild tragen, und bei den Griechen in dem melodischen, von den vornehmsten Heroen und namentlich von Herakles, dem Sonnenschiffer (Plut. *De Is. et Os. c. 41),* bestiegenen und gelenkten, die ganze Welt umfahrenden Argoschiff begegnet*). Nicht minder kann uns die dem Jarchas III. 34 beigelegte Ansicht von der mannweiblichen Natur der Welt, und die eben daselbst ausgesprochene Fünfzahl der Elemente einen Beweis davon geben, dass der Schriftsteller mit Indien und indischer Religion und Philosophie nicht so unbekannt war, wie man häufig meint. Auf die Idee der mannweiblichen Natur der Welt beziehen sich schon die bekannten indischen Symbole des Linga und der Yoni, durch welche die Dualität der Kräfte der Natur, der sowohl selbstthätig schaffenden als receptiven, versinnlicht werden sollte, es ist aber in der Reihe der Secten des Sivaismus neben den Saktas, welche das Universum in der Göttin Bhavani (*φύσις*) oder Prakriti, Natur, personificirten, und daher das weibliche Symbol, Yoni, in der Gestalt eines Herzens gebildet, sich aneigneten, und den ihnen entgegenstehenden Lingi, welche das männliche Emblem Δ, das zugleich den Linga und das Feuer des Siva bezeichnet, sich erwählten, noch besonders von einer dritten Partei die Rede, die die Einigkeit Gottes mit der Materie durch die Behauptung festhalten wollte, die Verbindung beider Principien, der

---

*) Wie der indische Siva Herr der Argha ist, so wurde auch der ägyptische Osiris als Führer des Argoschiffes gedacht nach Plut. *De Is. et Os. c.* 22: *ἔτι δὲ καὶ στρατηγὸν ὀνομάζουσιν Ὄσιριν καὶ κυβερνήτην Κάνωβον, οὗ φασιν ἐπώνυμον γεγονέναι τὸν ἀστέρα· καὶ τὸ πλοῖον, ὃ καλοῦσιν Ἕλληνες Ἀργὼ τῆς Ὀσίριδος νεὼς εἴδωλον ἐπὶ τιμῇ κατηστερισμένον, οὐ μακρὰν φέρεσθαι τοῦ Ὠρίωνος καὶ τοῦ Κυνός, ὧν τὸ μὲν Ὥρου, τὸ δὲ Ἴσιδος ἱερὸν Αἰγύπτιοι νομίζουσιν.* Was kann in Aegypten, wo man sich überhaupt die Götter schiffend vorzustellen gewohnt war, unter dem Schiff des Osiris anders gedacht worden sein, als die Welt?

activen und passiven Produktionskraft, sei so innig, dass sie nur Ein Wesen ausmachten, weshalb sie den Sivas als Ardhanari, als Mannweib, bildeten *). Bohlen a. a. O. S. 150. Die Fünfzahl der Elemente scheint III. 34 absichtlich der gewöhnlichen Vierzahl der indischen [als indische?] Lehre entgegen gesetzt zu werden. Auf die Frage des Apollonius: woraus sie glaubten, dass die Welt bestände? antworteten sie, aus Elementen, und als Apollonius weiter fragte: aus vieren? erwiederte Jarchas: nicht aus vieren, sondern aus fünfen. Das fünfte nämlich ausser dem Wasser, der Luft, der Erde und dem Feuer sei der Aether, den man für den Urquell der Götter zu halten habe. Eben diess ist aber nach Aeltern und Neuern von den Indiern allgemein angenommen. Schon Onesikritus, der Begleiter Alexanders des Grossen, wusste nach Strabo (XV. 5 [XV. 1, 59. S. 713]), dass die indischen Brahmanen den vier Elementen noch ein fünftes beigesellen. *Ἀρχαί*, sagt Strabo a. a. O. nach Onesikritus [Megasthenes], *τῶν μὲν συμπάντων ἕτεραι, τῆς δὲ κοσμοποιΐας τὸ ὕδωρ· πρὸς δὲ τοῖς τέτταρσι στοιχείοις πέμπτη τίς ἐστι φύσις, ἐξ ἧς ὁ οὐρανὸς καὶ τὰ ἄστρα.* Nach den neuern Untersuchungen hängt die Fünfzahl der Elemente mit der der indischen Philosophie eigenthümlichen Ansicht zusammen, die Natur als das

*) Die Idee der mannweiblichen Natur liegt dem ganzen Geschlechtsdualismus der alten Religion zu Grunde. Nicht selten wird aber auch besonders auf die ursprüngliche Einheit des männlichen und weiblichen Princips, der activen und passiven Zeugungskraft der Natur, hingewiesen, wie z. B. in dem ägyptischen Mythus Plut. *De Is. et Os. c. 12*: *Ἶσιν καὶ Ὄσιριν ἐρῶντας ἀλλήλων, καὶ πρινὴ γενέσθαι, κατὰ γαστρὸς ὑπὸ σκότῳ συνεῖναι.* Von den Orphikern wurde der uranfängliche Gott *ἀῤῥενόθηλυς* mannweiblich, und *διφυής*, von doppelter Natur, genannt, weil er alle denkbaren Eigenschaften und Kräfte in sich vereinigend, noch insbesondere die Eigenthümlichkeiten beider Geschlechter in sich begreifen muss, um aus sich, ohne Ehe mit einem andern Wesen, alles hervorbringen zu können. Creuzer Symb. und Myth. Th. III. S. 300. In den orphischen Hymnen X. wird die *φύσις* angerufen: *πάντων μὲν σὺ πατὴρ, μήτηρ, τροφὸς ἠδὲ τιθηνός* v. 18. Vgl. ferner Bohlen a. a. O. S. 150 und die Stelle aus den Vedas bei Bopp Conj. Syst. S. 285, nach welcher das Urwesen Mann und Weib wird in Wechsel-Umarmung.

Product des sich selbst objectivirenden Geistes zu betrachten. Vermöge dieser Ansicht entsprechen den fünf Sinnenorganen, durch welche sich der Geist nach aussen äussert, ebenso viele substanzielle Elemente*).

---

*) Man vergl. hierüber Othmar Frank Viasa I. Bd. H. 2 1830. S. 116 f.: „Mittelst Umwandlung der aus *Akankara*, dem Selbstsetzungsprincip oder Besondernden, entsprungenen fünf substanziellen Momente *Tanmatrani*, entstehen die fünf mächtigen substanziellen Elemente, *Mahabhutani*, und durch Umwandlung von *Akankara* die fünf substanziellen Organe, *Pantshaendrijani*. Durch solche Verleiblichung gehen die substanziellen fünf Elemente und Organe in den Leib des mit der Natur verbundenen Brahma, oder der höchsten geistigen Substanz ein, d. h. sie entstehen daraus (nämlich aus dem Leibe des durch *Akankara*, welcher der Geist der *Tanmatrani*, substanziellen Momente, ist, herausgesetzten Brahma), indem die substanziellen Elemente aus jenen Momenten hervorgehen. Das Eingehen jener in den Leib ist ihr Entstehen aus diesen Momenten. Der Geist hebt aber die äusseren Elemente wieder in den organischen auf. Mit der Heraussetzung in diese substanzielle Sphäre geschieht die Hineinwendung, das Objectiviren ist selbst ein Subjectiviren, die Materialisirung ist Vergeistigung. Indem die substanziellen Elemente aus den Weltpotenzen *Tanmatrani* entstehen, werden vom Selbstsetzenden durch Verleiblichung auch die Organe hervorgebracht. Die leibliche Differenzirung der Organe geschieht der Absonderung der Elemente gemäss. Die drei ersten der fünf auf diese Weise hervorgehenden Elemente und Organe entsprechen den drei Gunen oder Qualitäten, nämlich dem *Tamas* der Aether, das Gehör, dem *Radshas* die Luft (*Vaju*), das äussere Gefühl, dem *Sattvan* das Licht, Gesicht. Die letzte Besonderung (nämlich *Tamas*) wird weiter durch Auflösungen sich individualisirend gedacht in Wasser, Geschmack, und Erde (Erdenfeuer), Geruch. So geht das drei in fünf, indem das Gehör mehr der Objectivität, das Gesicht mehr der Subjectivität, und in der Mitte das Gefühl der sich individualisirenden Beziehung, d. i. dem bestimmten Verhältniss des Subjectiven und Objectiven entspricht." Unmöglich kann aber hier das der untersten Qualität *Tamas*, der Finsterniss, Entsprechende richtig durch den Aether bezeichnet sein. Es kann vielmehr nur der den ausgedehnten Raum, welchen sonst die Indier als das Correlate des Gehörs betrachten, erfüllende unterste Luftkreis sein. Viasa I. 1. S. 50 giebt Othmar Frank selbst die Ordnung, in welcher die Elemente nach indischer Lehre entwickelt gedacht werden, auf folgende Weise an: Aether, Luft, Feuer, Wasser, Erde. Der Aether, der im Raume allgemein verbreitet ist, wird noch über die vier Elemente als der höchste und reinste gesetzt. In jedem Falle entspricht

Da Apollonius als strenger Pythagoreer, wie er von Philostratus geschildert wird, dieselben Grundsätze einer reineren Lebensweise befolgte, die dem Pythagoras zugeschrieben werden, und gerade in dieser Hinsicht vorzüglich ein Schüler und Nachahmer der indischen Weisen gewesen sein sollte, so muss sich unsere Untersuchung über die historische Grundlage dessen, was Philostratus über Indien und die Lehren und Grundsätze der indischen Weisen meldet, besonders auch auf

---

in jener Aufzählung das Licht dem Aether, welchen der Inder bei Philostratus III. 34 den Urquell der Götter nennt. Es ist der Licht- und Feuer-Aether, der zugleich jenes Feuer in sich begreift, das die Indier nach III. 14 heilig verehrten und von welchem sie behaupteten, dass es unmittelbar aus den Strahlen der Sonne komme. In dem Aether sahen auch schon die Stoiker das reinste, dem Wesen der Gottheit verwandteste Element. *Zenoni et reliquis fere Stoicis aether videtur summus Deus, mente praeditus*, sagt Cicero *Acad. quaest. II. 41.* Man vergl. auch *De nat. D. II. 25*, wo nach Ennius das *sublime candens*, und nach Euripides das *sublime fusum*, oder der *immoderatus aether*, der *summus divûm*, Jupiter genannt wird. Ich erinnere hier zugleich an die Fünfzahl der manichäischen Elemente (das Manich. Rel. Syst. S. 22. 52), worin Manes ohne Zweifel ebenfalls wie in anderem der indischen Lehre folgte. Dem reinsten Element des Lichtreichs entspricht bei Manes als relativ reinstes Element des Reichs der Finsterniss der Rauch. Der Rauch ist der dämonische Gegensatz gegen den Lichtäther, desswegen lässt der Verfasser der clementinischen Homilien l. 18, als die Welt durch Irrthum, Unglauben, Unzucht und Uebel aller Art sich verschlimmerte, das Haus dieser Welt gleichsam mit Rauch erfüllt werden, so dass die darin Befindlichen die Wahrheit nicht mehr sehen konnten, bis auf das allgemeine Rufen um Hülfe einer von ihnen (der wahre Prophet) sich entschloss, die Thüre zu öffnen, damit der Rauch hinaus und das Sonnenlicht herein käme. Nach Diodor 1, 11 haben auch die Aegyptier fünf Elemente angenommen: den Aether (πνεῦμα, die Aegyptier bezeichneten ihn, wie Diodor l. 12 bemerkt, mit einem Namen, der im Aegyptischen soviel heisst als Zeus im Griechischen, und hielten ihn für das Prinzip des Lebens), das Feuer, die Erde, das Wasser und die Luft, wobei noch bemerkenswerth ist, dass sie auf ähnliche Weise, wie die Indier, die Elemente mit den Organen des menschlichen Leibes parallelisirten: aus ihnen bestehe der ganze Weltkörper auf ähnliche Weise, wie man Kopf, Hände und Füsse und die übrigen Glieder Theile des Menschen nenne.

diese Frage beziehen. Aber auch in dieser Beziehung kann unsere jetzige Kunde des alten Indiens nur die Wahrheit des historischen Standpunkts anerkennen, auf welchen sich unser Schriftsteller in seinem Werke gestellt hat. Die für den Pythagoreismus charakteristischen Gebote, Kleidung von thierischen Stoffen zu verschmähen, und sich von jeder Nahrung und Opferung beseelter Wesen rein zu erhalten (I. 1), waren ebenso charakteristisch indische Sitte. Im Buddhaismus war, Thiere zu tödten, und sie zu irgend etwas, wozu Tödtung nothwendig war, zu benützen, durchaus auf's strengste verboten. Aber auch bei den Brahmanen, an welche wir bei den Weisen des Philostratus zu denken haben, scheint dasselbe Gesetz ursprünglich gewesen, obgleich schon frühe gemildert worden zu sein. Porphyrius sagt von den indischen Gymnosophisten überhaupt, und namentlich den Brahmanen *De abstin. ab esu anim. IV. 17* ganz allgemein: etwas anderes ausser Reis und Baumfrüchte zu geniessen, oder überhaupt eine Nahrung von beseelten Wesen zu berühren, wird von ihnen für die grösste Unreinheit und Gottlosigkeit gehalten. Dies gilt bei ihnen als religiöses Gesetz. Ebenso essen nach Klemens von Alexandrien *Strom. III. 3* die Brahmanen nichts Lebendiges und trinken keinen Wein. In den Schriften der Indier selbst begegnen uns da und dort Stellen, aus welchen noch die Strenge des ursprünglichen Gesetzes zu ersehen ist, wie z. B. eine Stelle des Mahabharata den Genuss des Fleisches auf's höchste verabscheut (Bohlen a. a. O. Th. II. S. 162). Gewöhnlich aber finden wir in den Religionsschriften der Inder jenes alte Religionsgesetz bereits durch die Mildernngen und Modificationen beschränkt, die in der Folge zur herrschenden gesetzlichen Sitte geworden sind. Schon Megasthenes bei Strabo XV. 5 lässt zwar die Brahmanen, so lange sie, von der übrigen Gesellschaft abgesondert, sich ganz nur den Pflichten ihres Standes widmen, in strenger Enthaltsamkeit leben (*λιτῶς ζῶντας ἐν στιβάσι καὶ δοραῖς, ἀπεχομένους ἐμψύχων καὶ ἀφροδισίων*), wenn aber einer sieben und dreissig Jahre auf diese Weise gelebt habe, kehre er in sein Eigenthum zurück und lebe freier, προσφερόμενον σάρκας τῶν μὴ πρὸς τὴν χρείαν συνεργῶν ζώων. δριμέων καὶ ἀρτυτῶν ἀπεχόμενον. Im Gesetzbuche Manu's selbst (5, 27. 30) wird der Genuss des Fleisches für eine Todsünde nur in dem Falle erklärt, wenn man nicht zugleich davon opfere, im übrigen aber würde auch derjenige, welcher täglich Fleisch nach dem Gesetze geniesse, d. h. vom Priester geweihtes, keine Sünde begehen. So geschah es nun, dass es auch in Indien gewöhnlich wurde, Thiere zu schlachten, und selbst die Brahmanen tragen kein Bedenken, geweihtes Opferfleisch zu essen. Sicher aber kann, wenn wir den engen Zusammenhang des Gebotes, die Thiere zu schonen, mit der in der indischen Denkweise so tief wurzelnden alterthümlichen Idee der Heiligkeit und Unverletzlichkeit des Naturlebens bedenken, die in Ansehung des Gebrauches der Thiere herrschende Sitte nur als eine in der Folge eingeführte, durch das Bedürfniss des täglichen Lebens gebotene Milderung und Beschränkung der ursprünglichen Strenge des Gesetzes angesehen werden, und das Vermittelnde, das Eine mit dem Andern Ausgleichende, kann nur die Idee und Ceremonie des Opfers gewesen sein, sofern die Tödtung der Thiere erst durch das Opfer als einen religiösen Act die Legitimation und Sanction der Religion erhielt, wie ich diess schon an einem andern Orte (Manich. Rel. Syst. S. 446) zu erklären versucht habe. Ebendesswegen konnte auch in der Folge das ursprünglich in seiner vollen Strenge geltende Gesetz nie ganz in Vergessenheit kommen, und alle Entsagenden und nach einer höhern Stufe der Heiligkeit Strebenden hielten es für ihre Pflicht, sich des Genusses des Fleisches der Thiere zu enthalten. Auch darüber kann kein Zweifel sein, dass die priesterliche Reinheit in Indien seit alter Zeit jede Kleidung aus thierischen Stoffen verabscheute. Bohlen a. a. O. Th. II. S. 269.

Können wir in dem bisher Erörterten dem historischen Standpunkte, auf welchen sich unser Schriftsteller stellte, die gebührende Anerkennung nicht versagen, so können wir ihn auch nicht wohl über die Ansicht in Anspruch nehmen, welcher er über den Einfluss der indischen Religion und Philosophie auf die Hauptvölker der alten Welt gefolgt ist. Es ist in der That eine der merkwürdigsten Erscheinungen der alten Religionsgeschichte, dem roheren, in einer materiellen Versinnlichung des Göttlichen und in einem blutigen Opfercultus sich gefallenden, Polytheismus der alten Völker eine reinere Lehre zur Seite gehen zu sehen, die sich in ihren wesentlichen Elementen an die dem Indier seit der ältesten Zeit eigenthümliche Denkweise auf's innigste anschliesst, und gemäss den in der alten Welt bestehenden Völkerverhältnissen nur von Indien ausgegangen sein kann. Sie charakterisirt sich überall, wo wir sie finden, hauptsächlich theils durch die sehr klar und bestimmt ausgesprochene Idee eines dem Menschen seiner Natur nach zukommenden höheren Seins, das rückwärts und vorwärts über die enge Sphäre des zeitlichen Lebens weit hinausgehend dem Menschen das lebendigste Bewusstsein seiner nahen Verwandtschaft mit der Gottheit gibt, theils durch die Grundsätze einer Lebensweise, deren höchste Aufgabe es ist, den Menschen von dem Materiellen und Sinnlichen abzuziehen, ihn zur ungetrübten Reinheit und Klarheit des geistigen Lebens zu erheben, und eben dadurch zugleich seine Harmonie mit dem allgemeinen Naturleben herzustellen. Die alten Priester-Institute Mediens, Babyloniens und Aegyptens sind jenen reineren Ideen und Lehren nie so sehr entfremdet worden, dass sie nicht immer noch selbst aus der so vielfach modificirten Gestaltung der Religionen dieser Länder hervorleuchteten. Zu dem in dieser Beziehung charakteristischen Dogma von der Metempsychose bekannten sich überall wenigstens die höheren Classen der Priestergesellschaften, und was Aegypten insbesondere betrifft, so hatte ja, wie längst anerkannt ist, die ganze Lebensweise des ägyptischen Priesters die grösste Aehnlichkeit mit der des Brahmanen, und selbst der in alle Verhältnisse des Aegyptiers so tief eingreifende Thiercultus hatte neben andern Ursachen hauptsächlich auch das alte Gebot der Schonung des Thierlebens (das ἀπέχεσθαι ἐμψύχων, als Mittel der Reinheit des Sinnes und Lebens, und als Bedingung, den Menschen in das rechte Verhältniss zum allgemeinen Naturleben zu setzen) zu seiner Grundlage*). In Griechenland war dieselbe reinere Lebensweise schon seit alter Zeit unter dem Namen der orphischen bekannt geworden, bis in der historischen Zeit Pythagoras, der grosse Vermittler des Orients und Occidents, die Grundsätze derselben mit seiner den Religionssystemen des Orients so nahe verwandten Philosophie in eine sehr enge Verbindung setzte**). Verfolgen wir die Verbreitung jener Ideen und Grundsätze weiter, so stellen sich uns als weitere Glieder einer die bedeutendsten Völker des Alterthums umfassenden Reihe die beiden merkwürdigen Secten der ägyptischen Therapeuten und der jüdischen Essener dar, die für den Zweck, für welchen sie hier zu erwähnen sind, desswegen eine um so grössere historische Wichtigkeit haben, weil sich an ihnen nachweisen lässt, wie jene theosophisch-mystisch-ascetische Richtung, die wir als die reinste Vergeistigung des Heidenthums vom griechischen Standpunkt mit dem allgemeinen Namen des Pythagoreismus bezeichnen können, auch in das Judenthum hinübergriff, und von diesem aus selbst mit dem Christenthum in eine gewisse äussere historische Berührung kam. Welche auffallende Aehnlichkeit hatte der eigenthümliche Verein der Essener mit dem Institute des pythagorischen Bundes und den Grundsätzen und Einrichtungen desselben, wie er sich besonders durch den Grund-

---

*) Die Schrift des Porphyrius *De abstinentia ab esu animalium* enthält hierüber viel merkwürdiges. Man vergl. bes. IV. 6 f. 16. Von den ägyptischen Priestern sagt Porphyrius, hierin dem Stoiker Chäremon, der über die ägyptischen Priester geschrieben hatte, folgend IV. 7: *ἰχθύων ἀπείχοντο πάντων καὶ τετραπόδων, ὅσα μώνυχα ἢ πολυσχιδῆ, ἢ μὴ κερασφόρα, πτηνῶν δὲ, ὅσα σαρκόφαγα* (vergl. III. Mos. 11, 1 f.), *πολλοὶ δὲ καθάπαξ τῶν ἐμψύχων, καὶ ἔν γε ταῖς ἁγνείαις ἅπαντες ὁπότε μηδ' ᾠὸν προσίεντο.* Ueber die thierische Stoffe verschmähende Kleidung der ägyptischen Priester vergl. man Herod. II. 81. Plut. *De Is. et Os. c. 4.*

**) Ueber den Zusammenhang der pythagoreischen Lehre mit der orphischen s. Jambl. *De vita pyth. c. 28* und über den Zusammenhang beider mit Aegypten Herodot II. 81.

satz der Gütergemeinschaft, die Unterscheidung verschiedener Classen, die Abgeschlossenheit des ganzen Vereins, das strenge Gebot des Stillschweigens und anderes dieser Art charakterisirte? Wie nahe schlossen sich sowohl die Essener als die Therapeuten durch die hohe Bedeutung, die bei ihnen das Dogma von der Unsterblichkeit der Seele hatte, in der Verehrung der Sonne, in welcher sie das reinste Bild des Lichtwesens der Gottheit erblickten, und welcher sie sich jeden Morgen mit dem Gebet zuwandten, dass ihnen nicht der gewöhnliche Lichtglanz der sichtbaren Sonne, sondern ein höherer, der helle Schein der innern Sonne (*εὐημερίαν αἰτούμενοι τὴν ὄντως εὐημερίαν* Philo Mang. II. S. 485), Wahrheit und Schärfe des geistigen Auges, zu Theil werden möge, in ihrer Ansicht von der göttlichen Vorherbestimmung, ihrer Heilighaltung der auch den Pythagoreern heiligen Siebenzahl, ihren täglichen Reinigungsgebräuchen, insbesondere aber durch die Verwerfung aller blutigen Opfer (die bei ihnen eine offene Lossagung vom mosaischen Tempelcultus wurde) an den Pythagoreismus an*)? Wie aber auf diese Weise die Essener zwischen Heidenthum und Juden-

*) Man vergl. über die Therapeuten und Essener A. Gfrörer: Philo und die alexandrinische Theosophie Th. II. Stuttg. 1831. S. 280 und über den Zusammenhang der Essener mit dem Pythagoreismus Creuzer Symb. und Myth. Th. IV. 407 f. Nach Creuzers Ansicht ist nichts wahrscheinlicher, als dass diese jüdische Religonsgesellschaft eine Folge des babylonischen Exils und der dadurch gegründeten Bekanntschaft mit oberasiatischen Religionsideen war. Man könnte sich für diese, freilich wegen des nahen Verhältnisses der Essener zu den Therapeuten noch immer problematische, Behauptung auf die Berührung berufen, in welcher die Essener wenigstens in einigen Punkten mit den Samaritanern stunden. In Ansehung des Verhältnisses der Essener zum Pythagoreismus erinnere ich ausser dem Obigen nur noch an folgende Züge: Die Uebereinstimmung der Namen der Essener und Therapeuten (Aerzte im geistigen Sinn) mit dem pythagoreischen Begriff der *ἰατρικὴ*, die Liebe zum Symbolischen, die heilige Scheu vor dem Eide, den Gebrauch der weissen Kleider (*ἐσθῆτι ἐχρῆτο λευκῇ καὶ καθαρᾷ*, sagt Jamblichus *De vita pyth. c.* 28 S. 312 von Pythagoras). [Weitere Untersuchungen über diesen Gegenstand finden sich in meiner Philosophie der Griechen III, b, 234 ff. 2. Aufl. und den dort angeführten Schriften. D. H.]

thum vermittelnd stehen, so leiten sie uns auf demselben Wege auch in das Christenthum hinüber. Jene merkwürdige Secte, auf die sich die clementinischen Homilien beziehen, erscheint zwar als eine christliche Secte, steht aber zugleich mit den alten Essenern in einem so unverkennbar nahen Zusammenhang, dass wir in der eigenthümlichen Erscheinung, die uns die genannte Schrift auf dem Religionsgebiete der ersten christlichen Jahrhunderte zeigt, nur eine neue durch das Christenthum modificirte Form des Essäismus sehen können. Desswegen stellt sich uns auch hier wieder alles dar, was sonst zum Wesen des Pythagoreismus gehört, und je genauer die Kenntniss ist, die wir aus jener Schrift von der Secte, die sie schildert, erhalten, desto mehr fällt uns auch das pythagoreische Gepräge, das sie vermöge ihres Zusammenhangs mit dem Essäismus an sich trägt, in die Augen. Ich deute hier nur einige Hauptpunkte kurz an:

1) Als Lichtwesen wird auch hier die Gottheit dargestellt, als das glänzendste Licht, in Vergleichung mit welchem das Licht der Sonne nur Finsterniss ist (*λαμπρότερος ὢν τὸ σῶμα, καὶ παντὸς φωτὸς στιλπνότερος, ὡς πρὸς σύγκρισιν αὐτοῦ τὸ ἡλίου φῶς λογισθῆναι σκότος Hom. XVII. 7)*, zugleich wird aber das Wesen der Gottheit ächt pythagoreisch mit dem Weltall und der Weltseele identificirt. Was Jamblichus *De vita pyth. c. 28* von Pythagoras sagt, er habe nach orphischer Weise behauptet, die Götter seien nicht an unsere menschliche Gestalt gebunden, sondern nur an die göttlichen Sitze, als Wesen, die alles umfassen und für alles sorgen, und eine dem All gleiche Natur und Gestalt haben, stimmt ganz mit der Ansicht des Verfassers von dem Wesen der Gottheit zusammen, wenn er *Hom. XVII. 9* den Einen wahren Gott als das Wesen beschreibt, das in der vollkommensten Gestalt dem All vorsteht, als das Herz (*καρδία*) des Alls nach zwei Richtungen, nach oben und unten, und von sich als dem Centrum die unkörperliche Lebenskraft ausströmen lässt, [in] alles, was ist, die Gestirne, und die Regionen des Himmels, der Luft, des Wassers, der Erde und des Feuers, ein nach Höhe, Tiefe und

Breite dreifach unermessliches, und in allen diesen Richtungen seine lebenschaffende und vernünftige Natur ausdehnendes Wesen. „Dies von ihm nach allen Seiten ausströmende Unendliche muss nothwendig zum Herzen haben den, der wahrhaft in seiner Gestalt über Alles erhaben ist, welcher, wo er auch sei, immer in dem Centrum des Unendlichen ist und die Grenze des Alls ist. Von ihm gehen sechs Dimensionen in's Unendliche aus, in die Höhe und Tiefe, zur Rechten und Linken, nach vornen und hinten: auf diese hinblickend als auf eine nach allen Seiten hin gleiche Zahl vollendet er in sechs Zeiträumen die Welt, indem er selbst Ruhepunkt alles Daseins ist, und in der zukünftigen unendlichen Zeit sein Bild hat, er Anfang und Ende von allem. Denn zu ihm gehen die sechs unendlichen Richtungen zurück, und von ihm nimmt alles seine Ausdehnung in's Unendliche. Das ist das Geheimniss der Siebenzahl. Denn er ist der Ruhepunkt von allem, und wer im Kleinen seine Grösse nachahmt, den lässt er in sich zur Ruhe gelangen. Er ist begreifbar und unbegreifbar, nahe und ferne, da und dort, als der Eine. Von ihm haben durch die Wesengemeinschaft mit dem nach allen Richtungen hin unendlichen Geist die Seelen das Leben, und wenn sie sich vom Körper trennen und die Sehnsucht nach ihm ihnen inwohnt, werden sie hingetragen in seinen Schoos; den Dünsten der Berge gleich, die im Winter von den Strahlen der Sonne angezogen werden*), werden sie unsterblich zu ihm getragen." Obgleich hier zum Theil schon jüdische Vorstellungen miteinfliessen, so ist doch die Vorstellung von der Gottheit als der *καρδία* und dem *κέντρον* des Alls, von welchem aus sie alles durchdringt, charakteristisch genug. Ebenso war nach der Lehre der Pythagoreer in der Mitte des Alls das sogenannte Centralfeuer (*πῦρ ἐν μέσῳ περὶ τὸ κέντρον*), welches von Natur das

*) Dasselbe Bild im Ramayana:
Es schwinden unsere Tage hin, und aller Wesen Lebenshauch
Ist wie ein Dunst zur Sommerzeit, den aufwärts zieht der Sonnenstrahl. Bohlen Th. I. S. 168.

Erste ist, die *Ἑστία* oder die *Ἑστία τοῦ παντὸς*, der Heerd des Alls, das Haus oder die Wache des Zeus, die Mutter der Götter, der Altar, die Zusammenhaltung und das Maass der Natur (*συνοχὴ καὶ μέτρον φύσεως*) von ihnen genannt, als die Einheit, in welcher die Welt ihren Halt hat, und welche zugleich als die Einheit Allem das Maass und die Begrenzung giebt. Wenn auch dieses Feuer im Mittelpunkte nach den Pythagoreern nicht Gott oder die Weltseele war, sondern nur der Sitz und Thron Gottes und zugleich das Herz des Weltalls, von welchem aus die Seele durch den ganzen Leib ausgedehnt ist, so war doch eben diese das All von der Hestia aus zusammenhaltende, durch den Kosmos hindurchgehende und die Welt auch äusserlich umfassende Weltseele Gott, er, wie Philolaus sich ausdrückte, *ὁ ἁγεμὼν καὶ ἄρχων ἁπάντων θεὸς εἷς ἀεὶ ἐὼν, μόνιμος, ἀκίνατος, αὐτὸς αὑτῷ ὅμοιος, ἅτερος τῶν ἄλλων**).

2) Die dualistische Weltansicht, die in dem Systeme des Verfassers der Clementinen eine sehr wichtige, tiefeingreifende Bedeutung hat, kommt in ihren Elementen ganz auf den Gegensatz der pythagoreischen Principien zurück. Zuerst war, wie die Clementinen *Hom. III. 33* lehren, die einfache Substanz aller Dinge in Gott. So lange sie noch in ihm selbst sich befand, spaltete er sich vierfach in die Gestalten des

---

*) Vgl. A. Böckh: Philolaos des Pythagoreers Lehren, nebst den Bruchstücken seines Werkes. Berlin 1819. S. 95 f. 151. Wie die Pythagoreer das Eine (*τὸ ἕν*) das als der der höchsten Einheit verwandtere Urgrund in dem Mittelpunkte des Weltalls, als dem Sitze des Göttlichen, seine überwiegende Wirksamkeit hat, die Grenze (*πέρας*) nannten, und im Gegensatze des Centralen das Peripherische, den entgegengesetzten Urgrund, das Unbegrenzte (*ἄπειρον*), so ist auch nach dem Verfasser der Clementinen Gott *ἐν ἀπείρῳ μέσος τοῦ παντὸς ὑπάρχων ὅρος*, und *τοῦ ἄνω τε καὶ κάτω δὶς ὑπάρχων καρδία*, wie auch die Pythagoreer in Beziehung auf den Mittelpunkt des Alls von einem Obern und Untern sprachen. Böckh a. a. O. S. 91 f. Das Verhältniss Gottes zur Welt bezeichnete Philolaos durch den Satz: *ὥσπερ ἐν φρουρᾷ πάντα ὑπὸ θεοῦ περιειλῆφθαι.* (Böckh. S. 151) und wie der Verf. der Clem. die vom Centrum ausgehenden Dimensionen auch auf die Zeit bezieht, so nannten auch die Pythagoreer die Zeit die Sphäre des Umfassenden (*τὴν σφαῖραν τοῦ περιέχοντος*) Böckh S. 99.

Warmen und Kalten, des Feuchten und Trocknen, doch so, dass sie noch unvermischt und neigungslos (indifferent) waren. *Hom. XIX. 12.* Dann aber setzte er sie aus sich heraus, vermischte sie, und brachte so die unzähligen auf unzählige Weise gemischten Dinge hervor, da es Grundgesetz des Universums ist, dass aus der Verbindung vom Entgegengesetzten (*ἐκ τῆς ἀντισυζυγίας*) die Lust des Lebens entstehe. Daher findet sich auf jeder Stufe des All ein Doppeltes, das sich wie Rechtes und Linkes gegenübersteht, als Paar oder *συζυγία*. Auf den ersten Stufen nun ging das bessere Glied des Paares dem Schlechtern der Entstehung nach voran, wie zuerst der Himmel geschaffen wurde, dann die Erde, der Tag, dann die Nacht, das Licht, dann das Feuer, die Sonne, dann der Mond*), Adam, dann Eva. Aber vom Menschen an wurde die Ordnung der Paare umgekehrt, und das Schlechte zum Ersten gemacht, das Gute zum Zweiten, wie zuerst Kain geboren wurde, hierauf erst Abel (II. 15). Die grösste Syzygie aber, welche alle übrigen in sich begreift, ist die des Fürsten dieser Welt oder des Teufels auf der einen, und des Herrschers der zukünftigen Welt, oder Christi, des Sohnes Gottes (III. 19. 20), auf der andern Seite, des guten und bösen Princips. Dem bösen Wesen wurde von Gott die gegenwärtige Welt nebst der Vollstreckung des Gesetzes oder der Bestrafung des Bösen übertragen, aber gegenüber dieser linken Kraft oder Hand Gottes steht die rechte, der gute Herrscher der künftigen Welt, oder Christus (XV. 7). So stehen sich diese und jene Welt mit ihren Herrschern gegenüber. Diese Welt ist weibicher Natur, und gebiert die Seelen, jene ist männlicher Art,

---

*) III. 27 wird das weisse Lichtprincip dem Manne, und das rothe Feuer dem Weibe zugeschrieben, und II. 23 derselbe Gegensatz als Sonne und Mond auf die Apostel Jesu, die wie die Sonnenmonate zwölf an der Zahl waren, und die Schüler des Täufers Johannes, des Herolds der weiblichen Prophetie, der, nach der Zahl der Monatstage, dreissig Vorsteher wählte (unter diesen auch die Helena, die als Weib, *ἥμισυ ἀνδρὸς οὖσα γυνή*, das Unvollkommene, das was dem Mondsumlauf zur Dreissigzahl der Tage fehlt, bezeichnen sollte), übergetragen.

und nimmt die Seelen als Vater auf (II. 15). Wie aber das Männliche ganz Wahrheit, das Weibliche ganz Irrthum ist (III. 27), so ist auch die gegenwärtige Welt, als die weibliche, auch die unwahre und trügliche. Das Princip der Wahrheit ist die Prophetie: darum muss es, wie es einen Gegensatz von Wahrheit und Irrthum gibt, auch eine doppelte Prophetie geben. Adam nämlich der Mann und der männlichen zukünftigen Welt entsprechend, war in eben dieser Weise Prophet, und gab den Menschen, seinen Söhnen, ein ewiges Gesetz, das nicht verfälscht werden kann von bösen Menschen, nicht vertilgt durch Kriege, sondern allen immer zugänglich ist, ein Gesetz nicht mit Buchstaben, sondern in die Seelen der Menschen geschrieben, die durch dessen Befolgung den Beifall Gottes und die höchste Glückseligkeit gewinnen sollten (VIII. 20). Aber auch das mit Adam verbundene Weib war Prophetin in ihrer Art, nach der Weise dieser Welt (III. 22). Daher im ganzen Verlauf der Geschichte zwei Arten von Propheten, die einen nach der männlichen Weise Adams (*υἱοὶ ἀνθρώπου*), welche Einen Gott lehrt und Güter der künftigen Welt verheisst, die andere Art der Prophetie, die weibliche, die der *γεννητοὶ γυναικῶν* (vgl. Matth. 11, 11), lehrt viele Götter, verspricht irdische Güter und Reiche, erregt Irrthum und Krieg. Ein Herold der weiblichen Prophetie war Kain, und der Vorläufer Christi Johannes, der männlichen gehörte Abel an, und im höchsten Sinn Christus, so dass der der weiblichen Prophetie Angehörende nach der Ordnung der Syzygien immer dem ihm beigeordneten wahren Propheten vorangeht (II. 16. 17). So vielfach dieser Dualismus, als das die ganze Entwicklung der physischen und moralischen Welt bedingende Princip, durch seine Anwendung auf Judenthum und Christenthum sich modificirt, so ist doch das ursprüngliche Element, aus welchem er hervorgegangen ist, nichts anders als der einfache pythagoreische Gegensatz der Einheit und Zweiheit *), der ungeraden

---

*) Oder vielmehr der Gegensatz der Grenze und des Unbegrenzten oder Unbestimmten (des *ἄπειρον*), da, wie Ritter Gesch. der pyth. Philos.

und geraden Zahl, welchen Einen und höchsten Gegensatz die Pythagoreer auf ähnliche Weise durch eine Reihe physischer und moralischer Gegensätze hindurchführten. Nach Porphyrius *De vita Pyth. 38* Ausg. von Kiessling S. 68 nannte Pythagoras *τῶν ἀντικειμένων δυνάμεων τὴν μὲν βελτίονα μονάδα, καὶ φῶς, καὶ δεξιὸν, καὶ ἴσον, καὶ μένον, καὶ εὐθὺ, τὴν δὲ χείρονα δυάδα καὶ σκότος, καὶ ἀριστερὸν, καὶ ἄνισον καὶ περιφερὲς καὶ φερόμενον.* Die Dyas ist, wie Ursache der Bewegung, der Zeugung und Entstehung, so auch Ursache des Zwiespalts, des Missgeschicks, Unheils und Unglücks (die *δυὰς* wird zur *δύη*), weil sie die Einheit trennt, und die Einigung auflöst, und in diesem Zertheilen keine Grenze kennt (*ἡ ἀόριστος δυάς*). Vgl. Creuzer Symb. und Myth. Bd. III. 575, IV. S. 542 f. Aber auch als den Gegensatz des Männlichen und Weiblichen fassten die Pythagoreer ihre Monas und Dyas auf, wie wir aus Plutarch sehen *Quaest. Rom. CII.*: *οἱ Πυθαγορικοὶ τοῦ ἀριθμοῦ τὸν μὲν ἄρτιον θῆλυν, ἄῤῥενα δὲ τὸν περιττὸν ἐνόμιζον· γόνιμος γάρ ἐστι καὶ κρατεῖ τοῦ ἀρτίου συντιθέμενος, καὶ διαιρουμένων εἰς τὰς μονάδας ὁ μὲν ἄρτιος καθάπερ τὸ θῆλυ χώραν μεταξὺ κενὴν ἐκδίδωσι· τοῦ δὲ περιττοῦ μόριον ἀεί τι πλῆρες ὑπολείπεται, διὸ τὸν μὲν ἄῤῥενι, τὸν δὲ θήλει πρόσφορον νομίζουσι.* Gleiche Bedeutung hatte der Gegensatz des Rechten und Linken. Jambl. *De vita pyth. c. 28 S. 336*: *Εἰσιέναι εἰς τὰ*

S. 133 bemerkt, die Zweiheit als Gegensatz gegen die Einheit erst von den Spätern, welche die pythagoreische Lehre mit der platonischen vermischten, ihre Bedeutsamkeit erhielt. Die dualistische Richtung des Pythagoreismus bezeichnet die Sage, dass der Perser Zaratas, Zoroaster, den Pythagoras und zwar gerade in der Lehre von der Zweiheit unterwiesen habe. Plutarch, welcher *De anim. generat. in Timaeo c.* 2 von der unbestimmten Zweiheit (*ἀόριστος δυάς*) spricht, bemerkt dabei: Zaratas, des Pythagoras Lehrer, nannte die Zwei der Zahlen Mutter, das Eine aber deren Vater. Daher seien auch diejenigen Zahlen die bessern, die der Monas gleichen. [Ueber Zoroaster als angeblichen Lehrer des Pythagoras vergleiche man meine „Philosophie d. Griechen" I, 256. 3 Aufl., über die Zoroaster unterschobene neupythagoreische Schrift, der Plutarch's Anführung entnommen ist, ebd. III. b, 87 2. Aufl. D. H.]

ἱερὰ κατὰ τοὺς δεξιοὺς τόπους παραγγέλλει (Πυθαγόρας), ἐξιέναι κατὰ τοὺς ἀριστερούς· τὸ μὲν δεξιὸν ἀρχὴν τοῦ περιττοῦ λεγομένου τῶν ἀριθμῶν καὶ θεῖον τιθέμενος· τὸ δὲ ἀριστερὸν τοῦ ἀρτίου καὶ διαλυομένου σύμβολον τιθέμενος. Auch den Essenern war die rechte Seite die heilige, Joseph. *De B. J. II. 8, 9.* Vgl. Philo *De vita contempl.* S. 475 und 482.

3) Das pythagoreische Gebot der Enthaltung von jeder thierischen Nahrung hat auch in dem System der Clementinen grosse Wichtigkeit. Gemäss der Voraussetzung, dass die Urreligion und Uroffenbarung in Folge der unter den Menschen entstandenen Verderbniss in den geschriebenen Religionsurkunden vielfach verfälscht worden sei, rechnet der Verfasser unter die Stellen des A. T., in welchen das Falsche vom Wahren geschieden werden müsse, namentlich auch diejenigen, in welchen von einem Wohlgefallen Gottes an blutigen Opfern die Rede ist. Aus dem A. T. selbst (IV. Mos. 16) erhelle, wie missfällig sie Gott seien: ὁ τὴν ἀρχὴν ἐπὶ θύσει ζώων χαλεπαίνων, θύεσθαι αὐτὰ μὴ θέλων, θυσίας ὡς ἐπιθυμῶν οὐ προσέτασσε καὶ ἀπαρχὰς οὐκ ἀπῄτει· ἄνευ γὰρ θύσεως ζώων οὔτε θυσίαι τελοῦνται, οὔθ᾽ αἱ ἀπαρχαὶ δοθῆναι δύνανται (III. 45). Das charakteristische Merkmal der wahren Gottesverehrung sind nach VII. 3 die ἄθυτοι τιμαί, und der wahre Prophet bewirkt die Wiederherstellung der wahren, durch den vorgeblich mosaischen Opfercultus verfälschten, Religion auch dadurch, dass er θυσίας, αἵματα, σπονδὰς μισεῖ, πῦρ βωμῶν σβέννυσιν III. 26. Vgl. Epiphanius über die Ossener (Essener) und Nasaräer *Haer. XIX. 3. XXX. 15 f.* Erst das thierisch-wilde Geschlecht der aus den Ehen der Engel mit menschlichen Weibern entsprossenen Riesen war es, das mit der reinern Nahrung, der Pflanzenkost und dem Manna, sich nicht begnügend, nach Blut lüstern wurde und Thiere zu schlachten anfing (ἐπὶ τὴν παρὰ φύσιν τῶν ζώων βορὰν τρεπόμενοι), worauf auch die Menschen diese widernatürliche Nahrung nachahmten, und das Fleisch der Thiere assen (VIII. 15). Diejenigen, die sich die künftige Welt erkoren haben, und darum in der jetzigen nichts als das Ihrige betrachten dürfen,

niessen nur Wasser und Brod, und die einfachsten Nahrungsmittel, wie Kohl und Oliven. XV. 7. XII. 6*).

4) Selbst diejenige Lehre, durch welche das System der Clementinen seinen Anspruch, für ein christliches zu gelten, am meisten behauptet, die Lehre von Christus, erscheint hier in einer ganz pythagoreischen Gestalt. Denn wenn nach der Christologie der Clementinen in Christus die reine Seele des nach dem Bilde Gottes geschaffenen Urmenschen erschien, um das reine adamitisch-mosaische Gesetz zu erneuern, wenn es der Geist Adams oder Christi ist, der göttliche Menschengeist, der von Anfang an, nur mit veränderten Namen und Gestalten, in den sieben Säulen der Welt (XVIII. 13) in Adam und Henoch vor der Fluth, nach derselben in Noah, Abraham, Isaak, Jakob und Moses, und zuletzt in Christus, die Welt durchläuft, so dass der Eine Prophet und Offenbarer Gottes für die Menschen, Adam-Christus, sich in verschiedenen Zeiten in verschiedene menschliche Formen hüllt, bis

---

*) Eine historische Andeutung davon, dass wirklich auch nach dem A. T. die Enthaltung von thierischer Kost die ursprüngliche reinere und vollkommenere Lebensweise war, kann man in der Stelle 1. Mos. 1, 29 finden, wo Gott, als er am sechsten Tage nach vollendeter Schöpfung die eben geschaffenen Menschen in den Besitz der Erde einführte, und ihnen ihre Nahrung anwies, zu diesem Zweck blos das Pflanzenreich nennt, und sogar auch das gesammte Thierreich auf diese Gattung der Nahrung beschränkt. „Siehe, ich gebe euch alles Kraut, das da Samen säet auf der ganzen Erde, und alle Bäume, auf welchen Baumfrucht, die da Samen säet, euch sollen sie sein zur Speise, und allen Thieren der Erde, und allem Gevögel des Himmels, und allem, was sich reget auf der Erde, worin eine lebendige Seele, gebe ich alles grüne Kraut zur Speise". In diesem reinern Zustande, in welchem die allgemeine Harmonie des Naturlebens, das friedliche Zusammensein der Menschen mit der Thierwelt, noch durch nichts gestört war, dachte sich also die hebräische Tradition die Urmenschen, aber schon 1 Mos. 9, 3 wird dieser Zustand nicht mehr vorausgesetzt, denn hier spricht Gott zu Noah und seinen Söhnen: „Alles, was sich reget und lebet, euch soll es sein zur Speise, wie das grüne Kraut gebe ich euch alles. Nur das Fleisch in seiner Seele, seinem Blute sollt ihr nicht essen".

er endlich zur bestimmten Zeit, um seiner Mühsale willen mit Gottes Erbarmen gesalbt, die ewige Ruhe findet (III. 19. 20), was können wir hierin anders sehen, als eine jüdisch-christliche Modification des pythagoreischen Dogma's von der Präexistenz und der Wanderung der Seele durch eine Reihe verschiedener Individuen und Körper? Es ist im Ganzen dieselbe Vorstellung, die jener Reihe von Apollojüngern, von welchen früher die Rede war, zu Grunde liegt, nur erscheint sie uns in der Christologie der Clementinen weit ausgebildeter und in festerer, historischer Gestaltung, wie ja überhaupt die Idee einer successiv sich entwickelnden Offenbarung in der heidnischen Religion nie die Bedeutung gewinnen konnte, die sie auf dem Gebiete der jüdisch-christlichen Religion hat.

Diese wenigen Andeutungen mögen genügen, um zum Schlusse unserer Untersuchung noch darauf aufmerksam gemacht zu haben, in welchen umfassenden und tiefeingreifenden Zusammenhang religiöser Ideen und Lehren uns Philostratus dadurch heineinstellte, dass er seinen Apollonius zum Repräsentanten des Reinsten und Trefflichsten machte, was die alte Religion in dem Pythagoreismus, als einem die Strahlen eines reineren Lichts von verschiedenen Seiten her in sich vereinigenden Lichtpunkte, niedergelegt hat. Unstreitig sehen wir hier diejenige Seite der alten Religion vor uns, die sich entschiedener als irgend eine andere dem Lichte des Christenthums zugewandt hat. Wie aber selbst in dem auf christlichem Boden entstandenen Systeme der Clementinen die verschiedenen religiösen Elemente, die wir zu unterscheiden haben, das heidnische, jüdische und christliche in einem solchen Verhältniss zu einander stehen, dass das christliche Element nirgends in seiner Reinheit hindurchdringen kann, vielmehr noch immer die Farbe des heidnischen und jüdischen an sich trägt, eine Erscheinung, die sich in dem religiösen Synkretismus des so vielfach gestalteten Gnosticismus der ersten christlichen Jahrhunderte in den verschiedensten Modificationen wiederholt, so macht uns auch der Pythagoreismus in seiner vollendetsten Form nur um so anschaulicher, welcher grosse auf diesem Wege nie auszugleichende Gegensatz, bei allen Annäherungs- und Berührungspunkten, das Gebiet der alten Religion von dem der christlichen trennt. Besteht hierin vorzüglich das Interesse, das das philostratische Werk auf dem Standpunkt der vergleichenden Religionsgeschichte haben muss, so kann dieses nur in noch höherem Grade angeregt werden, wenn, wie unsere Untersuchung wenigstens darzuthun suchte, gerade diejenigen Momente, die uns am meisten in dem Leben des Apollonius ein der Erscheinung Christi analoges Bild zur Anschauung bringen, nur aus dem Eindrucke abzuleiten sind, welchen das Christenthum in seiner schon damals die heidnische Welt überwindenden Macht auf einen noch ausserhalb seines Gebiets stehenden heidnischen Philosophen gemacht hat.

www.ingramcontent.com/pod-product-compliance
Lightning Source LLC
LaVergne TN
LVHW050626100826
845148LV00011B/1745

* 9 7 8 1 6 0 6 0 8 5 1 1 0 *